Dagmar von Gersdorff

Marianne von Willemer und Goethe

Geschichte einer Liebe

Insel Verlag

Satz: TypoForum GmbH, Seelbach
Druck: GGP Media, Pößneck
Printed in Germany
Erste Auflage 2003
ISBN 3-458-17176-2

1 2 3 4 5 6 – 08 07 06 05 04 03

Marianne von Willemer und Goethe

Inhalt

Vorwort: Entdeckungen

Von Anfang an lag der Schleier einer geheimnisvollen Zweideutigkeit über dieser Beziehung. Goethe und Marianne, was führte sie zueinander? Was wollte Willemer in Wiesbaden mit dem Dichter besprechen, und wieso kam er nicht allein? Rätselhaft auch das Ereignis, das der Unterredung folgte. Was band den renommierten Bankier und Geschäftsmann an die Schauspielerin vom Theater, deren Herkunft und Name bis heute nicht geklärt sind? Was konnte die junge Frau nach Jahren eines freien Zusammenlebens zu einer überstürzten Heirat mit ihrem »Pflegevater« bewegen? Hatte ausgerechnet Goethe dazu geraten? Mariannes Zusammenbruch, ihre Verzweiflung – was hatte sie erwartet, was erlebt? Welche Rolle spielte Willemer in diesem Dreierverhältnis?

Um das Leben der Marianne von Willemer aus unterschiedlichen Quellen wieder zusammenzusetzen, waren nicht nur Recherchen in Handschriftenarchiven, Bibliotheken und Museen nötig. Es gab, wie sich herausstellte, Nachfahren von Willemer, die bis heute viele für eine Biographie unschätzbare Dokumente bewahren. Urkunden und Billetts, Mariannes Stammbücher, Grüße und Kränze, Briefe, Bilder und Schmuck befinden sich in privatem Besitz. Nicht nur Findergeist, auch Glück muß haben, wer sich dem Dreigestirn *Marianne, Willemer, Goethe* nähern will. Finderglück hatte ich. Einer der Nachkommen Willemers lebt in der Nähe von Potsdam unter dem alten Namen *Andreae.* Willemers jüngste Tochter Maximiliane hatte, wie ich wußte, siebzehnjährig den Kaufmann Jean Andreae geheiratet und fünfzehn Kinder bekommen. Zwölf von ihnen erreichten das Erwachsenenalter.

Ich begab mich auf Spurensuche. In einem Haus bei Berlin fand ich mit der privaten Sammlung alter Schätze eine Welt, wie man sie nicht erwartet hätte: Goethezeit und Biedermeier.

Auf dem Tisch eine Teedose und zwei Tassen aus altem Höchster Porzellan; so pflegte schon Goethes Mutter Tee zu trinken. An den Wänden Ansichten von Willemers Haus Zum Roten Männchen, von der Gerbermühle zu der Zeit, als Goethe vom Balkonzimmer aus in den weitläufigen Park blickte. Willemer hatte einhundertfünfzig Bäume fällen lassen, damit dem Dichter die Sonnenwärme zugute käme. Dem Bildnis des noch jungen Johann Jakob Willemer, der mit Weste und Jabot im preußisch-blauen, rot gefütterten Rock auf einer zarten Miniatur zu sehen ist, kann man nicht ansehen, daß er es im Laufe seines Lebens zu immensem Reichtum bringen wird. Auf einer Federzeichnung sehe ich zum ersten Mal die Kinder seiner Tochter Maximiliane Andreae, aufgereiht wie die Orgelpfeifen, gezeichnet von ihrem Sohn Tobias. Marianne, die *Maxe* wie eine Schwester liebte und sie oft besuchte, hat dieses Blatt gekannt.

Auf dem Schreibtisch ein brauner Umschlag, darin das unbekannte Stammbuch der Marianne von Willemer, das ihr Leben begleitet hat. Zwischen hellfarbigen Aquarellen, eingeklebten Gedichten und markanten Inschriften auch der Eintrag von Willemers einzigem Sohn Abraham. Er war sechs Jahre alt, als Marianne ins Haus kam, und offenbar liebte er sie mehr, als ein Bruder seine Schwester lieben sollte. Marianne möge den Vater glücklich machen, schrieb er. Mit vierundzwanzig Jahren war er tot, gefallen im Duell. Sein Porträt, ein schöner Kopf mit schräg sitzender Studentenmütze, hing zeitlebens in Mariannes Wohnung in der Alten Mainzer Gasse Nr. 42.

Man zeigt mir Mariannes Porträt auf Elfenbein, vermutlich noch vor der Italienreise und vor ihrer Heirat mit Willemer entstanden. Es stellt ein liebliches junges Mädchen dar. Das Bild ruht in einem Etui aus goldgeprägtem, samtgefütterten Leder, das Willemer gut in der Brusttasche getragen haben könnte. Kaum jemand kennt es. Einmal, als Freund Grimm darum bat, holte Marianne die Miniatur aus der Schublade und überreichte sie ihm mit den Worten: ›*Danke Gott, daß Du mich nicht kennen lerntest, wie ich so aussah*‹, und *lachte* ...

Monate später eröffnete mir ein glücklicher Zufall ein weiteres Reich, im Haus einer alten Dame in Darmstadt. Sie ist eine Nachfahrin von Willemers Tochter Meline. Dort konnte ich unveröffentlichte Dokumente einsehen, die über den Krieg gerettet worden waren.

Goethes kostbares Geschenk an Marianne, der *West-östliche Divan* im rotgoldenen »orientalischen« Einband, ist nicht mit anderen Schätzen verbrannt. In ein Leinentuch gewickelt und im Koffer verschlossen, wurde das Buch nach einem Bombenangriff im September 1944 aus den Trümmern gezogen. Bis heute liegt darin unversehrt Goethes handschriftliches Gedicht, mit dem er ihr das erste Exemplar übersandte: *Jede Zeile soll unsterblich, / Ewig, wie die Liebe sein.*

In einer der Schubladen die Briefe, die Marianne an ihre Freundin Sophie Schlosser und ihre »Enkelin« Emilie Kellner schrieb. Mit ihr hat sie kurz vor ihrem Tod noch einmal das Heidelberger Schloß besucht, wo sie als junge Frau mit Goethe war. Vor einem Ginkgobaum blieb Marianne stehen. *Dies ist der Baum, von welchem er mir damals ein Blatt brach und schenkte und mir dann das Gedicht machte und zuschickte*, sagte sie. An einem kleinen steinernen Pförtchen stehenbleibend, bat Marianne, alleingelassen zu werden. Sie ging in den Garten und, da sie nicht zurückkam, trat die Begleiterin besorgt gleichfalls durch die Pforte. *Der Garten war eine grüne Wildnis. Da stand sie in dieser grünen Waldeinsamkeit in sich versunken, die herabhängenden Hände gefaltet und ihr Angesicht überströmt von Tränen. Und nun erzählte sie, daß in diesem Garten Goethe sie geküßt habe.*

Rätselhaft ist das Verhältnis geblieben. Auf dem Tisch liegt der Briefwechsel von Goethe und Marianne von Willemer in der ersten Veröffentlichung durch Theodor Creizenach. Er konnte noch mit Menschen sprechen, die Marianne von Willemer persönlich kannten wie Moritz von Schwind und Eduard von Steinle, Freunde, die manche Kostbarkeit von ihr erhalten hatten, Goethes Petschaft mit Perlmuttgriff, seinen Schmuck, ihren japanischen Fächer, den glitzernden Seidenbeutel. Sogar Briefe von Goethe aus dem eigens dafür angefertigten Glaskasten hat Marianne vor ihrem Tod verschenkt. Aus dem goldenen Rahmen an der Wand blickt sie als dreißigjährige junge Frau – so sah sie aus, als Goethe ihr, der Dichterin, den Namen *Suleika* verlieh. *Alles Erdenglück vereinet / Find' ich in Suleika nur.* Sie war die erste und einzige Frau in seinem Leben, die ihm in Gedichten antwortete. *Halt ich dich in meinen Armen, / Welch ein Glück ist meinem gleich.* Ein poetischer Dialog entstand, wie es ihn nie zuvor in der deutschen Literatur gegeben hatte. *So fallen meine Lieder / Gehäuft in deinen Schoos.*

Immer noch gibt es Chiffrenbriefe, die sich nicht entziffern, Anspielungen, die sich nicht deuten lassen. *Das Geheimnis gehörte dazu,* sagte Marianne zu Grimm. Wie unermüdlich beide, Marianne wie Goethe, ihr Geheimnis liebten und bewahrten, dafür fanden sich zahlreiche Hinweise. Manches ist erst in seinem Nachlaß gefunden worden: die Visitenkarte mit Goldschnitt, ein arabisches Wort im Tagebuch, Verse, die er nicht öffentlich machen wollte. Die Briefe, die die Freundin ihm schrieb, nannte Goethe *Zeugen allerschönster Zeit.* Sie möge auch das lesen, was *nicht auf dem Blatte,* wohl aber zwischen den Zeilen stehe, sagte er und sprach in Andeutungen: von der *Stelle im Rohr, vom Baumschatten,* von *Brustweh* und *Zugluft* im Heidelberger Schloßpark. *Ist es möglich, Stern der Sterne, / Drück' ich wieder dich ans Herz!*

Im ersten Exemplar des *West-östlichen Divan,* das Goethe der Freundin schenkte, liegt ein Ginkgoblatt, von ihr vielleicht noch selbst hineingelegt, das Symbol für ihre Liebe.

Daß ich eins und doppelt bin. Sie hat den Höhepunkt ihres Lebens in diesem Zeichen gesehen und unter diesem Siegel lebenslang eine Doppelexistenz geführt. Goethe sprach von einem »Duodrama«. Es ist davon zu berichten, wie eine Leidenschaft entstand, die »chiffriert« und geheimgehalten wurde, wie eine Liebe ihre eigene Sprache fand und wie sie über Trennung und Verzweiflung, Krankheit und Enttäuschung fast wieder verlorenging.

I.
Goethes Reise. 1814

Goethe! ja wer ihn kannte! Wärst du mir gegenüber, ich könnte dir wohl von ihm erzählen, was nicht alle wissen …
Marianne von Willemer an Herman Grimm

Johann Jakob Willemer, Bankier und Geheimer Rat in Frankfurt am Main, erfuhr ausgerechnet während eines Aufenthalts auf seinem Sommersitz, der Gerbermühle bei Oberrad, daß Goethe in der Stadt gewesen sei und nach ihm gefragt habe. Er sei eben nach Wiesbaden weitergereist. Es war Anfang August, als man die Nachricht überbrachte. Goethe in der Nähe! Auf eine solche Gelegenheit wartete Willemer seit langem. Fast zwanzig Jahre war es her, daß er den Dichter aus Weimar nicht gesehen hatte. Willemer überlegte nicht lange. Auch ohne vorherige Ankündigung würde er sich augenblicklich auf den Weg machen, um den Jugendfreund zu begrüßen. Am frühen Morgen des 4. August 1814 ließ er anspannen und bestieg die Kutsche nach Wiesbaden.

Seit siebzehn Jahren war Goethe nicht mehr in Frankfurt gewesen. Alle Pläne, in die Gegend am Main und Rhein zu fahren, waren durch die napoleonischen Kriegs- und Eroberungszüge seit Jahren durchkreuzt worden. Der letzte Besuch 1797 hatte seiner Mutter gegolten, der er seine Freundin Christiane Vulpius und den gemeinsamen Sohn August präsentieren wollte. Die Rätin Goethe hatte allerdings schon damals ihr großes Haus am Hirschgraben verkauft und war in eine Wohnung am Roßmarkt gezogen, in der sich ihr Sohn während des Besuchs mit zwei kleinen Zimmern begnügen mußte; Christiane wohnte im Gasthof. Die räumliche Enge, die vielen Besucher, der Lärm und die pausenlosen Ablenkungen hatten ihn nicht zur Ruhe kommen lassen. *In acht Tagen will ich hier weggehen, denn an eine Arbeit ist nicht zu denken,* hatte er Schiller gemeldet. Zum Begräbnis der Mutter im September 1808 war nicht er nach Frankfurt gefahren, sondern Christiane, die im Kriegsjahr 1806 seine Ehefrau geworden war. Ein Besuch in der von Franzosen besetzten Heimatstadt kam für Goethe erst wieder in Betracht, nachdem die napoleonischen Truppen am 18. Oktober 1813 bei Leipzig geschlagen worden waren. Napoleon wurde auf die Insel Elba verbannt, Paris eingenommen, Frankfurt war frei, die Fahrt konnte angetreten werden. Goethe wollte alte Freunde besuchen, in Wiesbaden eine Kur machen, in Heidelberg schließlich eine bedeutende Privatsammlung alter Gemälde in Augenschein nehmen und durch eine Veröffentlichung bekanntmachen. Die Idee stammte von einem Kunstfreund namens Sulpiz Boisserée. Der junge Mann hatte Goethe in Weimar besucht und so ergreifend berichtet, wie es ihm gelungen war, mitten in den Kriegswirren aus den von Napoleon aufgelösten Kirchen und Klöstern die schönsten Werke altdeutscher Maler zu retten, daß Goethe ihm seine Unterstützung versprach, sobald er die Bilder gesehen hätte. Nebenbei war Boisserée auch ein Freund von Johann Jakob Willemer.

Kurz vor der Abreise kam es zu einem Ereignis, das zwar nicht ungewöhnlich, aber von unvorhersehbarer Wirkung war. Der Verleger Cotta schickte Goethe eine Sammlung persischer Lyrik, die er soeben in einer Übersetzung durch den Dolmetscher Joseph von Hammer herausgebracht hatte. Das Buch trug den Titel *Der Diwan des Mohammed Schemseddin Hafis.* Das Wort *Diwan* bedeutet: Sammlung, Gedichtsammlung. Der Verleger konnte nicht ahnen, welche Wirkung das Buch bei seinem Autor erzielen und welche Folgen

1. Marianne Jung, Aquarell, um 1800, nach der Elfenbein-Miniatur von Joseph Nicolas Peroux (siehe Farbtafeln).

es haben würde.[1] Goethe begann zu lesen, und die Verse des persischen Dichters Hafis zogen ihn sofort in ihren Bann. Was er hier fand, waren Gedichte voll tiefer Symbolik, voller Leben und Geist, eine Poesie von unglaublicher Schönheit. Er durchblätterte das Buch mit steigender Spannung. Hier war ein Lyriker am Werk, der an Phantasie und Wortgewalt seinesgleichen suchte, ein Dichter, der einzigartig war in der Schilderung von Frauenschönheit, Lebensgenuß und Liebesglut. Unverzüglich teilte Goethe seinen Fund den nächsten Freunden mit, schrieb an Knebel in Jena, an Heinrich Meyer und an den Berliner Komponisten Zelter. Auch dem Tagebuch vertraute er an: *Lektüre des Hafis.*

Das neue Buch in der Tasche, bestieg Goethe am 24. Juli 1814 die Kutsche, und auch während der Fahrt beschäftigte ihn die Lyrik eines Mannes, der fünfhundert Jahre vor ihm gelebt hatte – es reizte ihn, so zu dichten wie jener Vorgänger. Zwischen Eisenach, Fulda und Hanau schrieb Goethe bereits erste Verse im Sinne des Hafis. Der *Diwan* wurde eine Inspirationsquelle ersten Ranges. In nahezu unbegreiflicher Voraussicht weist dabei eines dieser Reisegedichte auf ein Ereignis hin, das dann tatsächlich eintreffen wird. Im nachhinein wirkt es, als habe der Fünfundsechzigjährige das Kommende vorausgeahnt oder zumindest heftig ersehnt, als er einer Frau begegnete, die seine poetische Begeisterung verstand und bereit war, seine »orientalische Welt« mit ihm zu teilen.

So sollst du, muntrer Greis,
Dich nicht betrüben,
Sind gleich die Haare weiß
Doch wirst du lieben.

25. Juli 1814

Am 27. Juli 1814 traf Goethe in Wiesbaden ein. Er fuhr am nächsten Tag nach Frankfurt weiter, stieg im *Schwanen* ab und besichtigte, von niemandem erwartet, nirgends angemeldet, gleichsam *incognito* die Vaterstadt. Zu seiner Überraschung waren alle öffentlichen Gebäude Frankfurts hell erleuchtet. Man feierte die Anwesenheit des preußischen Königs Friedrich Wilhelm III. *Also fuhr ich zu Frankfurt ein, Freytag Abends, den 28ten, die Stadt war illuminirt,* schrieb er an seine Frau Christiane. *Wo die Lampen nicht leuchteten schien der Mond desto heller.* Mit seinem Diener Stadelmann ging er über die alte Brücke, sah den Main im Mondlicht schimmern, bemerkte Veränderungen wie den Abriß der Stadtmauern, von denen schon die Mutter berichtet hatte. Im Hirschgraben blieb er vor seinem Elternhaus stehen – in diesem Augenblick hörte er drinnen die große Uhr schlagen, deren Ton er aus der Kinderzeit kannte. Woher kam die Uhr? Die Mutter hatte seinerzeit mit dem Haus auch das Inventar veräußert. Auf erstauntes Fragen erfuhr er, daß der neue Hausbesitzer bei der Auktion auch die große Uhr erworben und am alten Platz aufgestellt hatte.

Am nächsten Morgen besuchte Goethe die Verwandten seiner früh verstorbenen Schwester Cornelia. Sein Schwager, Syndikus Johann Georg Schlosser, war lange tot wie auch dessen Bruder, der Schöffe Peter Hieronymus Schlosser. Doch seine Witwe Rebecca lebte noch und bot Goethe, nachdem sie ihn erkannt hatte, ein so freundliches Willkommen, daß er ihre Einladung annahm, nach der Kur bei ihr und den Söhnen Fritz und Christian zu wohnen. Er erkundigte sich nach Schulfreund Riese und dem Geheimrat Johann Jakob Willemer, eilte dann angesichts der drückenden Hitze nach Wiesbaden zurück, wo sein Freund Zelter aus Berlin eingetroffen war und man auf weiten Spaziergängen die herrliche Landschaft in ihrer sommerlichen Pracht erlebte. *Vier Chausseen, die von Hügeln und Bergen in die Tiefe führen,* schrieb Goethe an Christiane, *stieben den ganzen Tag von Zu- und Abfahrenden.* Auf einer dieser Chausseen rollte soeben Willemers Kutsche von Frankfurt heran.

2. Anonymer Scherenschnitt der jungen Marianne von Willemer als Tänzerin.

Johann Jakob Willemer, ein Mann von Mitte Fünfzig und damit elf Jahre jünger als Goethe, war in jeder Hinsicht eine Ausnahmenatur. Im Beruf erfolgreich, Besitzer von Häusern, verpachteten Grundstücken und einem Kapitalvermögen, das sich durch gute Zinserträge jährlich vermehrte, bekannt als Mäzen und Förderer vor allem des Frankfurter Theaterwesens, war der Bankier doch nie mit seinen Leistungen zufrieden. Er war kritisch anderen wie sich selbst gegenüber, galt als Querkopf und Eigenbrötler, hatte durch seine provozierenden Streitschriften mehr Feinde als Freunde, war auf Unabhängigkeit erpicht und liebte es, schriftlich wie mündlich unbequeme Meinungen zu äußern – ein Mann mithin, von dem man sich interessante Nachrichten versprechen konnte.

Eine Überraschung bot Willemer auch diesmal. Er erschien bei Goethe nicht allein. Der Bankier hatte eine schöne junge Frau bei sich, die er dem Dichter als »Pflegetochter« vorstellte. *Demoiselle Marianne Jung* lebte seit vielen Jahren bei ihm und galt, wie man wußte, als Willemers Geliebte – Clemens Brentano nannte sie offen Willemers *Mätresse*. Die Empörung der Frankfurter Gesellschaft über die Art und Weise, wie das kaum sechzehnjährige Mädchen in Willemers Haus gelangt war, wird auch Goethe zu Ohren gekommen sein. Es war wie in einem Roman: Der geschäftstüchtige Bankier, für skurrile Einfälle bekannt, hatte die Sechzehnjährige ihrer Mutter buchstäblich abgekauft. Das war ein unglaublicher Vorgang. Es kam wohl vor, daß man ein elternloses Kind aus Mitgefühl aufnahm und erziehen ließ. Das unternahm Goethe mit »Peter im Baumgarten«, das tat Willemer, als er den Waisenjungen August Bansa als Pflegekind aufnahm und mit seinem gleichaltrigen Sohn Abraham zu Pestalozzi in die Schweiz schickte. Aber daß man eine Mutter bezahlte, um sich die Tochter ins Haus zu holen, das galt als Skandal.

3. Johann Wolfgang Goethe. Porträt in Öl von Karl Joseph Raabe (1780-1846), 1814

Es war vermutlich diese problematische »Vater-Tochter«-Beziehung, über die Willemer mit Goethe sprechen wollte. Die Vermutung wird durch ein überraschendes Ereignis bestätigt, das bald nach der Wiesbadener Begegnung stattfand: Goethe wird daran nicht unbeteiligt gewesen sein.

In den langen Jahren der Entfernung hatte Johann Jakob Willemer stets klug dafür gesorgt, daß der Kontakt zu Goethe nicht abriß. Er hatte Christiane Vulpius als Geliebte des Dichters 1797 ebenso freundlich bewirtet, wie er sie 1808 als Ehefrau und »Geheimrätin von Goethe« mit Geld versorgte. Er hatte Goethes Sohn ins Theater eingeladen, als der Fünfzehnjährige in Frankfurt seine Großmutter, *Frau Aja,* besuchte, und ihm einen besonderen Spruch ins Stammbuch geschrieben. Jede seiner Veröffentlichungen hatte der schriftstellernde Bankier dem berühmten Freund nach Weimar geschickt und ihn dabei immer auch in aller Offenheit an den privaten Seiten seines konfliktreichen Lebens teilnehmen lassen. Einmal, in seinem unglücklichsten Schreiben, hatte Geheimrat Willemer sehr vertraulich versucht, dem Weimarer Freund seine schwierige private Situation zu erklären, in einem Klagebrief, in dem er das Scheitern aller seiner Wünsche offenlegte. Goethe ging damals mit keiner Silbe auf das heikle Bekenntnis ein. Nun war die Gelegenheit zur persönlichen Aussprache da, und Willemer gedachte, sie zu nutzen. Entsprechend groß war die Spannung, mit der er dem bevorstehenden Wiedersehen entgegenfuhr.

Er traf schon am Vormittag im Wiesbadener Hotel ein und ließ sich bei Seiner Exzellenz melden. Man bat ihn und seine Begleiterin herein. Aus dem scheinbar harmlosen und selbstverständlichen Wiedersehen zweier guter alter Freunde erwuchs eine für alle Beteiligten lebensverändernde, einerseits beglückende, andererseits aber auch tragische Situation. Damit hatte keiner der Anwesenden rechnen können, als man im Hotel *Zum Bären* redend und erzählend zusammenkam.

II.
Der Bankier und seine Pflegetochter

Ich bin ohne Erziehung aufgewachsen
und habe nichts gelernt ... Meinem Geist
sind die Fittiche beschnitten.
Willemer an Goethe, 1808

Goethes Tagebuch notiert die erste Begegnung so sachlich wie fast alle privaten Erlebnisse.

4\. *August 1814 Wiesbaden. Geh. Rat Willemer. Dlle. Jung. Gebadet. Geh. R. Willemer. An Table d'Hote.* An kaum einer Stelle gibt das Tagebuch Erregung oder Gefühle preis. *Geh. Rat Willemer. Dlle. Jung.* Das ist alles.

Zweifellos erschien der Frankfurter Geheimrat durch seine hochgewachsene Gestalt, die ausgesucht elegante Kleidung und das vollendete Auftreten als ein Mann von Welt. Willemer hatte schon in der Jugend, wie man auf frühen Porträts erkennt, ein ausdrucksvolles, charakteristisches Gesicht, das durch die mit den Jahren höher gewordene Stirn noch edler und schmaler wirkte. Er ritt und schwamm und beeindruckte durch seine schlanke, sportliche Erscheinung. Neben ihm ging das »Pflegekind«, seit vierzehn Jahren Hausgenossin und geliebte Gefährtin, *Demoiselle Jung.* Sie war neunundzwanzig Jahre alt.

Das unterschiedliche Paar muß einen seltsamen Anblick geboten haben. Willemer, der Mittfünfziger, wirkte ohne Perücke und durch den dünnen Haarkranz im Nacken älter, Marianne mit rundem Gesicht und neugierigen Augen jünger, als sie war. Ihr aufmerksamer Blick findet sich auch auf einem Miniaturporträt, das bis heute, von einem Nachkommen wohl verwahrt, im gleichen originalen Lederetui mit Goldverzierung ruht, wie es sich damals ein vermögender

Mann anfertigen ließ, um das Bildnis der Geliebten immer in der Brusttasche bei sich zu tragen. Marianne im zarten, blauweißen Musselinkleid ist darauf etwa vierundzwanzig Jahre alt.

Das Paar war früh aufgebrochen; bei guter Wegstrecke lagen vier bis fünf Stunden Fahrt hinter ihnen. Der Bankier verfügte, wie Goethe, über ein eigenes Gefährt, eine bequeme Reisekutsche, in der man schon weitere Fahrten unternommen hatte als diese von Oberrad bis Wiesbaden. Vor zwei Jahren war das Paar darin bis Rom und Neapel gereist.

Dem Wiedersehen mit Goethe sah Willemer mit einer Mischung aus Ehrfurcht und Erwartung entgegen. Man kannte sich seit Jugendtagen. Als Siebzehnjähriger hatte der Banklehrling im Auftrag von Goethes Mutter dem angehenden Legationsrat Manschetten nach Weimar gebracht. Vier Jahre später erhielt Goethe erneut Besuch von Willemer, der diesmal als frischgebackener Ehemann mit seiner jungen Frau Magdalena, genannt *Meline*, zu ihm kam. Es spricht für die Persönlichkeit Willemers, daß der Dichter seinerseits die Verbindung zu ihm immer aufrechthielt. Seine Mutter hatte berichtet, wie enthusiastisch Freund Willemer jedes seiner Werke aufnahm. *Willemer sagt: so hätte er in seinem Leben nichts gelesen, daß ihn so im innersten bewegt hätte,* verkündete sie beim Erscheinen des *Wilhelm Meister.* Das war 1796, als der Bankier sich mit Feuereifer um das Frankfurter Theater kümmerte. Böse Zungen behaupteten, seine Neigung zu Bühne und Schauspielkunst beruhe hauptsächlich auf einer Leidenschaft für schöne Aktricen. Von Demoiselle Marianne Jung konnte zu diesem Zeitpunkt niemand etwas wissen; sie kam erst vier Jahre später in sein Haus.

Willemer, der sich zum Schriftsteller berufen fühlte, ohne je mit seinem Schreibtalent zufrieden zu sein, besaß ein ausgeprägtes Gespür für Qualität. Goethe war sein Idol, an dem er mit nicht nachlassender Verehrung und Wärme hing. Goethes übermächtige Lebensleistung hätte zwar das Ungenügen an der eigenen Person noch vermehren können, doch Willemer sandte dem großen Mann unverdrossen jede neue Publikation zu in der Hoffnung auf ein Zeichen der Anerkennung. Er wußte freilich nicht, daß Goethe die halb begonnenen Schriften meist desinteressiert zur Seite legte. Unaufgeschnitten und demnach ungelesen stehen Willemers moralische und pädagogische Erörterungen bis heute in der Bibliothek am Frauenplan.

Dafür, daß die Verbindung Bestand hatte, sorgte der geschickte Bankier allerdings auch in seiner Eigenschaft als Geschäftsmann. 1788 verhandelte er mit Goethe über ein Darlehen für dessen in Schulden geratenen Darmstädter Freund Johann Heinrich Merck, dem er einen Kredit von immerhin 4 000 Talern besorgte. Die großzügige Geste kam zu spät, Merck konnte sein Unternehmen nicht retten und erschoß sich. Mit großer Bereitwilligkeit unterstützte Willemer auch Goethes Frau Christiane, als sie während ihres Frankfurter Aufenthalts 1808 Geld benötigte und sogleich 1 000 Taler erhielt.

Die freundschaftlichen Briefe, die zwischen den beiden Männern gewechselt wurden, klangen von Willemers Seite meist selbstkritisch anklagend, während Goethe sie gleichbleibend beschwichtigend beantwortete. Das deprimierteste Schreiben, mit dem sich Willemer je an den Freund wandte, war ausgerechnet nach einem Besuch von Goethes Ehefrau entstanden. Die vierundvierzigjährige Christiane, einstmals schlank, inzwischen dick geworden, wurde in Frankfurt, wo sie das Erbe von Goethes Mutter regelte, nicht überall mit Wohlwollen empfangen. Mit ihrem achtzehnjährigen Sohn August besuchte sie nach Goethes Anweisung den Frankfurter Geheimrat und seine Töchter. Bei dieser Gelegenheit lernte auch Marianne Jung, seit acht Jahren im Haus Zum Roten Männchen lebend, die Ehefrau des Dichters aus der Nähe kennen. Marianne, vierundzwanzig Jahre alt, scheint von der Begegnung enttäuscht gewesen zu sein; sie hat sich über Christiane nur zurückhaltend geäußert und allenfalls durchblikken lassen, daß Goethes Ehefrau ihr nicht sonderlich gefiel. Christiane aber dankte mit einem gestickten Seidenbeutel für die gastliche Aufnahme, und Goethe schrieb an Willemer: *Wie sehr wünschte ich, einige Zeit mit Ihnen zu verleben, teils um mich früherer Jahre zu erinnern, teils um mich über manche Resultate des Lebens mit Ihnen zu besprechen.*

Die Reaktion war nicht vorauszusehen, die das Stichwort »Resultate des Lebens« hervorrief. Schon sechs Tage später bekam Goethe einen Unglücksbrief. Durch das Wort »Resultat« gereizt, zog Willemer eine niederschmetternde Bilanz seines bisherigen Lebens. *Nur ein paar Zeilen über mich glaube ich mir zur Vermeidung einer falschen Ansicht schuldig zu sein. Glauben Sie nicht, daß ich versunken liege in grundlosem Schmerz, oder an Chimären leide ... Aber meinem Geist sind die Fittiche beschnitten, seine Kraft ist gelähmt, meine Gesundheit ist zerstört. Ich bin ohne Erziehung aufgewachsen und habe nichts gelernt. Arm geboren und daher nach Frankfurter Manier von jeher über die Achsel angesehen (und das schlägt tiefe Furchen in einem zarten Gemüt, weckt des Lebens Quaal, einen grenzenlosen Ehrgeiz), mußte ich alles, was ich besitze, mir selbst verdienen, darüber verstrich der schönste Teil meines Lebens, und ich konnte mich mit nichts befassen als mit Gelderwerb, nach nichts streben als nach Schein-Ehre. Von dem, was ich erworben, ist seit dem Umsturz der preußischen Monarchie die Hälfte wieder verloren. Fünfzehn der Meinigen, die alle in meinen Armen verschieden, hab ich zu Grabe getragen – wohl ihnen – und vor 3 Jahren ist mein bestes Kind nachgefolgt, das allein mich geliebt, meine Kätte, ein Engel an Gestalt und Herz, achtzehn Jahr alt ... Freunde hab ich keine ...*

Willemers Brief war Zeugnis tiefer Lebensenttäuschung

und das Bekenntnis einer verletzten Seele. Er hatte nicht nur früh seine erste geliebte Frau Meline und einen siebenjährigen Sohn verloren, sondern auch die einzige seiner vier Töchter, die er wirklich geliebt hatte, Maria Katharina, genannt *Kätte,* die 1803 mit noch nicht achtzehn Jahren gestorben war. Seine finanziellen Klagen allerdings waren einigermaßen unbegründet. Infolge der napoleonischen Kriege befand sich das ganze Land seit Jahren in Not; dennoch war gerade Willemer ein wohlhabender Mann geblieben. Die Mitgift seiner ersten Frau, einer Berlinerin aus reichem Kaufmannshause, hatte ihm zu ansehnlichem Vermögen verholfen. Mit vierundzwanzig Jahren konnte es sich der junge Bankier erlauben, den romantischen Landsitz am Main zu pachten, die »Gerbermühle« mitsamt dem großen angrenzenden Gelände. Außerdem erstand er nach dem Verkauf seines Elternhauses in der Töngesgasse Nr. 49, das schon sein Großvater erworben hatte[1], das Haus Zum Roten Männchen am Fahrtor und machte es zu seinem ständigen Wohnsitz.

Daß Willemer arm und ohne Erziehung aufgewachsen sei, trifft in dieser Schärfe nicht zu. Zwar hat er den Beruf des Bankiers nicht besonders geliebt, doch gerade in diesem Geschäft erzielte er seine größten Erfolge. Er brachte es fertig, das ältere Bankhaus Bethmann als Konkurrenten beim preußischen König auszuschalten, wobei ihm eine mißlungene Liebesaffäre zwischen Friedrich Wilhelm II. und der schönen, neunzehnjährigen Sophie Bethmann gut zustatten kam. Der preußische König deponierte fortan sein Geld bei Willemer, auch jene 50000 Taler, die im Falle seines Todes für seine Geliebte Wilhelmine Encke als »Altersversorgung« vorgesehen waren. Willemer verstand es glänzend, das Kapital gewinnbringend anzulegen. Sein Vermögen vermehrte sich. Aber er wollte mehr sein als nur ein Karrieremacher. Politiker wollte er sein, als Schriftsteller und Pädagoge wirken, als Mäzen und Kunstliebhaber anerkannt werden. Bevor er Goethe wiedersah, hatte er mehrere Lustspiele, eine Novelle und verschiedene pädagogisch-kritische Schriften zum Frankfurter Theater wie zur »Menschen- und Erziehungskunde« verfaßt. Doch er erfuhr mehr Ablehnung als Anerkennung. *Meinem Geist sind die Fittiche beschnitten,* klagte er wie jemand, der den Glauben an sich verloren hat.

Willemers Niedergeschlagenheit hatte noch einen anderen Grund. Seit acht Jahren lebte die entzückende Maria Anna Katharina Theresia Jung, genannt Marianne, unter seinem Dach. Er hatte sie großzügig mit den eigenen Töchtern ausbilden lassen und sich dafür wohl mehr als Dank, nämlich Zuneigung versprochen. In seinem Unglücksbrief vom 11. Dezember 1808 heißt es: *die Zukunft ist an eine törichte Hoffnung verspielt – von der eine 8jährige Erfahrung mich belehrt hat, daß sie nie in Erfüllung gehen wird. So ziehe ich mich jeden Tag mehr in mich selbst zurück, werde ernster und stiller.* Mit anderen Worten: Marianne liebte ihn nicht.

Schon vor einigen Tagen besuchte mich Willemer mit seiner kleinen Gefährtin, und so giebts immer was neues. Goethes Brief an Christiane läßt erkennen, daß er seinem Besucher mit herzlicher Wiedersehensfreude entgegengekommen war. Der *würdige Freund,* elf Jahre jünger als er selbst, stellte in gewisser Hinsicht auch eine Verbindung zu seiner verstorbenen Mutter dar. Bis zuletzt war Catharina Elisabeth Goethe gern den Einladungen des Bankiers gefolgt, hatte in seinem großen Haus an musikalischen Ereignissen und theatralischen Aufführungen wie Schillers *Wallenstein* und Goethes *Tasso* teilgenommen und sich in Theaterangelegenheiten vorzüglich mit ihm verstanden. Damit man sich über alles in Ruhe unterhalten könne, schlug Goethe ein gemeinsames Mittagessen vor. Doch der Freund war so ungeduldig, daß er nicht einmal bis dahin warten wollte. War es das Gespräch unter vier Augen, weshalb Willemer vor dem Essen Goethe noch einmal

4. Marianne Jung. Pastell von Johann Jacob de Lohse (um 1755-1813). Rückwärtig beschriftet »Frau Geheimrätin Willemer, / gemalt 1809«.

aufsuchte? Er kam nämlich allein, ohne seine Begleiterin. Das geht aus einer kleinen Notiz in Goethes Tagebuch hervor: *Gebadet. Geh. R. Willemer. An Table d'Hote.*

Über den Inhalt des Gesprächs hat keiner der Beteiligten je berichtet. Nicht einmal Christiane erfuhr von der Unterhaltung. Erst danach ging man im Speisesaal des Hotels *Zum Bären* zu Tisch. Goethe war weder kühl distanziert, wie andere ihn schilderten, noch zurückhaltend steif, sondern so entgegenkommend wie nur möglich. Man fand bei ihm *ein liebenswürdiges, jedem Eindruck offenes Gemüt*, wie es Willemers älteste Tochter Rosina ausdrückte, die ihn wenige Wochen später kennenlernte. Mit bereitwilliger Aufgeschlossenheit widmete er sich dem angereisten Paar. Das herrliche Wetter, ein angenehmes Logis, die Lektüre des orientalischen *Diwan* und die dadurch angeregte Schaffenslust – dreißig neue Gedichte allein in der Wiesbadener Zeit – wirkten auf ihn wohltuend und befriedigend.

Goethe sah Marianne zum ersten Mal. Sie war von Gestalt schmal und eher klein, worüber er sich später lustig machte. *Die liebe Kleine*, nannte er sie, wenn Willemer anwesend war; *allerliebste Marianne*, wenn sie miteinander allein waren. Ihr Gang und die geschmeidigen Bewegungen, von denen Boisserée spricht, zeigten, daß sie als Tänzerin agiert hatte, bevor sie in Willemers Haus kam. Davon wird auch Goethes Mutter, die Marianne mehrmals auf der Bühne sah, dem Sohn berichtet haben. Clemens Brentano erzählt, wie er neben der Rätin Goethe im Parkett sitzend, sich sofort in die reizende Tänzerin verliebt habe. Die alte Dame hatte den jungen Brentano zum gemeinsamen Theaterbesuch eingeladen, weil sie ihm, der unter dem Tod seiner Mutter litt, eine Freude machen wollte. *›Komme Er heute abend mit mir‹*, habe sie gesagt, *›es soll Ihm das schönste Spektakel gezeigt werden, das je ... aufs Tapet gekommen ist.‹ Ich ging mit und sah etwas ganz Allerliebstes, nämlich ein kleiner Harlekin kroch aus einem Ei und* *machte die zierlichsten Sprünge. ›Nicht wahr‹, fragte Frau Goethe, ›das macht seinen Effekt?‹ – ›Allerdings‹, erwiderte ich ...* Goethes Mutter habe hinzugefügt: *Hätte nur Wolfgang diesen Harlekin im Ei gekannt, was hätte der für schöne Märchen von ihm erzählt.* Jahre später wird der zierliche Harlekin in Gestalt einer anmutigen jungen Frau dem Sohn begegnen. Das Märchen wird sich in gelebte Poesie verwandeln.

Die Art, wie Marianne ihn betrachtete, muß Goethe gefallen haben – später machte er ein Gedicht auf diese Blicke. *Lieb' um Liebe, Stund' um Stunde, Wort um Wort und Blick um Blick ...* Ihm gefiel das liebliche Gesicht, das geringelte Haar, das sie mit einem Kamm zurückgesteckt hatte, wobei ihr beim Sprechen jedesmal eine Locke in die Stirn fiel – er machte ein Gedicht auf solche Locken. *Euch geliebten braunen Schlangen / Zu erwidern hab' ich nichts ...* Anders als jede andere Frau aus seinem Bekanntenkreis konnte *Demoiselle Jung* von einem Schicksal berichten, wie man es nur aus Romanen kannte. Daß Goethe über ihre Vergangenheit Bescheid wußte, geht aus einem Bekenntnis hervor, das Marianne ihm Jahre später machte: man möge es entschuldigen, daß sie oft in die Irre gegangen sei, er habe aber ihre *früheren Verhältnisse* schließlich gekannt.

Die *Verhältnisse,* auf die sie anspielte, waren merkwürdig genug. Niemand wußte, wer ihr Vater war, und auch von ihrer Mutter war so gut wie nichts bekannt. Getauft auf die Namen Maria Anna Katharina Theresia, war Marianne nach eigenen Angaben am 20. November 1784 in Linz an der Donau zur Welt gekommen. Ein Geburtseintrag jedoch, ein Vermerk im Taufregister ist nie aufgetaucht, und über ihren Vater oder Stiefvater, an dessen Vornamen sie sich nicht einmal erinnerte, konnte Marianne keine Auskunft geben. In Linz ist ihre Geburt nicht vermerkt.

Mariannes Mutter, die Schauspielerin Elisabeth Jung, war

neununddreißig Jahre alt, als sie die Tochter in andere Hände gab. Sie war aufgewachsen in Oberösterreich als eines von zwölf Kindern des Johann Michael Pirngruber, Verwalter der Gräflich-Hohenfeldschen Güter auf Schloß Almegg, und seiner zwanzig Jahre jüngeren Ehefrau Maria Theresia Jungwirth. Elisabeth Pirngruber hatte sieben Schwestern und vier Brüder, von denen einer gräflicher Sekretär in Wien wurde, ein zweiter Professor für Recht in Linz, ein dritter Apotheker und Gutsbesitzer in Berchtesgaden, kluge und angesehene Leute sie alle.

Mit dreiundzwanzig Jahren bekam die unverheiratete Schauspielerin ein Kind. Um sich ihren Lebensunterhalt zu verdienen, zog sie nach Wien, wo sie sich wohl bessere Engagements versprach als in der Provinz. Während sie an diversen Vorstadtbühnen auftrat, kümmerten sich ihre vier ebenfalls in Wien lebenden Geschwister um die kleine Marianne. Das große, prächtige Wien unter Kaiser Leopold II. war die erste Heimat des Kindes, das sich als lernfähig, lebhaft und gescheit erwies. Marianne selbst berichtete, daß ein Geistlicher namens Welty auf sie aufmerksam wurde und ihr privaten Unterricht gab. Sie muß in Wien, in der Nähe der heranwachsenden Vettern und Cousinen, mit Besuchen bei den bäuerlichen Großeltern in Almegg und den Brüdern der Mutter eine glückliche Kindheit gehabt haben. Mit einer Cousine, Clementine Pirngruber, hat Marianne noch im Alter korrespondiert.

In Frankfurt wurde die vierzehnjährige Tänzerin als *Demoiselle Jung* präsentiert, doch woher dieser Name stammte, wußte niemand. Aus Mariannes eigenen Angaben mußte man schließen, ihr Vater sei ein aus Linz stammender Instrumentenmacher namens Matthias Jung gewesen. Damit hat Marianne ihre Umgebung ein Leben lang getäuscht. Erst 1975 wurde eine Entdeckung gemacht, die Klarheit in die dubiosen Verhältnisse zu bringen schien: Man fand das Heiratsdokument der Mutter. Elisabeth Pirngruber, die nicht mehr ganz junge Aktrice mit unehelichem Kind, hatte keinen Instrumentenbauer, wohl aber den Leiter eines Theaters geheiratet. Ein entsprechender Eintrag fand sich im Kirchenbuch der Domkirche von St. Pölten: Der achtundzwanzigjährige Herr Joseph M. Georg Jung, *Direkteur der deutschen Schauspielergesellschaft allhier, Sohn des churpfalzbayrischen Hauptmanns Jung*, und die achtundzwanzigjährige Elisabeth, *Tochter des Herrn Michael Pirngruber, Herrschaftspfleger zu Buchberg in Oberösterreich*, waren am 31. März 1788 in St. Pölten kirchlich getraut worden. Trauzeugen waren der Chorleiter des Doms sowie der Kreissekretär Sauer, bei dessen Verwandten in der Linzer Klammstraße Elisabeth Pirngruber damals wohnte.[2] Von diesem Zeitpunkt an erhielt die damals vierjährige Marianne, ohne daß jemals die Adoption beantragt worden wäre, den Namen *Jung*. Damit sollte für alle Zukunft die uneheliche Geburt kaschiert und das Kind als eheliches deklariert werden. Marianne selbst wußte später genau, wer ihr Vater in Wirklichkeit war. Sie hat aber über ihre Abkunft ein Leben lang geschwiegen.

Für das Kind einer Schauspielerin und eines Theaterdirektors war es selbstverständlich, daß Marianne früh Schauspielunterricht erhielt. Schon als Achtjährige stand sie auf der Bühne, und alles spricht dafür, daß es ihr gefiel. Die Bühnenauftritte inmitten der Erwachsenen, der Ballettunterricht, das Kostümieren für ein amüsierfreudiges Publikum wurden ihre Welt. Mit neun Jahren ist sie bereits auf dem Theaterzettel des Preßburger Theaters zu finden. Es war ein Leben, wie es andere Kinder nicht kannten, und wahrscheinlich genoß sie es, sich an der Seite ihrer Mutter einem begeisterten Publikum zu präsentieren und den Beifall entgegenzunehmen, den selbst eine so kunstverwöhnte Frau wie Goethes Mutter ihr zollte, die immerhin ausgerufen hatte: *Nicht wahr, das macht seinen Effekt.*

Als Elisabeth Jung in Österreich keine geeigneten Angebote mehr erhielt, folgte sie einem befreundeten Tänzerehepaar namens Traub aus Preßburg in das ferne, fremde Frankfurt am Main. Seltsamerweise gab Elisabeth bei dieser Reise im Paßprotokoll ihren Stand mit »ledig« an, obgleich die dreizehnjährige Tochter mit ihr reiste. Man könnte daraus schließen, sie habe sich bald wieder von ihrem Mann getrennt oder scheiden lassen. In Wirklichkeit war Georg Jung mit sechsunddreißig Jahren in Preßburg gestorben. Wollte die Mutter nicht als Witwe auftreten, weil es ihrer Karriere abträglich war? Kurz vor Jungs Tod hatte die kleine Marianne noch in seinem Namen eine Dankrede auf der Bühne gesprochen[3], und zwar unter dem Namen »Nanette Jung«. So wurde sie auf dem Preßburger Theaterzettel deklariert. Dazu hat sich Marianne nie geäußert. »Nanette« hat sie sich in Frankfurt nicht mehr genannt.

Nach dem Tod ihres Mannes war Elisabeth Jung ganz auf sich gestellt. Für sie gab es keine Versorgung, keine Sicherheit. Mutter und Kind kann es nicht gut gegangen sein. Sie verdienten so wenig, daß Marianne das monatliche Einkommen durch Sticken und Handarbeiten aufbessern mußte. Elisabeth Jung spielte 1797 noch am Theater in Ödenburg, 1798 in Baden bei Wien und in der Wiener Neustadt. Dann winkte die Chance, in Frankfurt aufzutreten, obgleich sich ihre schauspielerische Laufbahn bereits dem Ende näherte. Großes Talent scheint sie nicht besessen zu haben. Sie bekam an der Frankfurter Bühne schließlich nur noch die Stelle einer Garderobiere und Theaterdienerin.[4] Dafür war es die Tochter, die das Publikum anzog und das Haus füllte. Am 26. Dezember 1798 findet sich Marianne erstmals auf dem Frankfurter Theaterzettel. Die Vierzehnjährige wirkte in Singspielen, Ballettaufführungen und *Divertissements* mit. Sie spielte den Zwerg in Kotzebues Oper *Der Spiegelritter,* tanzte anmutig im Ballett *Die geraubte Braut,* gab das Hannchen im Singspiel *Der kleine Matrose* und den Adolph in Paërs

Camille. Sie spielte sogar die Titania in Shakespeares *Oberon*, sang in der gefeierten Oper *Das unterbrochene Opferfest* von Peter von Winter und tanzte zu aller Entzücken den *Harlekin aus dem Ei* von Morelli, worin Clemens Brentano sie sah.[5] Dreißig Jahre später schrieb er ihr: *Der Harlekin im Ei, / Den einstens ich gekannt, / Bis er mir ging entzwei, / Der ist gar nicht verwandt / Mit diesem Demoisellchen ... / Nein, was ich Hand in Hand / Mit dir, Lieb Herz, empfand, / Versteht sich nicht am Rand!*[6] Clemens war, wie er behauptete, schon beim ersten Anblick von der witzigen, kleinen Person fasziniert.

Mariannes frühe Auftritte müssen spektakulär gewesen sein. Die junge Darstellerin wurde sogar schon in Theaterkritiken erwähnt. Schmidts »Schauspielkunde« würdigt im Mai 1799 das Auftreten der noch nicht Fünfzehnjährigen. *Demoiselle Jung muß eine gute Lehrmeisterin gehabt haben und sie macht ihrer Lehrmeisterin auch keine Schande.*[7] Marianne aber hatte nicht nur gute Lehrer, sondern sie erbte väterlicherseits eine große Begabung, die auch der Grund war, weshalb sie trotz ihrer Jugend am Nationaltheater Triumphe feiern konnte.

Der Theaterliebhaber Johann Jakob Willemer sah das Mädchen und war von seinem Liebreiz, seinem Spiel, seinem Gesang entzückt. Daß er zu spontanen, oft unüberlegten Handlungen schnell bereit war, wissen wir durch Goethes Mutter. Sie hatte ihn bei der Lektüre des *Wilhelm Meister*-Romans erlebt, worin eine schöne Schauspielerin namens *Mariane* ihn dermaßen beeindruckte, daß er statt eines Romans das Leben vor sich zu sehen glaubte. Nun trat eine echte »Mariane« in seinen Weg, eine blutjunge Schauspielerin, wie Goethe sie geschildert hatte – und schon war er bereit, sie ins Haus zu nehmen. Als sei sie mit ihren braunen Locken, ihrer Zierlichkeit, ihren anmutigen Bewegungen eine zweite *Mignon*, die mit Eiern jonglieren konnte wie jene

Mignon in Goethes Buch, war Willemer dann ebenfalls mit ihr nach Italien gereist, was weiteren Anlaß zu Klatsch und Gerüchten bot. Willemer scherte sich nicht darum, sondern tat, was er wollte.

Der vierzigjährige Bankier war ein wohlhabender Mann, und die notwendigen Unterhandlungen mit Mariannes Mutter mußten ihm um so leichter fallen, als er gerade in die Oberdirektion des Nationaltheaters gewählt worden war. Nur was sein Privatleben betraf, schien es weniger gut bestellt. Der Witwer unterhielt, wie man gerüchteweise hörte, wechselnde Beziehungen im Theatermilieu. Von seinen Frauenbekanntschaften spricht selbst Goethe. Seit dem frühen Tod seiner ersten Frau Magdalena *Meline* Lange und dem unerwartet plötzlichen Sterben seiner zweiten Frau Jeanne Mariane Chiron, die nur zwanzig Jahre alt wurde, sah für Willemer die Welt noch trostloser aus als zuvor. Sein Sohn Johann Ludwig Jakob war mit sieben Jahren gestorben, Söhnchen Friedrich Wilhelm, der den preußischen König zum Paten hatte, starb dreijährig, dann auch die jüngste Tochter Soretta. Geblieben waren ihm aus der ersten Ehe vier Töchter: Käthe und Rosina, Maximiliane und Meline sowie aus der zweiten Ehe ein Sohn, der sechsjährige Abraham, genannt *Brami*.

Elisabeth Jung mußte erfahren, daß es im Hause des Bankiers keine Ehefrau gab und seine fünf Kinder mutterlos aufwuchsen. Daß Willemer sie dennoch dazu brachte, ihm ihre Tochter zu überlassen, ist bezeichnend für seine Zähigkeit und Überzeugungskraft und wirft zugleich ein Licht auf die miserable Situation der Schauspielerin. Elisabeth Jung war arm, war mittellos, und Willemers Angebot schien aus dieser Misere der einzige Ausweg. So würde wenigstens für Marianne gesorgt. Über die Art, wie Willemer seinen Antrag stellte, kursierte in Frankfurt das Gerücht, der Geheimrat sei als Tiroler Teppichhändler verkleidet in die Wohnung von Frau Jung gekommen, um das Herz der Tochter zu erproben.[8] Auch wenn die Geschichte erfunden ist, charakterisiert sie Willemers zähes und listiges Durchsetzungsvermögen, das er in seiner Karriere oft und mit Erfolg geübt hat.

Im Gespräch mit Elisabeth Jung konnte Willemer, was seine Laufbahn, sein Vermögen, seine Familie betraf, Beträchtliches vorweisen. Er war ein Mann von Einfluß und Autorität. Sein Name wurde in eben jenem Frühjahr 1800, da er Marianne zu sich holte, in einer »Skizze von Frankfurt« unter den bedeutendsten Bürgern genannt: *Die Herren Baron Leonhardt, Geheimerath und Bankier Willemer und Herr Städel machen als Freunde der Wissenschaften unter dem Kaufmannsstande seltene Ausnahmen,* hieß es. Seiner Vorfahren brauchte sich Willemer nicht zu schämen, es waren ehrenwerte Leute. Großvater Johann Baptist Willemer war lutherischer Pfarrer gewesen. Der Vater Johann Ludwig Willemer wollte nicht Geistlicher werden, sondern trat in das Bankhaus Franck & Co. ein, das er bis zu seinem frühen Tod allein leitete. Johann Jakob Willemer, am 29. März 1760 geboren, war erst sieben, als sein Vater starb. Die Geschäfte gingen zunächst zurück, doch war er nie wirklich arm. Seine Mutter Maria Katharina Käuffelin führte das Bankhaus weiter, bis er es übernehmen konnte. Schon mit achtundzwanzig Jahren wurde Willemer preußischer Konsul in Frankfurt, ein Jahr später Senator der Reichsstadt Frankfurt, woran ihm sehr gelegen war. Seine geschäftlichen Erfolge verdankte er einer geschickten Verhandlungstaktik sowohl mit der kurfürstlichen Regierung in Mainz als auch den guten Beziehungen zu Preußen, das ihn zum Hofbankier ernannte. Zu seiner größten Genugtuung erhielt er mit neunundzwanzig Jahren den preußischen Geheimratstitel und war damit wie Goethe »Herr Geheimer Rat«. Der preußische König sandte ihm für seine Leistungen ein persönliches Dankschreiben und nahm Willemers Loge im Theater ein, wenn er in Frankfurt weilte. Nur der Adelstitel blieb Willemer vorläufig versagt.

Allerdings war es gerade die begehrte Stellung eines Senators gewesen, die ihn im Oktober 1792 – Willemer war zweiunddreißig Jahre alt – in eine äußerst prekäre Lage gebracht und sein persönliches Unglück herbeigeführt hatte. Der französische General Custine nahm nach der Einnahme Frankfurts Willemer und sieben andere wohlhabende Bürger als Geiseln, um die Kontributionszahlung von zwei Millionen Gulden zu erzwingen. Es hieß, daß Willemers Frau Meline im Schrecken über die Festnahme ihres Mannes starb. Sie hatte kurz zuvor das sechste Kind, die Tochter Maximiliane, zur Welt gebracht. Ihr Tod bedeutete für Willemer eine Katastrophe. Um den Kindern wieder eine Mutter zu geben, heiratete er nach neun Monaten die fünfzehn Jahre jüngere Jeanne Mariane Chiron. Ihr Bruder war Bankier wie er selbst. Jeanne Mariane starb 1795 im Kindbett. Die Ehe, die Willemer als nicht glücklich, höchstens als *zufrieden* beschrieben hat, dauerte nur drei Jahre.[9] Damals schrieb Goethes Mutter an ihren Sohn, sein neuer Roman habe Willemer den Kopf verdreht. Gemeint war das in *Wilhelm Meisters Lehrjahren* geschilderte Verhältnis der Schauspielerin *Mariane* mit einem Kaufmann, der sie mit Geschenken überhäufte, während sie hinter seinem Rücken den Liebhaber Wilhelm in ihrem Boudoir zur Liebesstunde empfing. *Der 4te Theil macht hir eine erstaunliche Wirckung,* verkündete Goethes Mutter, *besonders Willmer – dem hat die Marianne den Kopf so verrückt, daß Er beynahe einen Dumenstreich gemacht hätte.* Willemer, schrieb die Rätin offen, fühle sich als Held des Romans … *er glaubt sich in dem Falle des Wilhelms zu befinden.* Mit anderen Worten, der junge Witwer hatte eine Schauspielerin zur Geliebten, deren Gunst jedoch – wie in Goethes Roman – nicht ihm allein gehörte.

III.
Goethe auf der Gerbermühle

Wenn sich die Strahlen seines Geistes in seinem Herzen conzentrierten, das war eine Beleuchtung, die einen eignen Blick verlangte …
Marianne von Willemer über Goethe

Elisabeth Jung überließ dem ihr unbekannten, vierzigjährigen Bankier Johann Jakob Willemer ihre einzige sechzehnjährige Tochter, von der sie noch nie getrennt gewesen war. Als Gegengabe erhielt sie einen nicht unerheblichen Geldbetrag. Möglicherweise wurde ihr Entschluß mitbestimmt durch den Tod ihres Vaters Pirngruber, der gerade im März des Jahres gestorben war. Falls sie auf einen Teil seines Erbes gehofft hatte, sah sie sich getäuscht. Vater Pirngruber hatte das gesamte Vermögen seiner zweiten Frau vermacht. Willemers Unterredung mit der Schauspielerin über ihre desolate finanzielle Situation mag auch dazu beigetragen haben, daß er sich mit Nachdruck für die Altersversorgung von Künstlern einsetzte. Es gelang ihm als Mitglied der Theaterkommission 1802 die Durchsetzung einer ungewohnten und noch nie dagewesenen Maßnahme: die Gründung eines Pensionsfonds für alternde Schauspieler. Mariannes Mutter bot er eine Abfindung von zweitausend Gulden an sowie eine jährliche Rente, von der sie leben konnte. Elisabeth Jung willigte ein. Sie verließ Frankfurt und ging nach Linz zurück. Daß sie beim Abschied die Tochter darüber aufgeklärt hätte, wer ihr leiblicher Vater war, ist nicht anzunehmen.

Am 25. April 1800 trat Marianne Jung nach insgesamt vierzig Frankfurter Vorstellungen zum letzten Mal im Theater auf. Dann brachte der zukünftige Pflegevater sie auf die

Gerbermühle, führte sie ins Lehrerzimmer und sagte zu seinen Kindern: *Hier bringe ich Euch noch eine Schwester.*[1] Die Sechzehnjährige lernte zum ersten Mal seine Töchter Käthe, Meline und Maxe kennen, mit denen sie gemeinsam erzogen werden sollte. Die Mädchen waren vierzehn, zwölf und acht Jahre alt, Sohn Brami sechs. Willemers älteste Tochter Rosina hatte den Kaufmann Johann Martin Städel geheiratet und siebzehnjährig das Haus verlassen. Bei Mariannes Eintreffen erwartete sie ihr erstes Kind.

Der Wechsel aus der abenteuerlichen Welt des Theaters in das großbürgerliche Haus eines Bankiers kann der jungen Schauspielerin nicht leicht gefallen sein. Sie wird gewußt haben, daß nur ihr Einverständnis der Mutter zu einer ausreichenden Versorgung verhelfen konnte. Einerseits hatte die kindliche Marianne beim Theater hart zu arbeiten, hatte Tanzunterricht, Ballettstunden und Proben zu absolvieren und dabei nicht unbedingt eine sichere Karriere vor sich. Am Beispiel der eigenen Mutter stand ihr das Schicksal alternder Schauspielerinnen unmittelbar vor Augen. Andererseits wurde sie aus einer Sphäre gerissen, in der sie Begabung gezeigt und großen Erfolg erlangt hatte, eine Welt, in der sie zu Hause war. Der Schriftsteller Herman Grimm, der Marianne später persönlich kennenlernte und mit ihr einen umfangreichen Briefwechsel führte, vertrat deshalb die Meinung: *Das Leben rüstet eine Natur oft mit den schönsten Mitteln aus, ohne ihr Gelegenheit zu bieten, diese Mittel voll zu gebrauchen. Marianne begann in ihrer frühesten Jugend mit der bewegendsten Existenz, welche für eine Frau irgend geschaffen werden kann. Eine Stellung auf dem Theater macht ein Kind von 17 Jahren frei und selbständig. Ohne Zweifel besaß Marianne alles, um die so begonnene Laufbahn glänzend durchzuführen. Plötzlich wird sie ihr entrissen und an die Seite eines älteren Mannes, in eine ganz andere Lebensweise, in die Mitte von Ansprüchen völlig verän-*

derter Natur versetzt. Ich weiß nicht, wie dieser Umschwung sich vollzog ...[2] Marianne scheint den Wechsel von der Bühne in Willemers Haus, wo sie zugleich als Nicht-Tochter in den Rollen einer Gesellschafterin, Begleiterin, Reise- und Lebensgefährtin zu dienen hatte, klug bewältigt zu haben. Ihre Warmherzigkeit und ihre Aufrichtigkeit, ihr liebenswürdiges Wesen, das auch Goethe im Brief an Christiane hervorhob[3], bewirkten, daß sie allmählich zum Mittelpunkt der ganzen Familie wurde.

Dem pädagogisch interessierten Willemer lag der Unterricht seiner Kinder sehr am Herzen. Dabei wirkt es paradox, daß er, der Verfasser eines dreibändigen Werks mit dem Titel *Praktische Lebens- und Erziehungsregeln für Eltern, die es mit sich und ihren Kindern gut meinen,* bei den eigenen Kindern auf laute Kritik und massiven Widerstand stieß. Die Älteste, Rosina, beklagt in ihrem Tagebuch, daß ihr Vater, ohne Rücksicht auf das lebendige Wesen Heranwachsender, *nur immer Maschinen* erziehe.[4] Um so beachtlicher ist die Wahl des Lehrers, den Willemer ins Haus nahm. Johann Elias Mieg, Pfarrerssohn aus Weimar und beim Eintreffen Mariannes dreißig Jahre alt, war ein Freund von Hegel und Hölderlin, ein Mann mit umfassendem Wissen und Anhänger des Schweizer Erziehers Pestalozzi, mit dem der pädagogisierende Willemer korrespondierte. Mieg war weniger Angestellter als Freund, von ihm konnte die neue Schülerin nur profitieren. Wenn man Mariannes Briefe liest und die darin bekundete Bildung und Menschenkenntnis bedenkt, muß man auf einen ausgezeichneten Unterricht schließen.

Bei ihren umjubelten Auftritten auf der Bühne hatte Marianne professionelle Musikalität bewiesen und sich durch eine schöne Stimme ausgezeichnet. Jetzt standen Klavier- und Gesangstunden auf dem Lehrplan, und sie erhielt Unterricht bei dem Gitarristen Scheidler, mit dem sie sogar in einem Konzert für die französische Kaiserin Josephine brillierte.

5. Die Gerbermühle. Kolorierte Radierung.
6. Willemers Türmchen auf dem Mühlberg.

Für ihre schauspielerische Karriere jedoch unternahm Willemer nichts. In diesen Beruf sollte Marianne nie mehr zurückkehren. Schon da wird ihm klar geworden sein, daß er seine Pflegetochter liebte.

Beim Mittagsmahl am Gästetisch des Gasthofs *Zum Bären*, an dem sich Goethe und Marianne gegenübersaßen, trafen sie sich zum ersten Mal. *Demoiselle Jung* war hübsch anzusehen, hörte aufmerksam zu und zeigte, wenn sie auf Goethes Bemerkungen einging, eine überraschende Schlagfertigkeit. Goethe nannte sie *schelmisch* und sogar *schalkisch,* sie quittierte es mit offensichtlichem Vergnügen.[5] Es entging ihm nicht, daß sie ihn mit Blicken zu erforschen suchte und jedes seiner Worte registrierte. Die Begegnung kann Goethe nicht gleichgültig geblieben sein. Als Willemer ihm beim Abschied einen Aufenthalt auf seinem romantischen Landsitz am Main, der Gerbermühle, vorschlug, wo man im ausgedehnten Garten Ruhe und Natur genießen und ungestört arbeiten könne, sagte er zu.

Am 12. September 1814 traf Goethe in Frankfurt ein und fuhr zu Fritz Schlosser, dem Neffen seines verstorbenen Schwagers Johann Georg Schlosser. Seit ihn der junge Jurist in allen Fragen, den Nachlaß seiner Mutter betreffend, fachkundig beraten hatte, verband er mit ihm ein fast herzliches Verhältnis. Schlossers junge Frau Sophie du Fay – nebenbei eine Freundin von Marianne – sorgte dafür, daß sich der berühmte Gast wohlfühlte. Von Schlossers aus besuchte Goethe seine Frankfurter Verwandten, allen voran die einzige noch lebende Schwester seiner Mutter, Johanna Melber, geborene Textor, mit ihren achtzig Jahren so munter und aktiv, wie er sie in *Dichtung und Wahrheit* geschildert hatte. Sie war die »lustige Tante«, in deren Lebensmittelgeschäft am Hühnermarkt er mit seiner Schwester Cornelia glückliche Kindertage verbracht hatte. Schon als junges Mädchen hatte sich Johanna, die Lieblingsschwester der Mutter, tatkräftig um verwahrloste Kinder gekümmert und später, von Elisabeth Goethe großzügig unterstützt, ihr eigenes schweres Leben mit Tatkraft gemeistert. Ihr Sohn, Georg Melber, Doktor der Medizin, berichtete Goethe von den letzten Tagen seiner Mutter. Aus Dank dafür, daß sie ihm das Studium finanziert hatte, stand er ihr bis zuletzt als Arzt zur Seite.[6]

Danach suchte Goethe die Freunde seiner Mutter auf, Franz und Antonie Brentano, die Familien Bethmann und Senator Stock. Katharina Stock schrieb nach dem Besuch ihrem in Hamburg lebenden Onkel: *Aus den Zeitungen wirst Du wissen, daß Goethe hier war. Er besuchte uns dreimal während seines Hierseins, und einmal speiste er bei uns. Er war sehr liebenswürdig und herzlich, ganz der alte Freund … Er erzählt außerordentlich schön, launig, einfach, aber ganz eigen … Er hat meine und noch vieler andern ihre Eroberung gemacht.* Goethe traf sich noch mit Gerning, der ihm weniger gut gefiel, besuchte seinen Jugendfreund Riese, sah sich die Sammlungen des prominenten Kunstkenners Johann Friedrich Städel an und ging ins Theater, wo Schillers *Wilhelm Tell* nicht gerade glänzend aufgeführt wurde. Drei Tage später, am 15. September 1814, fuhr er hinaus zur Gerbermühle, wo Johann Jakob Willemer ihn schon erwartete.

Die alte Gerbermühle, gelegen bei Oberrad an Frankfurts südlichem Mainufer, wirkte mit dem steilen Walmdach, Fensterbrüstungen aus rotem Sandstein, barocken Anbauten und einem hohen hölzernen Altan wie eine verwunschene Idylle. Versteckt zwischen Hunderten von hohen alten Bäumen und durch Buschwerk gegen Oberrad hin abgeschirmt, war der von Willemer geliebte Ort nur zu Fuß oder in einer halbstündigen Fahrt mit dem Wagen von Frankfurt aus erreichbar. Goethe traf den Freund und Besitzer allein an, blieb bis zum Abend und erlebte einen Sonnenuntergang, den er *unendlich schön* fand. Drei Tage später kam er wieder, diesmal in Begleitung von Antonie Brentano und des alten, siebzigjährigen Städel. *18. 9. Auf die Mühle zu Willemer ... Gegen Abend auf den Thurn,* heißt es in Goethes Tagebuch.

Diesmal war auch Marianne anwesend. Es war das zweite Mal in ihrem Leben, daß sie Goethe sah. Gemeinsam erstiegen sie eine Anhöhe, den Mühlberg, der ebenfalls Willemer gehörte, und kehrten in dem Turm ein, den der Hausherr der herrlichen Aussicht wegen dort hatte erbauen lassen. An Christiane schrieb Goethe: *Der Tag war höchst schön, der Wirth munter, Mariane wohl (das letztemal hatten wir sie nicht gesehen). Diesmal sahen wir die Sonne, auf einem Thürnchen, das Willemer auf dem Mühlberg gebaut hat, untergehen. Die Aussicht ist ganz köstlich.*
Der Tag war höchst schön – auch Marianne wird so empfunden haben. Es gibt in dieser Zeit keine Notizen von ihr. Wir besitzen aber die Tagebücher von Willemers Tochter Rosina Städel, Mariannes vertrauter Freundin. Nach dem frühen Tod ihres Mannes war Rosina, von der Familie *Rosette* genannt, ins Vaterhaus zurückgezogen; als dann auch ihre kleine Tochter starb, war es die zwei Jahre jüngere Marianne, die sie tröstete und seither wie eine Schwester geliebt wurde. Rosette notierte am 18. September 1814, dem Tag, den man mit Goethe auf dem Turm verbrachte: *Tag mit Goethe auf der Gerbermühle. Welch ein Tag, und welche Gefühle bewegen mich! Erst den Mann gesehen, den ich mir als einen schroffen, unzugänglichen Tyrannen gedacht, und in ihm ein liebenswürdiges, jedem Eindruck offenes Gemüt gefunden ... Er ist gewiß eine einzige Natur.*

Eine einzigartige Natur, das dachte auch Marianne. Einen Menschen wie ihn hatte sie in ihrer Umgebung noch nie erlebt. Um die Wirkung, die Goethe auf sie machte, in ein Bild zu fassen, schrieb sie später an Herman Grimm: *Wenn sich die Strahlen seines Geistes in seinem Herzen conzentrierten, das war eine Beleuchtung, die einen eignen Blick verlangte ...* Sie, Marianne, besaß diesen Blick. Sie sagte: *daraus erklärt sich auch jenes Wundervolle seines Wesens, sein gewahr werden, sich klar machen und für andre zur wahren aber verklärten Erscheinung bringen. Genug! –* [7]

Diese Empfänglichkeit, diese Fühligkeit und zugleich diese würdige Ruhe, das bemerkte sogar die sonst zurückhaltende, kritische und strenge Rosette. *Die ganze Natur, jeder Grashalm, jede Farbe, Ton, Wort und Blick redet zu ihm und gestaltet sich zum Gefühl und Bild in seiner Seele. Und so lebendig vermag er es wiederzugeben. Darum wohl muß jede Zeile seiner Schriften so in die Seele reden, so wundervoll reich sein, weil sie aus einem so wundervoll reichen Gemüte kommt.*

Marianne war in gleicher Weise fasziniert. Goethe sei ihr erschienen wie Sonne und Mond zugleich, hat sie erklärt. Staunend bemerkte sie eine ungewohnte Intensität der Gedanken, erfuhr Zugewandtheit und Güte. Sie tauschte ihre Ansicht mit Rosette aus, die hinzufügte: *Und wie wenig imponiert seine Nähe, wie wohltätig freundlich kann man neben ihm stehen! Er ist ein glücklich von der Natur mit Gaben überschüttetes Wesen ...* Sie stand mit ihrer Meinung nicht allein, es gibt ähnliche Äußerungen wie die der fünfundzwanzigjährigen Katharina Stock, Goethe habe ihre »Eroberung« gemacht. Es schrieb der mit Marianne gleichaltrige Jurist Hasenclever an Goethes Neffen Ludwig Nicolovius: *Daß ich Goethe noch in Frankfurt getroffen, war mir sehr viel wert ... Ich erinnere mich weniger Menschen, die diesen rein-menschlichen Eindruck auf mich machten. Er ist ein stattlicher Mann von beinahe 66 Jahren, dabei im Umgange so überaus freundlich und milde, und liebreich und schonend im Urteil.* (November 1814).[8]

Für vier Tage kam ein Freund des Hauses zu Besuch, auf den Goethe schon gewartet hatte, Sulpiz Boisserée aus Heidelberg. Der dreißigjährige Kaufmann und Kunstkenner war über Willemers fragwürdiges Verhältnis zu seiner Pflegetochter wohl informiert, ohne sich aber jemals, wie Clemens Brentano, über das »Verhältnis« zu mokieren. Der Junggeselle, ein Jahr älter als Marianne, schätzte ihre schöne Stimme, ihre anmutigen Bewegungen. Er war es, der die dramatischen Ereignisse festhielt, welche sich später auf der Gerbermühle abspielten.

23. September – Geh. Rath Willemer. Goethe fuhr wieder zur Mühle hinaus, vermerkt allerdings nicht, ob er den Freund allein oder mit seiner *kleinen Gefährtinn* antraf: Im Tagebuch steht immer nur *Willemer*, auch wenn es Marianne war, die er sah. Am nächsten Tag machte Goethe den geplanten Abstecher nach Heidelberg, um die Sammlung Boisserée zu begutachten. Zum ersten Mal sah er die Werke der altdeutschen und niederländischen Maler, die er hier in ihrer ganzen Innigkeit und Schönheit erfaßte … *nun tritt da mit einem Male vor mich hin eine ganz neue und bisher mir ganz unbekannte Welt der Farben und Gestalten, die mich aus dem alten Gleise meiner Anschauungen und Empfindungen herauszwingt – eine neue, ewige Jugend,* äußerte er vor dem Dreikönigsaltar des Roger van der Weyden. Stundenlang hielt er sich im »Bildersaal« des Boisseréeschen Hauses auf, ließ sich jedes einzelne Werk erklären und rief schließlich: *Die verdienen, daß Fürsten und Kaiserinnen, daß alle Nationen kommen und ihnen huldigen!* Der Eindruck, den Dürer und Schongauer, van Eyck und Altdorfer auf ihn machten, findet sich wieder in seiner Schrift über *Kunst und Altertum an Rhein und Main*, die zur Freude von Boisserée 1816 erschien.

Beym schönsten Sommer Morgen reiste Goethe von Heidelberg zurück und zur Gerbermühle hinaus. Wußte er, welche Neuigkeit ihn dort erwartete? War er derjenige gewesen, der das Ereignis in Gang gesetzt hatte? Jedenfalls meldete Goethe die Nachricht so gelassen an Christiane, als sei er zuvor schon in den Plan eingeweiht worden. Das legt die Vermutung nahe, er selber habe das ratsuchende Paar in seinem Vorhaben bestärkt. Wie jedermann wußte, hatte auch Goethe erst nach Jahren des Zusammenlebens Christiane zu seiner legalen Ehefrau gemacht. Hatte er nun auch Willemer zu diesem Schritt geraten?

IV.
Die Heirat

Da seh ich dich sizzen im Garten
Wohl bei einem reichen Mann.
Clemens Brentano an Marianne, 1802

Johann Jakob Willemer und *Demoiselle Jung* kannten sich seit vierzehn Jahren. Was Marianne betraf, hatte sie in dieser Zeit nie etwas anderes bekundet als die Dankbarkeit einer Tochter zu ihrem Vater. Daß Willemer sich noch nach acht Jahren, in denen er um Marianne warb, nicht geliebt fand, hat er Goethe gegenüber bitter vermerkt. Auch in den Äußerungen Dritter ist nie von Mariannes Zuneigung die Rede.

Aber welche Zukunft gab es für eine ledige, unbürgerliche, aus dem Künstlermilieu stammende und von ihrem Ziehvater abhängige Pflegetochter? Ihre zwielichtige Rolle im Haus des Bankiers muß für Marianne zunehmend bedrückend gewesen sein. Intrigen blieben ihr nicht erspart. Clemens Brentano schilderte seinem zukünftigen Schwager Savigny ihre peinliche Situation. Er habe bei einer Gesellschaft Willemers Tochter gefragt, *was Jungfrauschaft sei. Die Tochter verstummte, und ich verließ den Tisch.*[1] In Fällen moralischer Verwerflichkeit wurde gewöhnlich der Frau die Schuld zugewiesen. Einmal allerdings zielte der Pfeil öffentlich auch auf den Geheimrat. Im Oktober 1807 erschien ein Flugblatt des Inhalts, Herr Willemer sei in die Schweiz gereist, dabei begleite ihn *seine mehr als an Kindesstatt* angenommene Tochter.[2] Derartig infame Pamphlete müssen bitter gewesen sein.

Marianne hatte verschiedene Bewerber, deren Namen nicht bekannt wurden. Einen Hauptkandidaten indessen gab es, und das war kein anderer als Clemens Brentano selbst. Daß man im Hause Brentano von Willemers wütender Eifersucht sprach, hatte seinen Grund. Clemens spielte in Mariannes Leben keine geringe Rolle, und es gibt Anzeichen dafür, daß er in sie, die er ihrer Blumengrüße wegen eine *Kränzewinderin, Kronenbinderin, Sträußekräuslerin* nannte, auch später noch unsterblich verliebt war. Eines ihrer schönsten Blumengebilde, in Form einer Blütenbrosche gestaltet, hat sich im Besitz der Nachfahren Andreae erhalten.

Der temperamentvolle Clemens mit den dunklen Locken und schwarzen Augen, hochbegabter Poet und Sänger, Dichter, Gitarrenspieler und Märchenerzähler, sechs Jahre älter als Marianne, paßte schon rein äußerlich blendend zu ihr, der Schauspielerin und zierlichen Tänzerin. Er kam in Willemers Haus, um der Pflegetochter Unterricht auf der Gitarre zu geben. Beide Familien waren gut miteinander bekannt; Willemers erste Frau Meline war eine so enge Freundin von Clemens' Mutter Maximiliane, daß beide Frauen ihren Töchtern die gleichen Namen gaben: *Meline* und *Maximiliane*.

Erstaunlicherweise erhob das stolze Haus Brentano gegen eine Verbindung von Clemens mit der Ziehtochter des Bankiers keinen Einwand, ja man faßte sogar schon ernstlich eine Verlobung ins Auge.[3] Die heranwachsende Marianne war häufiger Gast im »Haus zum Goldenen Kopf« in der Großen Sandgasse. Antonie Brentano, die Frau des ältesten Bruders und Vormunds Franz, schrieb an den unsteten Studenten Clemens: *Ich wünsche Dir eine Frau ... ich wünsche sie wie die kleine J..., und kleine Jungen von ihr ...* Gemeint war Marianne Jung, die sich längst *durch Worte und Blicke* verraten habe. *W...* [Willemer] *bewacht sie mit Argusaugen,* meldete Antonie, *so daß ich ihr Deinen Gruß nur unter einem Vorwand in das Ohr flüstern konnte.* Von Willemers Eifersucht war die Rede wie auch von einem Vorfall, der ihm in seiner Skurrilität ähnlich sah. Es hieß, der Bankier habe sich am Weihnachtsfest selbst in eine Kiste gelegt, um sich Marianne als Geschenk zu präsentieren.[4] Als Clemens Brentano im Mai

1802 seine siebzehnjährige Gitarrenschülerin im Theater traf, schrieb er aufgeregt an seinen Freund Achim von Arnim: *Lieber Arnim ... Hier auf dem Theater war vor ein Paar Jahren Mariane Jung ein unschuldig treu Kind Tänzerinn, ich liebte sie still weg, der Banquier Willmer nahm sie von der Bühne, und machte sie zu seinem Pflegekind (Maitresse), ich gieng zu Willmer, er vertraute sie mir an, wollte mich zum Mittel gebrauchen, die Jung fester zu binden, ich war ehrlich, die Jung liebte mich, sie weinte oft in meiner Nähe, ich sprach davon mit Willmer, seine Eifersucht vertrieb mich, wir haben uns noch lieb, so so, da ich abreiße morgen so ließ ich der Jung durch Bettine sagen, ich würde nah an ihrer Loge stehn sie soll mich doch freundlich ansehn, ... nun sah mich auch das Liebe Kind gar freundlich an ... und da schrieb ich zu Hauß dies Lied für sie ...* Clemens' Schwester Bettina schrieb das Gedicht für die Freundin ab. Darin ist das Theater ein Ort des Glücks, aus dem *der reiche Mann* die arme Tänzerin herausgerissen hatte:

Dort hab ich mein Liebchen gesehen
Ein freundliches zierliches Kind,
Sie konnte wohl schweben und drehen,
Wie fallende Blüthen im Wind.
Da seh ich dich sizzen im Garten
Wohl bei einem reichen Mann.

Als 1803 im Hause Brentano ein Schattenspiel aufgeführt wurde, verfaßte Marianne den Entwurf und agierte als Hauptdarstellerin, beides wird Clemens gefallen haben. Mit seiner Schwester Bettina ging sie in die Oper *Palmira* und sah jene phantastischen Kulissen, die auch Goethe bewundert hatte. Dann aber scheint Willemer ihr weitere Besuche im Hause Brentano verboten zu haben. Arnim erfuhr noch von Clemens, Marianne liebe ihn und habe darum geweint. Weinte

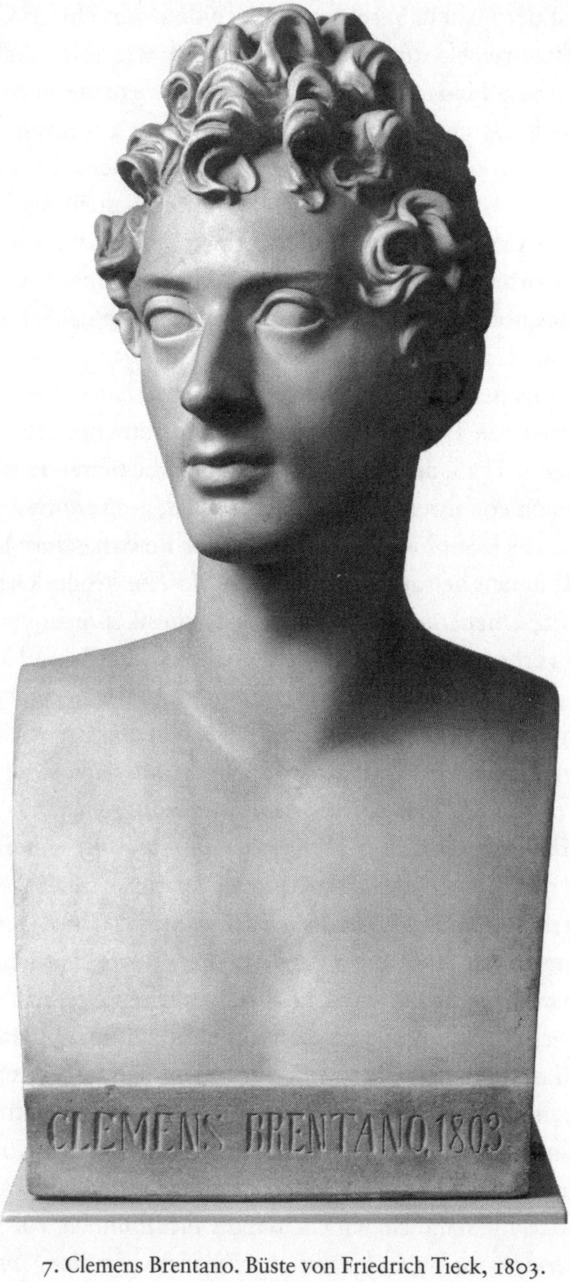

7. Clemens Brentano. Büste von Friedrich Tieck, 1803.

sie, weil der unstete Verehrer ihr bei einem verkehrten Gitarrengriff vorwarf, ihr Spiel sei so falsch wie ihre Stellung in Willemers Haus schief?[5] In seinen *Romanzen vom Rosenkranz* ließ Clemens den Geheimrat Willemer als bösen alten Zauberer Apo auftreten, der ein bezauberndes Mädchen gegen seinen Willen dem Geliebten entreißt, sozusagen verführt. Als Goethe später Marianne einen Myrtenzweig schickte, antwortete sie beschämt, ihr sei versagt geblieben, was sonst das höchste Glück der Frauen sei. Meinte sie ihre Jungfräulichkeit, ihre verlorene Unschuld?

Clemens heiratete eine andere. Während seiner Studentenzeit hatte er die Dichterin Sophie Mereau kennengelernt, eine anziehende Frau, die mit Schiller und Goethe befreundet war. Als sie sich von ihrem Mann scheiden ließ, ging er mit ihr die Ehe ein, doch Sophie starb schon drei Jahre danach im Kindbett.[6] Clemens heiratete zum zweiten Mal, die kinderlose Ehe wurde geschieden; fortan war dem Katholiken jede weitere Heirat verboten.[7] Erst Jahre später haben Clemens und Marianne sich ausgesprochen. Marianne gestand, sie habe den begabten Poeten und Märchenerzähler heimlich geliebt. Wörtlich sagte sie: *Etwas näher dem Schmerzensreich steht Clemens Brentano, den ich als Mädchen von 16 Jahren zum erstenmal sah, den ich freilich lieben mußte ohne zu wissen, daß er schon lange vorher mich liebte, er hat es mich nie wissen lassen bis nach Jahren als ich schon verheirathet war …*[8]

Immer noch lebte die »Pflegetochter« unverheiratet mit Willemer zusammen. Seine Töchter verließen eine nach der anderen das Haus. 1803 nahm Meline den Bankier und Kaufmann Friedrich Scharff zum Mann, 1809 heiratete die jüngste Tochter Maximiliane, genannt *Maxe*, den Frankfurter Farbkaufmann Jean Andreae. Nur die verwitwete *Rosette* lebte noch im Haus und klagte, daß sie keinen Ehemann habe, daß niemand sie wirklich liebe. *Noch nie hat ein Herz mit Liebe für mich geschlagen, mit Liebe in dem Sinne wie ich es meine,* schreibt sie in ihrem Tagebuch. Als ihre Tochter mit zehn Jahren starb, lud Willemer noch im gleichen Jahr 1810 Tochter und »Pflegetochter« zu einer Reise nach Italien ein.

In Mariannes erhalten gebliebenem Stammbuch entdeckt man aufschlußreiche Einzelheiten. Die Reisenden nahmen zunächst Aufenthalt in der Schweiz, wo Willemer seinen Sohn Abraham und den Lehrer Elias Mieg abholte, um bei dieser Gelegenheit den berühmten Pädagogen Pestalozzi, mit dem er einen Briefaustausch unterhielt, persönlich kennenzulernen. Mit begeisterten Worten trug sich das Pädagogen-Ehepaar in Mariannes Stammbuch ein. *Wie, liebe Sängerin! haben Sie mein Herz erfreut, aber nicht nur Ihr Gesang, sondern das reine, edle Gefühl Ihrer Seele, das in Ihr Äußeres übergegangen, als Sie so dasaßen und sungen, hat in mir die Empfindungen rege gemacht, Sie herzlich zu lieben ... Yverdon d. 10. 7bre 1810.*

In Rom, wo Willemer gleich für mehrere Monate Quartier nahm, scheint man sich vorwiegend in Künstlerkreisen aufgehalten zu haben. Sie lernten die Bildhauer Rauch und Thorwaldsen kennen, und Marianne schloß Freundschaft mit den jungen Malerbrüdern Riepenhausen, an die sie einen ihrer humorvollsten Briefe schrieb.[9] Ihre wichtigste Bekanntschaft in Rom aber war Zacharias Werner. Der Schriftsteller muß von Marianne entzückt gewesen sein; lange Passagen in seinem Tagebuch handeln nur von ihr. *Ich lese ihnen einige meiner Gedichte vor. Sie sind sehr gerührt, zumal die Jung.* Der Dichter und Erzähler stand Marianne vermutlich aus vielen Gründen näher als der fünfzigjährige Pflegevater. Wie sehr Werner sich für sie interessierte, erfährt man aus dem Stammbuch. *Rosen auf den Weg gestreut! / Und des – Weg's – vergessen –?! – / Eine kurze Spanne Zeit / Ward uns zugemessen!!* schrieb er ihr am 28. März 1811. Das Stammbuch aus Mariannes persönlichem Besitz besteht aus einer Kassette in Buchform mit Goldschnitt und reicher Goldverzierung, metallener Schließe, Goldschmuck auf der Vorder- und Rückseite. Das kostbare Stammbuch enthält Gedichte, Sprüche, Skizzen und Zeichnungen, Quodlibets, Rätsel und Widmungen von Boisserée und Schlosser, *Brami* Willemer und August Bansa, von Christian und Fanny Brentano, Pestalozzi und Herman Grimm, dem Grafen Carl Brühl und nicht zuletzt von ihrer Mutter und befindet sich, bis heute unveröffentlicht, bei Willemers Nachkommen Andreae.

Am 20. November 1810 feierte Marianne in Rom ihren sechsundzwanzigsten Geburtstag. Noch heute existiert der kostbare Schmuck, den Willemer Marianne damals geschenkt hat, eine Parure aus zwei Armbändern, passenden Ohrgehängen und einer prächtigen Halskette, geschmückt mit Mosaiken, die nach altem Muster in Gold gefaßt und durch zarte Goldkettchen verbunden wurden, eine kostbare neapolitanische Arbeit. An ihrem Geburtstag unternahm man einen Ausflug zur Villa Borghese, und Zacharias Werner, der zum Katholizismus übergetreten war, gratulierte ihr mit einem frommen Gedicht. Er versuchte auch, auf den Lutheraner Willemer einzuwirken, der sich die Einmischung jedoch grob verbat. Es kam zu unerfreulichen Auseinandersetzungen zwischen Pflegevater und -tochter. Werner schreibt von einer *fatalen Szene.*[10] Wenn man sein Tagebuch aufmerksam liest, erfährt man einiges von der gereizten Stimmung, die zeitweilig zwischen Willemer und Marianne herrschte. Die Beziehung muß sich ihm alles andere als harmonisch dargestellt haben. Werner notiert: *Willmer schmält sie wegen der Schuhe, sie weint.* Die Bemerkung ist weniger harmlos, als sie scheint. Farbige Schuhe wurden der jungen Frau schon deshalb verboten, weil sie als Tänzerin »vom Theater« kam.

Trotz der Mißhelligkeiten war Italien zweifellos ein Höhepunkt in Mariannes Leben. Sie nahm am römischen Karneval teil, den sie als Kind durch die Illustrationen zu Goethes Buch

Das römische Carneval kennengelernt hatte. Sie durfte bei Luigi Confidati Klavierunterricht nehmen und eine neue Gitarre mit nach Hause bringen, *gelb mit Ebenholzrändern*, auf der sie dann Lieder für Goethe spielte. Auch ein kleiner Hund wurde angeschafft, dessen von einem Italiener gemaltes Konterfei in ihrem Wohnzimmer hing.[11]

Marianne wird gewußt haben, daß der Luxus einer solchen Reise, die kostbaren Geschenke, der schier unerschwingliche Aufenthalt von insgesamt neun Monaten in Rom und Neapel nur durch einen Mann wie Willemer möglich war. Doch auch nach der Rückkehr war vom Heiraten nicht die Rede. Kam der Anstoß vielleicht von ganz anderer Seite?

Im Sommer 1812 fuhren Willemer und Marianne ins österreichische Linz, um ihre Mutter zu besuchen. Es wird auf Mariannes Wunsch hin geschehen sein. Daß dabei Gespräche geführt wurden, die ihre Zukunft betrafen, ist gut vorstellbar. Für Elisabeth Jung-Pirngruber war die inzwischen achtundzwanzigjährige Tochter nach damaligen Begriffen eine unverheiratete Jungfer, die weder ein Einkommen noch eigene finanzielle Mittel besaß – von einem kleinen Kapital abgesehen, von dem noch die Rede sein wird. Beim Abschied schrieb die Mutter einen liebevollen Spruch in Mariannes Stammbuch:

Deine Dankbarkeit pflanzte mir manches Blümchen der Freude in meinen alten Lebenstagen, aber deine Liebe gab mir der Mütter höchste Wonne. Das Bewußtsein hebe dich um so mehr zum guten und tröste dich recht wenn ich nicht mehr bin. Gott höre und erfülle den Segen deiner scheidenden Mutter Elise Jung.

Linz den 24. August 1812

Es ist anzunehmen, daß mit der *Freude in alten Lebenstagen*, von denen die Mutter schreibt, manche finanzielle Zuwendung gemeint ist, die Marianne ihr zukommen ließ, um der alternden Frau das Leben zu erleichtern. Wie aber

8. Zacharias Werner. Porträtzeichnung.

würde ihre eigene Zukunft aussehen? Marianne war eine gut erzogene, exzellent ausgebildete junge Frau, aber sie hatte zu Frankfurter Gesellschaftskreisen keinen Zugang und war, im Unterschied zu ihren drei »Stiefschwestern«, ohne jede Aussicht auf eine bürgerliche Heirat.

Nach wie vor sah sie sich in einer ungewissen und anstößigen Situation – vergleichbar der Stellung von Christiane Vulpius, die von Goethes Mutter zwar liebevoll als des Sohnes *Bettschatz* bezeichnet, von der Gesellschaft aber geschnitten wurde. Angeblich entrüsteten sich sogar Willemers Schwiegersöhne über den inakzeptablen Dauerzustand – auch das könnte Anlaß für Willemer gewesen sein, sich mit Goethe vertraulich zu besprechen. Eine Unterredung fand statt, deren Ergebnis kein Außenstehender je erfuhr. Was waren es für *goldene Worte,* auf die Goethe später anspielte? Theodor Creizenach, der noch mit Mariannes Freunden sprach, kam zu dem Schluß, die Ehe sei *aus Neigung wie um des Wohlanstandes willen, dazu unter Billigung der Töchter und Schwiegersöhne* geschlossen worden. *Neigung* und *Wohlanstand* sind zutreffende Erklärungen. Aber auf Mariannes Seite werden Pflichtgefühl und Dankbarkeit ihren Teil beigetragen haben.

Ein Rätsel ist es geblieben, daß wenige Tage nach Goethes Besuch auf der Gerbermühle – gerade während seiner kurzen Heidelberg-Visite – der zweimalige Witwer Johann Jakob Willemer und seine neunundzwanzigjährige Pflegetochter Marianne Jung ohne Ankündigung, ohne Aufgebot, sogar ohne die erforderlichen Papiere und bei Zahlung einer nicht geringen Strafe in aller Eile die Ehe schlossen.

Marianne hatte eingewilligt, Willemers Frau zu werden. Welche Rolle war ihr neben diesem schwierigen Mann zugedacht? Johann Jakob Willemer, zum Zeitpunkt seiner dritten Eheschließung immerhin schon vierundfünfzig Jahre alt, war ein Mensch voller Widersprüche: einerseits ein Mann mit vorbildlicher Haltung, liberal und patriotisch gesinnt, andererseits ein streitbarer Charakter, der, wie schon erwähnt, durch Uneinsichtigkeit und Jähzorn seine Umgebung belastete. Noch im Jahr der Heirat war Willemer, wie ein Brief belegt, unzufrieden und niedergeschlagen. Freund Boisserée, der den schriftstellernden Bankier aus der Frankfurter *Museumsgesellschaft* kannte, hatte dessen patriotische Schrift *Von den Vorzügen einer Nationaltracht* in höchsten Tönen gelobt. Willemers Antwort zeigte ihn als einen deprimierten Mann. Seit zwanzig Jahren, erwiderte er gequält, habe er keinen Menschen gefunden wie Boisserée und werde auch keinen finden *mit meinem erloschenen Gemüt, belastet und zerstört durch den Druck der Zeit.* So das Bekenntnis eines Mannes, der im Begriff stand, eine junge Frau zu heiraten.

Willemers vornehme Gesinnung erwies sich, als sein einziger Sohn im Duell fiel: Er verwandte sich für den Gegner des Sohnes. Seine fortschrittliche Gesinnung war allgemein bekannt: Er setzte sich entschlossen für Meinungs- und Pressefreiheit ein. Man wählte ihn in die Theaterkommission, die er jedoch schon nach zwei Jahren wieder verließ, weil es zu Zerwürfnissen zwischen dem anspruchsvollen, tonangebenden Bankier und den fachkundigeren Kommissionsmitgliedern gekommen war. Goethe gegenüber hatte Willemer geklagt, in der Jugend hätten ihn die hochmütigen Frankfurter Patriziersöhne nur *über die Achsel* angesehen. Nun war er um Ehrenposten bemüht, die dem Wohl der Stadt, aber auch seinem unübersehbaren Geltungsbedürfnis dienen sollten. Dafür mußte er sich die Kritik eines preußischen Offiziers gefallen lassen, der ihm in einem anonymen Schreiben *Eitelkeit und Zudringlichkeit* um die Gunst des preußischen Königs vorwarf.

Antonie Brentano behauptete in einem an ihren Schwager

Clemens gerichteten Brief, Marianne – die sie sich als Schwägerin wünschte – passe nicht im geringsten zu Willemer, denn sie sei im Gegensatz zu ihm *vollkommen gut, einfach und treu.* Sie verkannte, daß Willemer nicht nur ein ehrgeiziger, sondern auch ein interessanter und unternehmungsfreudiger Mann war, schriftstellerisch vielseitig, sozial engagiert und für seine Zeit ungewöhnlich couragiert in seinen Entschlüssen, ein Mann, der ritt und schwamm und am Main ein Badehaus auch für Frauen errichten ließ. Sein soziales und pädagogisches Engagement zeigte sich in großzügigen Geldzuwendungen. Der Frankfurter Musterschule vermachte er 1806 die Summe von 1 000 Gulden. Sie verkannte wohl auch sein großes Interesse an Literatur. Willemers Theaterstück *Die Jacobiner* war eine Persiflage auf die Ausschreitungen der Französischen Revolution. Seine Komödie *Kein Schwiegersohn ohne Amt* wurde in Frankfurt aufgeführt. Sein Stück »Der Schädelkenner«, eine Verspottung des damals berühmten Phrenologen Gall, fiel allerdings durch. Willemer hatte das Stück auch Goethe geschickt, aber nichts als Unwillen erregt. Dennoch blieb sein freundschaftliches Verhältnis zum Dichter davon gänzlich unberührt. Als Willemer 1805 im Theater Goethes Mutter mit ihrem Enkel August traf, lud er beide sofort in sein Haus ein. In Augusts Stammbuch schrieb er eine Mahnung, die er selber bitter nötig gehabt hätte: *Die höchste Weisheit ist ein allzeit fröhliches Herz. Tragen Sie das Böse, das nicht zu ändern steht! …* Willemer konnte liebevoll und großzügig sein, aber auch rücksichtslos und unberechenbar. Wahrscheinlich kommt sein Freund, der Geograph Carl Ritter, der Wahrheit nahe, wenn er über diesen komplizierten Charakter sagte: *Willemer ist immer der alte, immer gleich liebenswürdig und exzentrisch.*[12]

Im Haus Zum Roten Männchen war Marianne der ruhende Pol, das ausgleichende Element. Ihre Lebenssicherheit wie ihre Heiterkeit wirkten auf alle beglückend. Für Willemer war sie unentbehrlich, für seine Tochter Rosina die ideale Partnerin beim gemeinsamen Musizieren. Niemand außer Marianne könne *mit dem Vater auskommen,* notierte sie mit einem Seufzer der Dankbarkeit in ihr Tagebuch. Goethe beneidete schon bei seinem ersten Besuch die beiden Frauen um ihre Freundschaft. Willemer hingegen schrieb verbittert, er habe auf der Welt keine Freunde. So wird auch seine Hochzeit ohne großen Jubel und ohne Gäste in häuslicher Stille begangen worden sein.[13]

Durch die Heiratsdokumente erfährt man die merkwürdigen Umstände, unter denen sich die Eheschließung vollzog. Unbegreiflich ist vor allem die Eile, in der alles geschah. Das Paar lebte seit vierzehn Jahren beisammen, Marianne erwartete kein Kind, eine Reise war nicht geplant, nichts trieb sie zum übereilten Vollzug – dennoch bezahlte Willemer dem Konsistorialamt sogar eine Geldstrafe für die unverzüglich verlangte Ehe-Genehmigung.

In den erhaltenen *Anlagen zum Proklamations- und Kopulations-Protokoll* von 1814 heißt es: *Geschehen zu Frankfurt, den 27. September 1814. Waren in Consistorio gegenwärtig Herr Johann Jakob Willemer, Königl. Preußischer Geheimer Rath, lutherischer Religion, und Jungfer Marie Anne Katharine Theresia, Herrn Mathias Jung und dessen noch lebenden Ehegattin Anne Jung, gebornen Pirngruber, eheliche Tochter, geboren zu Linz 20. Nov. 1784, katholischer Religion und erklärten zu Protokoll, daß sie sich zu ehelichen gesonnen seien und daher um den nötigen Kopulationsschein gebeten haben wollten … Die Jungfer Braut erklärte, daß sie ihren Taufschein, desgleichen den Todesschein ihres Vaters und den Konsens ihrer Mutter noch nachbringen wolle, welches um deswillen nicht sogleich geschehen könne, da sich ihre Mutter in Linz aufhalte.*[14]

Erstaunlich sind die Unwahrheiten, die Marianne zu Protokoll gab. Weder war sie die Tochter eines Matthias Jung, noch nannte sie den Namen ihrer Mutter richtig, noch war sie ehelich geboren. Davon wußte auch Willemer. Um so dreister die Versicherung, daß Marianne ihre Papiere noch *nachbringen* würde. Eine weitere Unwahrheit stellte die Behauptung dar, daß die Zeit dränge, daß sie und Willemer eine Reise nach Wien beabsichtigten und aus familiären Gründen Eile geboten sei – von alledem stimmte nichts. Marianne würde weder ihren Taufschein noch den Todesschein ihres »Vaters« beibringen. Sie hatte gar nicht die Absicht. Deshalb waren beide bemüht, das notwendige Aufgebot unter dem Vorwand einer eiligen Wienreise zu umgehen und *ohne alle Umstände* zu heiraten.

Auch erklärte die Jgfr. Braut weiter, daß sie das hiesige Bürgerrecht anzunehmen gesonnen sei u. deshalb in den ersten Tagen bei hochpreislichem Senat darum nachsuchen und zugleich um die nötige Frist bis zur Erhaltung ihres Taufscheins bitten wolle. Eine vorhabende Reise nach Wien u. andere Familienverhältnisse hätten den Wunsch in ihnen erzeugt, diese eheliche Verbindung ohne alle Umstände u. ohne Aufgebot so bald als möglich vollziehen zu können … Unterschriften:

Joh. Jakob Willemer
Mariane Jung
Voigt, Aktuar

Hierauf erteilte der Konsistorialdirektor von Günderrode ›bewandten Umständen nach‹ die erbetene Dispensation vom Aufgebot und die Erlaubnis zur Privattrauung gegen eine Abgabe von 50 Reichsthalern, nämlich je 25 Gulden an das Heiliggeistspital, das Armen- und Waisenhaus und an den Bürgerlichen Almosenkasten. Noch am gleichen Tage wurde dann das Paar durch Pfarrer Kirchner getraut.[15] Wer waren die Trauzeugen? Durften Willemers erwachsene Kinder an der Hochzeit ihres Vaters teilnehmen? Wir wissen, daß besonders die Schwiegersöhne Jean Andreae und Friedrich Scharff des »Wohlanstands« wegen auf die Legalisierung des Verhältnisses Wert legten.[16] Die überstürzte Heirat erinnert fatal an die Eheschließung von Goethe mit Christiane Vulpius, die ebenfalls *ohne Frist und Aufgebot* vollzogen wurde. Hauslehrer Elias Mieg gab dem Ehepaar Pestalozzi auf Anfrage eine nicht ganz stichhaltige Erklärung für Willemers plötzlichen Entschluß. Er habe geheiratet, antwortete er, *da seine Kinder insgesamt versorgt sind und er ganz einsam lebte*[17]. Dabei fehlt allerdings ein wichtiges Element: die gegenseitige Zuneigung.

Bemerkenswert ist die Entdeckung, daß Marianne niemals einen Vater namens *Jung* hatte und in Wirklichkeit niemals *Jung* hieß. Noch erstaunlicher ist die Tatsache, daß sie dies alles auch sehr wohl wußte. Die Angaben, die sie dem Konsistorium unter Vorsitz des Herrn von Günderrode trotz besseren Wissens machte, kommen fast einer Urkundenfälschung gleich.

Durch einen Zufall gelang es dem Archivar Dr. Georg Wacha, im Jahre 1980 im Archiv der Stadt Linz Akten aufzufinden, in denen Marianne und ihre Mutter namentlich genannt werden, und zwar im Zusammenhang mit dem Frankfurter Bankier Willemer und einem Linzer Handelshaus namens Maurus. Die Nachforschungen ergaben, daß Marianne Jung in Wirklichkeit *Marianne van Gangelt* hieß.

Der Fund erfolgte, als der Archivar in einem anderen Zusammenhang alte Dokumente aus dem Landesgerichtsarchiv in Linz, der vorgeblichen Geburtsstadt von Marianne und dem Wohnort ihrer Mutter prüfte. Es waren Gerichtsakten, die sich mit *Streitsachen* und *Wucherklagen* der Jahre

9. Marianne von Willemer. Porträt von Karl Joseph Raabe, 1812.

1817-1819 befaßten und seither nur selten benutzt im Magazin lagerten.[18] Zwischen den Papieren entdeckte der Archivar auf einem Doppelbogen vier Unterschriften. Sie lauteten:

Johann Jakob von Willemer
Josef Johann von Maurus
Marianna van Gangelt
Elisabeth Jung

Aus den Akten geht hervor, daß am 1. Januar 1808 ein Schuldschein über die beachtliche Summe von 8000 Gulden ausgestellt wurde, bezogen auf Marianna van Gangelt. Der Schuldschein ging an die Handelsfirma des Josef Johann von Maurus in Linz. Woher das Geld stammte, ob von Willemer oder aus einer Erbschaft von Marianne selber, die ihr mit dem Zeitpunkt der Volljährigkeit zufiel, ist aus dem Aktenfaszikel nicht zu ersehen. Marianne lebte seit acht Jahren in Frankfurt. Sie wurde vierundzwanzig Jahre alt und damit nach österreichischem Recht volljährig. Als im Jahre 1817 erste Gerüchte über einen Konkurs des Handelshauses Maurus in Umlauf kamen, übertrug Marianne offenbar durch Vermittlung ihrer in Linz ansässigen Mutter und deren Rechtsbeistand Dr. Wazinger das Kapital ihrem Ehemann Johann Jakob von Willemer, dem inzwischen durch Kaiser Franz I. von Österreich der erbliche Adel zugesprochen worden war. Erst 1824 konnte der Streitfall bei der endgültigen Auflösung der Konkursmasse geklärt werden. Gerade in diesem Jahr 1824 besuchten Marianne und ihr Ehemann von Willemer die Mutter zum letzten Mal in Linz.

Auf Grund der eingesehenen Akten und des Aktenverzeichnisses ergibt sich ohne Zweifel, daß der Frankfurter Geheimrat über die wahre Herkunft seiner Schutzbefohlenen genaue Kenntnis hatte und schon Jahre vor der Eheschließung über diesen Sachverhalt informiert war. Was veranlaßte das Paar, den Namen *van Gangelt* zu verschweigen? Wollte Willemer, nachdem er jahrelang mit *Demoiselle Jung* als einer ehelichen Tochter der Theaterleute *Jung* gelebt hatte, nicht noch weitere Verwirrung stiften? Und wer war dieser ominöse Holländer namens *van Gangelt*? Der Archivar Georg Wacha hat sich um Aufklärung bemüht und im *Historischen Jahrbuch der Stadt Linz 1980* das, was ermittelt werden konnte, zusammengestellt.

Demnach beschlossen im Jahre 1760 – dem Geburtsjahr Willemers – die oberösterreichischen Landstände, den seit längerem unterbrochenen Fecht- und Tanzunterricht zur Erziehung der adligen Jugend wieder aufzunehmen und dafür einen eigenen Tanzmeister zu engagieren. Laut der erhaltenen Quellen bewarb sich am 26. Februar 1760 der aus Holland stammende Johann Baptist van Gangelt um diesen Posten und wurde nach Ablauf der vereinbarten Probezeit am 15. April 1760 mit einer Besoldung von zweihundert Gulden angestellt. Den Eingaben des Tanzmeisters zufolge konnte sein Gehalt zehn Jahre später auf dreihundert Gulden angehoben werden, ein für die damaligen Verhältnisse angemessenes Honorar, da ihm sein Logis frei zur Verfügung stand. Zusätzlich wurde ihm seit 1765 zur Verbesserung des Unterrichts ein Vorgeiger für 100 Gulden jährlich bewilligt; außerdem erhielt er ein Holzdeputat zur Beheizung des Tanzbodens im eigens dafür gebauten neuen Ballhaus. Die Zusatzvergünstigungen besagen, daß van Gangelt sich große Anerkennung verschaffen konnte und beliebt war. Wie eine bis heute erhaltene Liste seiner aristokratischen Schüler, die zugleich auch die Fortschritte *der jungen Herren und Knaben* verzeichnet, aufweist, zeigte er sich den Anforderungen seiner Auftraggeber unbedingt gewachsen.[19] Den erhaltenen Urkunden zufolge war der Tanzmeister nicht verheiratet. Während der Ballsaison im Winter 1783 oder zu Beginn des Jahres 1784 könnte die Begegnung des inzwischen sechzigjährigen Johann Baptist van Gangelt mit der dreiundzwanzigjährigen Beamtentochter Elisabeth Pirngruber aus Almegg erfolgt sein. Der äußere Anlaß war möglicherweise die Vorbereitung zu einem Tanz- oder Kostümfest. Im November 1784 brachte Elisabeth Pirngruber eine Tochter zur Welt, der sie die Vornamen ihrer Mutter, Maria Theresia, gab. Der Familienname lautete nach dem damaligen Gesetz Pirngruber. Erst aufgrund der geänderten Josephinischen Reformgesetzgebung konnten dann auch unehelich geborene Kinder den Namen des Vaters tragen. So hieß die Tochter aller Wahrscheinlichkeit nach Maria Theresia van Gangelt. Beide Eltern waren katholisch, beide waren ledig, doch hat vermutlich der große Altersunterschied eine Eheschließung verhindert. Elisabeth Pirngruber verließ die Heimatstadt und zog mit ihrem Kind nach Wien. Johann Baptist van Gangelt blieb in Linz und übte seinen Beruf, zuletzt durch einen zweiten Tanzlehrer unterstützt, weiterhin aus.

Angaben zu van Gangelts Tod fanden sich im Kirchenbuch der Kapuzinerpfarre in Linz: *Gest. 23. Oktober 1799, Linz, Obere Vorstadt Nr. 297, Herr Johann Baptist van Gangelt, Ständischer Tanzmeister, ledigen Standes, kath., 77 Jahre alt, an Körperschwäche.* Bei seinem Tod war Marianne fünfzehn Jahre alt und lebte in Frankfurt. Ob sie ihren leiblichen Vater kennengelernt hat, ist fraglich. Sie trat in dieser Zeit bereits als Tänzerin in Frankfurt auf, bewundert von Goethes Mutter und Clemens Brentano.

Warum wurde anläßlich der Vermählung die Wahrheit nicht zu Protokoll gegeben? Mit dem neuen, diffizilen Namen wäre Mariannes uneheliche Geburt an den Tag gekommen, und weder der Bankier noch die ohnehin mit Argwohn beobachtete Schauspielerin wollten der Frankfurter Gesellschaft weiteren Gesprächsstoff bieten. Gerade durch die Heirat sollten ja endlich alle Gerüchte verstummen, Reputation und Ansehen der jungen Frau besiegelt werden. Es wäre unklug gewesen, gerade jetzt mit einem holländischen Tanzmeister als Vater aufzuwarten. Im Gegenteil, Marianne beantragte das Frankfurter Bürgerrecht und sagte zu, die nötigen Dokumente nachzureichen. Sie gab falsche Namen und Daten zu Protokoll und ließ sich anscheinend auch ohne Skrupel protestantisch trauen, obwohl sie seit ihrer Kindheit in Wien am katholischen Glauben hing. Wenn es um ihre Unterschrift ging, hat sie auch weiterhin den Namen *Jung* benutzt. Den Brief und das Gedicht, das sie nach Goethes Besuch auf der Gerbermühle nach Weimar schickte, unterzeichnete sie stolz: *Marianne Willemer, geb. Jung.*

V.
Die Begegnung

Liebe ist vor allen Dingen
Unser Thema, wenn wir singen.
Goethe, West-östlicher Divan

Abends zu Frau Geheimeräthinn Willemer: denn dieser unser würdiger Freund ist nunmehr ›in forma‹ verheirathet. Sie ist so freundlich und gut wie vormals. Er war nicht zu Hause. Goethes Formulierung im Brief an seine Frau klingt zweideutig. Willemer *in forma* verheiratet, was sollte das heißen? War der Bankier bisher auch »verheiratet« gewesen, nur nicht *in forma?* Hatten er und seine »Hausgenossin« ein »Verhältnis«, das in aller Eile *in Form* gebracht, legalisiert werden mußte? Denn ein Skandal war das Zusammenleben des ungleichen Paares in jedem Fall. Es gehörte schon eine gute Portion moralischer Unverfrorenheit dazu, wenn ein vierzigjähriger Witwer ein sechzehnjähriges Mädchen »kaufte«, um mit ihr unter einem Dach zu leben. Auch Goethe wußte, daß Willemer in seiner Vergangenheit als Frauenheld und Schürzenjäger bekannt war. Zu Boisserée sagte er, als sie die Gerbermühle verließen und von Willemer sprachen: *Die Verhältnisse mit Frauen allein können doch das Leben nicht ausfüllen und führen zu gar zu vielen Verwickelungen, Qualen und Leiden, die uns aufreiben, oder zur vollkommenen Leere.* Trotzdem betrachtete er es als eine »Rettung«, daß Willemer die Sechzehnjährige in sein Haus holte. Dabei wußte er durch seine Erfahrungen als Direktor des Weimarer Theaters, daß der Schauspielerberuf nicht unbedingt in den sittlichen und künstlerischen Abgrund führen mußte. Es gab große Darstellerinnen wie Caroline Jagemann, wie seine Freundin Corona Schröter und Friederike Unzelmann, die für ihre herausragenden Leistungen berühmt wurden. Er kannte die Karriere der mit Marianne gleichaltrigen Amalie Wolff, die ebenfalls als Neunjährige zur Bühne kam und der die Ehre widerfuhr, in Weimar *wie eine Fürstin aus dem edlen Reich der Kunst* respektiert zu werden.[1]

Als Goethe am 12. Oktober 1814 von seiner Heidelberger Visite nach Frankfurt und in die Gerbermühle zurückkam, stand ihm nicht mehr die *kleine Gefährtinn* gegenüber. Es war Willemers Gattin, die ihm entgegentrat und ihn mit aller ihr zu Gebote stehenden Liebenswürdigkeit empfing. Ihr neuer Status hielt den Dichter jedoch nicht davon ab, die Vorzüge der jungen Geheimrätin genauer in Augenschein zu nehmen. Kein Zweifel, die Frau seines Freundes faszinierte ihn. Er traf sie alleine an, denn Willemer *war nicht zu Hause.* Es entstand eine ungewohnte Situation. Sie sahen einander mit neuer Aufmerksamkeit an.

Marianne war keine schüchterne oder ungewandte Person. Sie war vor großem Publikum aufgetreten, volle Säle hatten ihr applaudiert. Als im November 1806 die französische Kaiserin Josephine im Schloß von Mainz residierte, gab *Demoiselle Jung* mit dem Gitarristen Scheidler, einem Virtuosen auf der Gitarre, ein Konzert, zu dem es im *Journal des Luxus und der Moden* hieß: ... *auch eine Liebhaberin aus Frankfurt, Demoiselle Jung, welche vorzüglich singt und in ihrem Spiel auf der Guitarre (dem Lieblingsinstrument der Kaiserin), was Fertigkeit, Ausdruck und Geschmack betrifft, nicht leicht ihresgleichen findet, wurde dazu eingeladen. Demoiselle Jung und ihr geschickter Lehrer Scheidler leisteten mehr, als man nur je von der Guitarre erwarten konnte.*

Marianne erhielt zum Dank ein kostbares Geschenk der Kaiserin, das aus einem Collier, zwei Armbändern, Ohrgehängen und einem Kamm in Gold bestand. Nach Bertuchs Bericht waren die Schmuckstücke *reich mit Perlen besetzt.*

Im Frankfurter Goethehaus befindet sich ein vierteiliger Kameen-Schmuck in der Original-Schatulle, jedoch ohne die *reichen Perlen.* Er besteht ebenfalls aus einer Parure in Gold, nämlich zwei Armbändern (Brasselets), einer mit acht Kameen besetzten Halskette (Collier) sowie einer Gürtelschließe, die aus dem ursprünglich vorhandenen Kamm oder den Ohrgehängen gearbeitet zu sein scheint. Der Schmuck stammt aus Mariannes Besitz; in der Familie hieß es, Goethe habe ihn Marianne geschenkt. Sie hat ihn dann Rosettes jüngster Tochter Maximiliane zur Hochzeit vermacht, die ihn später dem Frankfurter Goethemuseum überließ.[2]

Vermutlich war jener 12. Oktober 1814, an dem sie sich, wie Goethe Christiane berichtete, erstmals allein sahen, der Tag, an dem der Funke übersprang. Jedenfalls hat Marianne ihr erstes Gedicht, das sie Goethe schickte, auf diesen Tag zurückdatiert. Goethe fand die junge Frau *freundlich, heiter, liebenswürdig* und nannte sie *allerliebst.* Es wird ihm geschmeichelt haben, daß sie fast alles, was von ihm erschienen war, gelesen hatte, seine Verse liebte und vieles auswendig kannte. *Gewöhnlich heiter und vorlaut*, so bezeichnete Marianne sich selbst.[3] Sie war temperamentvoll und witzig, wie sie es auch in ihren Briefen war, und sie verstand es, Goethes Bemerkungen mit Wortspielen zu erwidern. Boisserée nannte Marianne grazil und anmutig und schätzte ihr *natürliches Wesen.* Laut Herman Grimm hatte sie *graublaue, glänzende und bewegliche Augen.*[4] Ihre Bildnisse zeigen sie in zarten Farben, hellen Stoffen, in Kleidern mit Spitzenbesatz, von Bändern durchflochten, hochgegürtet und fließend. Daß sie reiche Locken besaß, tat ein übriges, sie lieblich erscheinen zu lassen.

Auch in Locken hab' ich mich
Gar zu gern verfangen …

Goethe kam wieder. Zwei Tage später erschien er in Begleitung von Fritz Schlosser auf der Mühle. Freitag 14. Oktober:

zu Geh. R. Willemer. Nur Frau Städel war bei Tische, Schlosser, ich und das junge Ehepaar. Wir waren sehr lustig und blieben lange beisammen. So Goethes Bericht an Christiane. Marianne, *heiter und vorlaut,* brachte die Runde zum Lachen. Ihre Heiterkeit wirkte ansteckend. Noch Goethes Enkel Walther hat an ihr die *sanfte, holde Stimme* gerühmt.[5] Am 18. Oktober schrieb Goethe in sein Tagebuch: *Mit Willemer auf den Mühlberg. Feuer der Berge und Höhen.* Es war der Jahrestag der Völkerschlacht von Leipzig, die den Sieg über Napoleon herbeigeführt hatte. Ganz Deutschland feierte. Auf Hügeln und Anhöhen wurden weithin sichtbare Freudenfeuer entzündet. Goethe sah dem Schauspiel von Willemers Turm auf dem Mühlberg aus zu. Marianne, neben ihm stehend, zeichnete auf einer in Kupfer gestochenen Landkarte mit roten Punkten die Berge ein, auf denen die Feuer loderten, und nannte Goethe die Namen. Daß diese Feier noch andere Funken aufgehen ließ als nur die Flammen patriotischer Siegesfreude, läßt sich den Briefen entnehmen, die der Begegnung folgten. Marianne machte Goethe die Karte anderntags zum Geschenk, und er antwortete: *Noch sehr gern gedenke ich bei den roten Tüpfchen über den Bergen des Panorams der lieben Hand, die sie bezeichnet.*[6] Seinen Freunden schilderte er die *durch tausend und aber tausend Feuer erleuchtete Gebirgsreihe.* Es heißt, Goethe habe damals an eine Fensterwand des Turmes den Spruch geschrieben: *Ich besänftge mein Herz, mit süßer Hoffnung ihm schmeichelnd, / Eng ist das Leben fürwahr, aber die Hoffnung ist weit.*[7] Diesen aus dem Persischen übernommenen Zweizeiler hat Marianne oft wiederholt. Sie war unglücklich, daß die Worte später vom Anstreicher übermalt wurden.

Mittwoch, 19. Oktober, Goethes Tagebuch: *Zu Tische bei Willemer.* Über den Inhalt der Gespräche weiß man wenig, doch könnte Goethe, der gerade dabei war, seine *Italienische Reise* zur Veröffentlichung vorzubereiten, mit Marianne über ihre große Italienreise gesprochen haben, die erst drei Jahre zurücklag. Sie war monatelang in Rom und Neapel gewesen und erinnerte sich sehr genau an ihre Erlebnisse. Zwei Monate später schrieb Schillers Witwe an Caroline von Sachsen-Weimar, daß Goethe *über seine italienische Reise erzählt, Details ausmalt, und es ist unaussprechlich, wie sein Verstand immer klar und weit umfassend um sich blickt in allen Perioden des Lebens. ... Er hat Bemerkungen über die Nationaleigenschaften der Italiener, Züge beobachtet, die nur ein Mensch auffinden kann, der in der Welt weiter nichts vornähme ...*[8]

Donnerstag, 20. Oktober, Goethes Tagebuch: *Besuche. Mariane ... Abgefahren um 2 Uhr.* Es war ein Abschied von Marianne, bei dem niemand sonst zugegen war. Er reiste nach Weimar zurück. Über den Frankfurter Aufenthalt schrieb er an Christian Schlosser, ihm sei *ein neues Licht fröhlicher Wirksamkeit aufgegangen* ... Er wolle *auch abwesend ... mit jenem schönen Kreise* in Verbindung bleiben. Am liebsten würde er ein halbes Jahr in Weimar, ein halbes in Frankfurt leben, das würde *für mich und andere ersprießlich werden.* Er sagt auch, was er sich davon versprach: *verjüngt und zu früherer Tatkraft wiedergeboren zu werden.* Das war das Stichwort: *Wiedergeburt zu früherer Tatkraft.* Es sei ein Geschenk der Natur, meinte Goethe später, eine *temporäre Verjüngung* zu erleben.[9] Vor der Reise hatte er geglaubt, mit dem dritten Band von *Dichtung und Wahrheit* sein Leben rekapituliert und beinahe abgeschlossen zu haben. Nun war ihm Überwältigendes geschehen. Er hatte Zuneigung gespürt. Er hatte das *Buch der Liebe* begonnen. Die Gedichte des Hafis konnten ihm poetisches Vorbild sein; sinnliches Vorbild war Marianne.

Löscht ich so der Seele Brand
Lied es wird erschallen;
Schöpft des Dichters reine Hand
Wasser wird sich ballen.

14./15. Dezember 1814

Von ihr bekam er am 12. Dezember sein Stammbuch zurück, das er bei Willemers gelassen hatte, mit einem Gedicht, das sich voller Humor auf seine Redewendung bezog, etwas sei *lang wie breit*. Die ersten beiden Strophen lauten:

Zu den Kleinen zähl' ich mich,
Liebe Kleine nennst Du mich
Willst Du immer so mich heißen,
Werd ich stets mich glücklich preisen,
Bleibe gern mein Leben lang
Lang wie breit und breit wie lang.

Als den Größten preist man dich
Als den Besten ehrt man Dich,
Sieht man Dich, muß man Dich lieben,
Wärst Du nur bei uns geblieben.
Ohne Dich scheint uns die Zeit
Breit wie lang und lang wie breit.

Datiert hatte Marianne ihre Verse auf den bewußten 12. Oktober 1814. Auch Willemer äußerte sich, und zwar in einem unüberhörbar amourösen Ton. Marianne wolle nicht mehr wachsen, versicherte er Goethe, *es sei denn in Ihrem Herzen*. Zusätzlich zu dieser frühen Voraussage hatte er sich mit für ihn typischen Zeilen ins Stammbuch eingetragen: *Der Wein begeistert den Verstand, / die Liebe das Herz, / Göthe beide*. Er kündigte eine Sendung Wein an, woraufhin Goethe eine Antwort verfaßte, die über die Freude am Weingenuß offensichtlich weit hinausging. Er sei es eigentlich gewöhnt, sagt er, *daß weder Götter noch Menschen von unsern Wünschen Notiz nehmen; daher sind jene Freunde, die uns den Glauben wiedergeben, nicht hoch genug zu schätzen.*

VI.
Goethes Wiederkehr. 1815

Aber daß du, die so lange mir erharrt war,
Feurige Jugendblicke mir schickst,
Jetzt mich liebst, mich später beglückst,
Das sollen meine Lieder preisen
Sollst mir ewig Suleika heißen.
Goethe, West-östlicher Divan

Willemers zwanzigjähriger Sohn Abraham, der als Offizier beim 2. Grenadier-Regiment des Prinzen Carl von Preußen am Befreiungskrieg gegen Napoleon beteiligt war, hielt sich seit Beginn des Jahres 1815 für einige Wochen bei seinem Vater und den Schwestern in Frankfurt auf. Daß es in dieser Zeit zu heftigen Auseinandersetzungen zwischen ihm und dem Vater kam, erfährt man durch Rosinas Tagebuch. Bei ihren Aufzeichnungen fragt man sich, wem man Glauben schenken soll, der Tochter, die sich unbedingt auf die Seite des Bruders stellte, oder dem eigensinnigen, pädagogisch ehrgeizigen Vater, der im Begriff war, sich die Zuneigung seiner Kinder zu verscherzen. Rosina war außer sich. Ihr fehlte für die väterlichen Maßnahmen jedes Verständnis. *Wie viel Verkehrtheit ist doch in der Welt, wie viel Egoismus, Laune und Widersinnigkeit. Ist es möglich, das Herz eines Sohnes aufs Spiel zu setzen, weil man einer üblen Laune nicht gebieten kann?* Das richtete sich gegen ihren als »egoistisch« bezeichneten Vater. *Ist es denn so schwer, erwachsne Kinder zu behandlen?* ruft sie aus. *Sollte man sich nicht weit eher an dem Aufblühen jugendlicher Kraft erfreuen, als nur immer Maschinen in seinen Kindern behalten zu wollen? Es ist recht traurig, hier immer wieder am Anfang zu stehen, wenn man meint, einige Schritte getan zu haben.* Rosina wird noch Gelegenheit haben, ihre erzieherischen Fähigkeiten bei den eigenen vier Kindern aus ihrer zweiten Ehe mit Senator Thomas zu erproben. Für den Moment aber beherrschte der Generationenkonflikt Willemers Haus, dazu der töchterliche Ärger über die eigene schwierige Position. *Alles Unangenehme und Schwierige kommt an die Älteste, alles, was auszufechten und durchzuarbeiten ist …*

Die Gründe, die Rosina gegen ihren Vater vorbringt, klingen plausibel, besonders wenn man weiß, daß der Sohn ein sensibler Junge war, bei dem väterliche Toleranz nicht schlecht angebracht gewesen wäre. Seine Mutter starb, als er ein Jahr alt war. Lebensängstlichkeit mochte die Folge sein, zumal ihm – wie sein Eintrag in Mariannes Stammbuch besagt – auch der Gedanke an Selbstmord nicht fern lag. Sein Lehrer Elias Mieg berichtet allerdings im Juni 1815, ein halbes Jahr nach dem Besuch, der *windbeutelige Brami* habe sich gebessert, *er ist ein sehr schöner Offizier und ist sehr ernsthaft und gesetzt geworden,* auch habe sein Armeekorps in der Schlacht von Waterloo entscheidend zum Sieg über Napoleon beigetragen.[1] Doch trotz der persönlich erwiesenen Tapferkeit, für die er das Eiserne Kreuz erhielt, ist nicht auszuschließen, daß Brami seinen frühen Tod bewußt einkalkulierte, ja voraussah, als er einen gleichaltrigen Leutnant provozierte und bei dem anschließenden Duell ums Leben kam.

Rosina Städel war eine nachdenkliche, selbstquälerische und keinesfalls zu Abenteuern neigende Natur – und dennoch ihrem Vater ähnlich. Mit persönlichem Einsatz und großem sozialen Verantwortungsbewußtsein übernahm sie als Vorsteherin des Frauen-Vereins die alleinige Leitung einer Schule für arme Mädchen. Zudem war sie die Begründerin des Cäcilien-Vereins zur Förderung des Frankfurter Musiklebens. Das sind Initiativen, die das Durchsetzungsvermögen und die Tatkraft ihres Vaters beweisen. Daß Willemer gerade jetzt, mit erst fünfundfünfzig Jahren, die Bankgeschäfte niederlegte und keinen geregelten Beruf mehr ausübte, wurde von der Tochter scharf kritisiert. Noch zwanzig Jahre später schreibt sie an Boisserée, ihr Vater wäre vermutlich glücklicher gewesen, wenn er seinen Beruf behalten hätte – *und seine Umgebungen hätte er auch glücklicher gemacht. Ja ich bin überzeugt, seine Geisteskräfte wären frischer geblieben …*[2] Goethe äußerte indessen nach seinem Aufenthalt auf der Gerbermühle großes Lob über den *würdigen Freund*. Es sei ein Wunder, sagte er zu Boisserée, daß Willemer *nach allem, was er getrieben und erlebt, noch ein solcher Mann ist und solch ein Haus hat.*[3] Zu Willemers 55. Geburtstag am 31. März 1815 verfaßte Marianne, seit einem halben Jahr seine Frau, ein humorvolles Gedicht, das ihr Selbstbewußtsein spiegelt und zeigt, wie hoch sie ihren Einfluß veranschlagte. Das Gedicht lag zwischen ihren Privatpapieren.

Von den Übeln die man wählet
Wähle man das kleinste
Darum hast du wohlgewählet
Dir die kleinste Frau vermählet
Aber auch die feinste …
Nie würd ich zu Ende kommen
Nur mit wenig Worten
Du selbst bist zu deinem Frommen
Seit du sie zur Frau genommen
Merklich besser worden.[4]

Willemers Unzufriedenheit mit seiner Schriftstellertätigkeit war jedoch seit Goethes Besuch noch offenkundiger geworden. Er veröffentlichte *Bruchstücke zur Menschen- und Erziehungskunde religiösen Inhalts*, konnte aber, wie er Goethe vorjammerte, *von den 2 Heften nicht eins zur Hand nehmen, ohne daß mich nicht ein Ekel überfällt, der bis an das Erbrechen grenzt …* Er verfluchte seinen Ehrgeiz und wußte doch:

ich konnte nicht anders, ich mußte schreiben oder umkommen. Gleichzeitig lud er den großen Freund wieder zum Sommeraufenthalt ein. Goethe war nicht nach Reisen zumute. *Ich habe viel gelitten, meine gute Frau war zwei Querfinger vom Tode,* antwortete er. Christiane hatte einen Schlaganfall erlitten; sie reiste zur besseren ärztlichen Betreuung nach Jena. Um aber seinen Gastgebern doch eine Freude zu bereiten, schickte Goethe ihnen ein anrührendes Zeichen der Freundschaft. Es war sein Dank für den Aufenthalt auf der Gerbermühle, geschrieben auf ein kostbares, mit goldenen Ranken und Arabesken verziertes Blatt, ein Kunstwerk, das Marianne entzückt haben wird. Zehnmal kam das Wort »Gold« darin vor, das den Dichter in Form von goldenen Gläsern und goldenen Worten, Wein und Trauben, Abendsonne und Liebe erfreut hatte – nicht zu vergessen die eigenen *goldnen Worte,* womit er wohl diskret an seine Ratschläge zur Eheschließung erinnern wollte.[5] Marianne war nicht nur begeistert, sie antwortete auch sofort mit einer eigenen Strophe, in der sie Goethe duzte.

Goldnes Netz was Dich umwunden,
Kann es Deinen Wert erkunden?
Heil! Ihm dessen goldne Worte
Uns beglückt am Schattenorte.

1. Mai 1815

Die Flucht Napoleons von der Insel Elba im April 1815 über Marseille nach Paris, wo er erneut eine Armee um sich sammelte, löste in ganz Europa die größte Beängstigung aus. Die Befreiungskriege traten in eine letzte Phase. Durch die preußische Armee unter Blücher und Englands Truppen unter Wellington wurde Napoleon am 18. Juni 1815 bei Waterloo endgültig geschlagen. Willemer wird stolz gewesen sein über die Nachricht, daß sein Sohn sich im Kampf durch besondere

Tapferkeit auszeichnete.[6] Abraham Willemer kämpfte in der Entscheidungsschlacht als Adjutant beim 1. preußischen Armeekorps mit, während Goethe seinem Sohn August die Beteiligung an den Befreiungskriegen untersagt hatte. Napoleon wurde als Kriegsgefangener auf die Insel St. Helena gebracht.

Es war Mai, und man rüstete noch zur entscheidenden Schlacht, als Goethe sich trotz der gesundheitlichen Krise seiner Frau und ungeachtet der drohenden kriegerischen Konflikte zur Abreise entschloß. Am 24. Mai 1815 um fünf Uhr früh bestieg er seine schwarze, gelb gepolsterte Reisekutsche, die er für 1 200 Gulden in Karlsbad gekauft hatte, ein besonders hoch in den Federn hängender, zweispänniger Reisewagen mit Klappverdeck, den man noch heute im Hof des Weimarer Hauses am Frauenplan betrachten kann. Der Komfort einer hohen Federung war angesichts langer Fahrten – man hat Goethes Reisestrecke insgesamt auf 40000 Kilometer geschätzt – unerläßlich, zumal der Minister und Dichter unterwegs schreiben und gelegentlich schlafen wollte.[7] Die Bequemlichkeit eines hochgebauten Wagens hatte allerdings den Nachteil, daß er bei schwer passierbaren Strecken leicht umgeworfen würde – was dann auch mehrmals geschah. Über Eisenach, Berka, Buttlar und Hünefeld ging die Fahrt am ersten Tag nach Fulda. Einmal war Goethe zehn Stunden unterwegs, einmal zwölfeinhalb, am dritten Reisetag mußte er fünfzehn Stunden ausharren, bis er nach fünf Pferdewechseln um acht Uhr abends in Frankfurt ankam. Unterwegs sah er einen Wiedehopf und ernannte ihn nach persischem Vorbild zu *Hudhud*, dem Liebesboten. So lautet auch sein Gruß an Marianne: *Wie selig ward mir! Im Lande wandle ich, wo Hudhud über den Weg läuft* … Am vierten Reisetag endlich stieg er mittags im erprobten Gasthof *Zum Bären* ab.

Vor der Reise hatte Goethe sich eingehend mit der Literatur des Orients beschäftigt. Charlotte von Schiller meldete

10. Johann Wolfgang Goethe. Pastellgemälde von Gerhard Kügelgen, 1810.

aus Weimar an Knebel in Jena: *Goethes Umgang mit dem Orient ist uns recht erfreulich, denn er lehrt uns diese wunderliche Welt kennen ... Jetzt las er uns aus dem Gedicht des Ferdusi ... Sein Geist, der so klar und reich die Verhältnisse durchblickt, weiß auch aus dieser Masse von Welt und fremdartiger Phantasie zu sondern und Licht zu schaffen und in ein Ganzes vor's Auge zu bringen ... Wir sollen auch aus dem Koran etwas hören.*[8] Nicht nur in den *Diwan* des Hafis hatte sich Goethe weiter vertieft, sondern auch einen Roman des persischen Dichters Dschami gelesen, *Jussuff und Suleika*, der ihn schon deshalb interessierte, weil er sich früher selbst mit der *Joseph*-Gestalt beschäftigt hatte. In der persischen Literatur hieß die von *Jussuff* geliebte Frau *Suleika*. An dem Tag, an dem Goethe abreiste, verfaßte er sein Gedicht *Jussuff und Suleika,* das er auf der Gerbermühle vorlas. Daß *Suleika* den schönen *Jussuff* liebe, sei keine Kunst, sagt Goethes Gedicht. Daß sie aber ihn, den alten Dichter liebe, das gleiche einem Wunder.

Daß Suleika von Jussuff entzückt war
Ist keine Kunst,
Er war jung, Jugend hat Gunst,
Er war schön, sie sagen zum Entzücken,
Schön war sie, konnten einander beglücken.
Aber daß du, die so lange mir erharrt war,
Feurige Jugendblicke mir schickst,
Jetzt mich liebst, mich später beglückst,
Das sollen meine Lieder preißen
Sollst mir ewig Suleika heißen.

24. Mai 1815

Liebchen benamst, lautete der Titel. Kaum war der Name niedergeschrieben, wurden Goethes Verse noch persönlicher. Auch er, der Dichter, sollte nun einen Namen erhalten.

Da du nun Suleika heißest,
Sollt ich auch benamset seyn,
Wenn du deinen Geliebten preisest,
Hatem! das soll der Name seyn ...
24. Mai 1815

Ein poetisches Paar war geschaffen: Hatem und Suleika. Ein *Musterpaar* nannte es Goethe, *musterhaft in Freud und Qual,* und stellte es in eine Reihe mit den großen Liebespaaren der persischen Literatur. Die Namensgebung war der Beginn eines Liebesromans – im poetischen und im realen Sinne.[9] Auch wenn es falsch wäre, die Gedichte aus dem *West-östlichen Divan* als rein biographische Bekenntnisse zu lesen, tragen sie doch auffallende Merkmale des Persönlichen. Man könnte sogar sagen, daß in diesem einzigen Fall aus den ursprünglich überpersönlichen, dem Orient geltenden Versen durch die Begegnung mit der jungen Frau individuelle, das eigene Liebesschicksal spiegelnde Gedichte wurden.[10] Marianne sah sich auf jeden Fall persönlich gemeint und antwortete entsprechend als *Suleika,* unterschrieb auch ihren ersten »Chiffrenbrief« mit diesem Namen.[11] Die Decknamen *Hatem und Suleika* gaben Goethe die Freiheit, sich und die Freundin quasi unter einem Pseudonym vor aller Ohren zu besingen.

Sich liebend an einander zu laben
Wird Paradieses Wonne seyn.

Als Willemer von Goethes Ankunft in Wiesbaden hörte, bot er ihm selbstverständlich wieder sein Haus an. *Lassen Sie mich immer Ihrer Liebe empfohlen sein, und auch die Kleine,* schrieb er am 1. Juni 1815. *Die Kleine* war die zwischen beiden Männern geübte Bezeichnung für Marianne. *Unsere* Marianne, schreiben sowohl Willemer wie auch Goethe, als sei sie gemeinsamer Besitz.

Der Dichter zögerte seinen Besuch zunächst hinaus. Marianne war nicht mehr frei. Sie war verheiratet, und zwar mit seinem Freund. Das Wiedersehen konnte zu Mißverständnissen führen, und Goethe ging Komplikationen lieber aus dem Wege. Er blieb elf Wochen in Wiesbaden, diktierte die *Italienische Reise*, empfing Freunde und fuhr zweimal in Begleitung des Freiherrn vom Stein nach Köln, um den noch immer unvollendeten Dom zu besichtigen. Außerdem ordnete er *Des Deutschen Divans manigfaltige Glieder*, wie seine Gedichtsammlung damals noch hieß; es entstand das sogenannte *Wiesbadener Register*. Dieses Register umfaßte – kürzere Verse aus dem Nachlaß nicht mitgezählt – bereits einhundert Gedichte, die innerhalb eines einzigen Jahres entstanden waren. Nie zuvor hatte Goethe einen so umfangreichen, in sich selbst vollständigen Gedichtzyklus hervorgebracht. Am 1. August schrieb er an Boisserée, er habe den Kölner Dom nun *in und auswendig, oben und unten, mit allem Zubehör* besichtigt und wolle für acht Tage nach Frankfurt fahren. Bei den acht Tagen blieb es nicht.

Goethes Tagebuch vom 12. August 1815: *Von Maynz mit Boisserée. Am Schwanen gehalten. Durch Frfurt. Gegen Mittag Gerbermühle: Unterhaltung. Tod des Enkels. Gesang. Gespräch.*

Man traf sich wieder in der Mühle, dem verwinkelten Gebäude, in dem die Zimmer für den Gast längst vorbereitet waren. Vom Fenster aus konnte Goethe das Rauschen des Flusses hören und durch die Bäume den Schilfgürtel am Ufer sehen, das dichte Rohr, wo man sich unauffällig treffen wird. *Gesang. Gespräch* – Mit zwei Worten ist manches gesagt, vieles verheimlicht. Goethe war von den Willemers so herzlich aufgenommen worden, als gehöre er zur Familie. *In Familie*, heißt es folgerichtig im Tagebuch; damit sind Jakob und Marianne gemeint sowie die drei Töchter Rosina Städel, Maximiliane Andreae und Meline Scharff. Den Ehemann der Jüngsten, Meline, scheint Goethe besonders geschätzt zu haben. Friedrich Scharff war ein erfolgreicher Bankier und Kaufmann, nur leider sehr häßlich. *Sein Äußeres war auch auf den schonend gemalten Bildern wenig einnehmend; er soll zu seiner Zeit wegen seiner Häßlichkeit eine Art Berühmtheit erlangt haben. Auch seine Gattin Meline, die geborene Willemer, ist keine Schönheit gewesen,* schreibt eine Nachfahrin, die noch die Porträts von beiden sah, bevor sie im September 1944 verbrannten. Marianne war häufig bei Meline zu Gast, deren Bildnis im eleganten dunkelroten Samtkleid über dem Sofa hing, saß auf Stühlen, deren handgestickte Blumenbezüge Meline ihrem Mann Friedrich Scharff zur Silberhochzeit selber gefertigt hatte. Möbel und Bilder existierten noch bis zum Zweiten Weltkrieg.[12]

Nach einem Jahr Abwesenheit stand Goethe wieder vor Marianne. *Du, die so lange mir erharrt war ...* Die junge Frau kam ihm herzlich entgegen, liebenswürdig im Wesen, anziehend durch die Verbindung von Ernst und Verspieltheit, wachem Geist und unverkennbar sinnlicher Ausstrahlung. *Suleika.* Goethe fand das liebliche Gesicht wieder, von Lokken umgeben, die nicht erst künstlich hervorgebracht werden mußten wie bei ihren Stiefschwestern. Sie fixierte ihn mit ihren *glänzenden und beweglichen Augen,* die auf den Bildnissen dunkelbraun erscheinen. *Im Karfunkel deines Blicks,* lautet Goethes Gedichtzeile. Es war ein Zwiegespräch mit den Augen, das sie führten und das Goethe liebte. *Und Suleika fühlt des Blickes / Ew'ge Rede ...* In den Gedichten spiegelt sich auch die körperliche Faszination, die Marianne auf den alternden Dichter ausübte. Sie wirkte wohltuend durch ein zurückhaltendes, niemals aufdringliches Wesen, durch Ruhe und Verläßlichkeit, wie sie auch an ihrer schönen, ebenmäßigen Handschrift sichtbar wird. Schlank, aber zur Fülle neigend wie auf der Porträtzeichnung, die sie 1819 für Goethe anfertigen ließ, wirkte sie anziehend durch ihr heiteres schauspielerisches Temperament, herausfordernd durch ihre laszív lässige Haltung und ihr weiblich sinnliches Flair.

Ja, die Augen waren's, ja, der Mund,
Die mir blickten, die mich küßten.
Hüfte schmal, der Leib so rund
Wie zu Paradieses Lüsten …

21. Juli 1818

Sie schienen sich zu ergänzen, der Theaterdirektor und die Schauspielerin, der Musikliebhaber und die Sängerin, der Dichter und die Interpretin. Auch die gut beobachtende Adele Schopenhauer stellte bei ihrem Besuch 1822 fest, Frau von Willemer sei ganz Künstlerin gewesen. Daß sie im Alter weit auseinander waren, er nahe sechsundsechzig, sie einunddreißig, sah Goethe nicht als trennend an, vielmehr kokettierte er mit ihrer Jugend, seinem Alter.

Nur dies Herz es ist von Dauer,
Schwillt in jugendlichstem Flor;
Unter Schnee und Nebelschauer
Rast ein Aetna dir hervor.

30. September 1815

Wie sahen die Zeitgenossen den Dichter? Hervorgehoben wird stets sein Blick. *Schwarz und schön, und immerfort in Bewegung sind seine Augen. Das Angesicht ist länglich und gefurcht, die Nase adlerisch.* So sah ihn der Baron von Merian im September 1810. Im Oktober 1813 schrieb aus Weimar der Dichter Friedrich de la Motte Fouqué an seine Frau: *Unversehens ging die Zimmertür leise auf, und hervor blickte das noch ganz unvergeßne Apollo-Antlitz …* Ernst Moritz

Arndt notierte im Juli 1814: ... *die stolze breite Stirn und die schönsten braunen Augen, die immer wie in einem Betrachten und Schauen begriffen, offen und sicher feststanden und auf jeden Gegenstehenden und Gegenschauenden trafen ...*[13] Marianne konnte diesem Blick durchaus standhalten, versank nicht in Ehrerbietung wie mancher der Bewunderer.

Da erblicktest du Suleika
Und gesundetest erkrankend,
Und erkranketest gesundend,
Lächeltest und sahst herüber
Wie du nie der Welt gelächlet.
12. Dezember 1817

Im Privatbesitz von Willemers Nachkommen befinden sich zwei übereinstimmende Miniaturbildnisse von Marianne.[14] Auf quadratischer Elfenbeinplatte ist sie als junge Frau dargestellt. *Ein reizvolles, kluges, lebhaftes Gesicht mit leuchtenden braunen Augen, umrahmt von dunkelblondem, krausem Haar; der Ausdruck war lieblich und heiter.*[15] Herman Grimm berichtet: *Ich bat sie einmal um ihr Bild. Sie suchte und kam zuletzt mit einer Miniatur zum Vorschein, die sie als blühende junge Frau zeigte. Sie hielt sie mir hin mit den Worten: ›Danke Gott, daß Du mich nicht kennen lerntest, wie ich so aussah‹, und lachte ...* Goethe lernte Marianne in dem Stadium kennen, in dem der Maler sie darstellte, lieblich, neugierig, jung. *Ihrer ganzen Erscheinung war ein Element von Grazie und Zierlichkeit beigemischt,* sagte Grimm. *Wie sie stand und ging, sich bewegte, sich aussprach, immer dieselbe Präzision und Festigkeit.*

O! daß der Sinnen doch so viele sind!
Verwirrung bringen sie in's Glück hinein.

Wenn ich dich sehe wünsch' ich taub zu seyn,
Wenn ich dich höre blind.

vor Juni 1818

Liest man die Aufzeichnungen, die Boisserée über das Zusammensein auf der Mühle schrieb, ahnt man, daß sich zwischen dem berühmten Gast und der liebenswürdigen Hausfrau eine Art eigener Lebensgemeinschaft entwickelt haben muß. Nachdem Marianne Einblick in Goethes entstehende Arbeiten genommen hatte, wurde jeder Tag von ihr mit neuem Impuls gestaltet. Sie regelte den Tageslauf und richtete ihn geschickt nach den Plänen ihres Gastes ein. Sie interessierte sich für seine orientalische Liebhaberei, sprach bald wie er von *Hudhud,* dem Liebesboten zwischen Salomo und der Königin von Saba, sprach von Wolken, Mond und Sternen, Nachtigall und Rose. Sie besaß nicht nur musikalisches, sondern auch poetisches Talent, hatte zwar bisher nur verschiedene Gelegenheitsgedichte verfaßt, doch sind immerhin mehr als achtzig Gedichte von ihr bekannt.[16] Verständnisvoll nahm sie Goethes Gedanken auf, brachte ihn durch kluge Fragen zu neuen, poetischen Antworten. Sie wurde sein *süßer, lieber Widerpart.* Der Dialog zwischen ihnen wurde unter der Hand zu einem Gespräch zweier Vertrauter in ihrer eigenen Welt.

Ja! mein Herz, es ist der Spiegel,
Freund! worinn du dich erblickt …

23. Dezember 1815

Mit Marianne konnte Goethe über sein derzeitiges Anliegen sprechen, die arabische Poesie, über die orientalische Vorstellung vom Paradies, über den Perser Hafis und den Dichter Tograi. Ihn beglückte ihre Bereitwilligkeit, ihr Staunen und Erwidern. Noch acht Jahre später schrieb sie einzelne Pas-

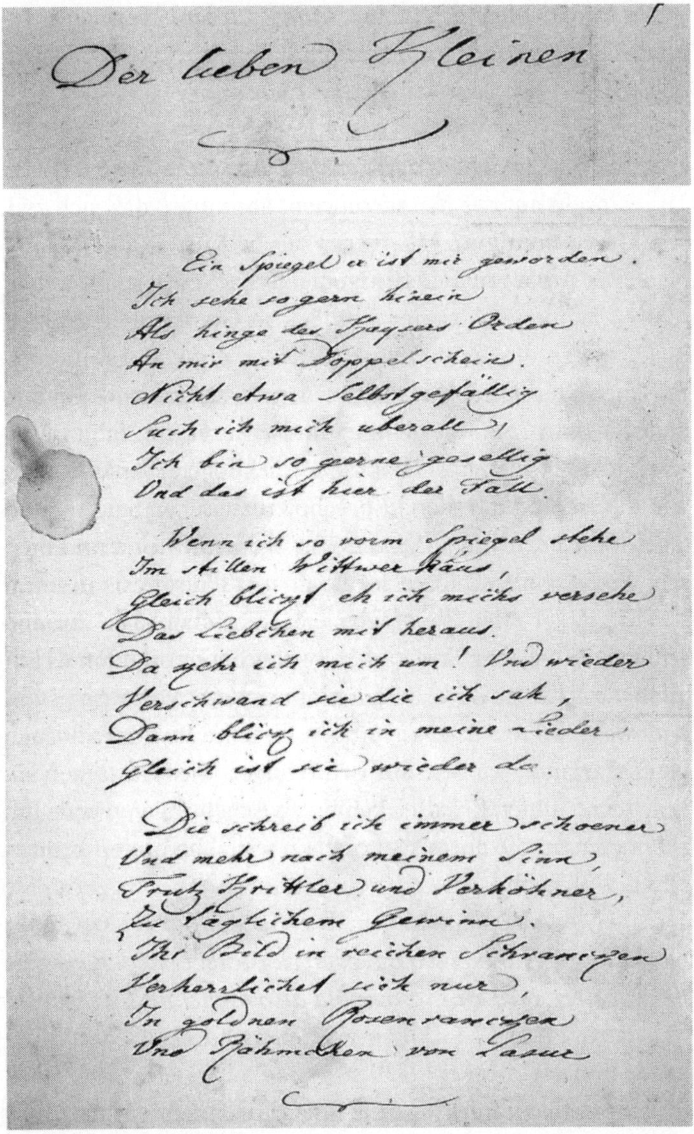
Der lieben Kleinen

Ein Spiegel er ist mir geworden.
Ich sehe so gern hinein
Als hinge des Kaysers Orden
An mir mit Doppelschein.
Nicht etwa Selbstgefällig
Such ich mich überall,
Ich bin so gerne gesellig
Und das ist hier der Fall.

Wenn ich so vorm Spiegel stehe
Im stillen Wittwer Haus,
Gleich blickt eh ich mich's versehe
Das Liebchen mit heraus.
Da kehr ich mich um! Und wieder
Verschwand sie die ich sah,
Dann blick ich in meine Lieder
Gleich ist sie wieder da.

Die schreib ich immer schoener
Und mehr nach meinem Sinn,
Trutz Krittler und Verhöhner,
Zu täglichem Gewinn.
Ihr Bild in reichen Schranken
Verherrlichet sich nur,
In goldnen Rosenrancken
Und Rähmchen von Lasur

11. *Westöstlicher Divan*, »Buch Suleika«, Gedicht »Abglanz«.
Eigenhändige Niederschrift Goethes für Marianne.

sagen des Dichters Tograi auswendig nieder.[17] Begeistert bemerkte Goethe ihre Zuwendung, die gleichermaßen wißbegierig, übermütig und leidenschaftlich war.

Ist's möglich daß ich Liebchen dich kose!
Vernehme der göttlichen Stimme Schall!
Unmöglich scheint immer die Rose,
Unbegreiflich die Nachtigall.

1814/1815

Er schenkte ihr ein Exemplar des persischen *Diwan.* Marianne las darin. Sie war nicht mehr die, die sie bisher gewesen war. Sie war vom Glück benommen und doch gedankenscharf wie nie zuvor. Daß die Gespräche ernsthaft waren, bezeugt Goethes Anmerkung, Marianne sei ein *kleiner Criticus* gewesen, da sie seine Schriften sorgfältiger studiert und ausgelegt habe *als die größten Philologen.* (18. Dezember 1815) Humorvoll meinte sie, den Titel wohl nur durch ihr vorlautes Wesen erlangt zu haben.[18] Sie unterhielten sich über *Dichtung und Wahrheit*, wovon das dritte Buch im Jahr zuvor erschienen war. Marianne wartete auf den letzten, noch ausstehenden Teil, nicht ahnend, daß Goethe seine einstige Verlobte Lili Schönemann, die darin vorkommen sollte, nicht kompromittieren wollte und deswegen mit dem Schreiben zögerte. Sie sprachen wieder über Italien. Da Goethe bis zuletzt damit beschäftigt gewesen war, *die Papiere, meine erste italienische Reise betreffend, zu ordnen und zu redigieren*[19], konnte er sich darüber mit Marianne austauschen. Sie wiederum erzählte ihm von ihrer ersten Begegnung mit Goethes Buch *Das römische Carneval,* dessen Illustrationen von Schütz, der später ihr Zeichenlehrer wurde, sie schon als Kind in Wien geliebt hatte. Sie erzählte sehr lebendig. Später hat sie ihm das Gespräch wiederholt: … *und so wie es die ersten Bilder waren, die ich in einem Buche sah, so war es auch meine erste*

Lust; mit diesen Masken belebte meine kindische Phantasie alle Märchen und Erzählungen, die ich wußte und hörte … – Doch nicht allein dieses Glück wurde mir zu Teil, ich solle auch den Carnaval mit Augen sehen, und jene höchst lebendige Schilderung an Ort und Stelle würdigen lernen, ja als Maske im Corso fahrend den lebhaftesten Anteil nehmen.[20] Auf der Gitarre, die sie in Neapel gekauft hatte, spielte sie Goethe seine Lieder vor: *Füllest wieder Busch und Tal / Still mit Nebelglanz …*[21] Sie konnte von den Bekanntschaften in Rom erzählen, den Malerbrüdern Riepenhausen, deren Zeichnungen sie besaß, von Zacharias Werner, den Goethe kannte. Boisserée notierte: *Die Frauen* [Marianne und Rosina] *brachten allerlei Späße vor … meist Erinnerungen ihrer italienischen Reise.*[22] Ein Jahr später teilte Marianne Goethe mit, wie glücklich sie seine eben erschienene *Italienische Reise* mache, worin *alle Herrlichkeit des südlichen Himmels mir erneut vor die Seele tritt; ich habe noch nie so lebhaft gefühlt, welchen Genuß die Erinnerung an dies Paradies der Welt gewährt, als nun es mir vergönnt ist, es in Ihrer Gesellschaft zum zweiten Male zu sehen …* (30. November 1816)

Die Beziehung nahm eine dramatische Entwicklung. Goethe erfuhr, womit er nicht mehr gerechnet hatte: Aufschwung, Lebenslust, Inspiration, Neubeginn. Es erwuchs der Wunsch nach mehr Musik, weiteren Spaziergängen, ausführlicheren Gesprächen. Er war doppelt angeregt, da ihn neben dem Umgang mit einer lebensvollen Frau immer auch die Hafis-Gedichte beschäftigten, die von Daseinslust und Jugendfreuden, von Liebe und Wein auf eine Weise sprachen, die sich gerade jetzt mit seinen eigenen Erlebnissen und Gefühlen deckte. Seine Fähigkeit, sich die fremde Dichtung zu eigen zu machen, wurde durch Mariannes Gegenwart verstärkt.[23] Nicht allein die sinnliche Liebeslyrik des Orientalen war es, die Goethe faszinierte; ihn beschäftigte die symbolische Bedeutung und geistige Durchdringung der Verse. Seine großen

Themen waren die Metamorphose, die Verwandlung der Seele, die Fülle des Lebens in seiner Gesamtheit, die er zu einem Zyklus zusammenführte.[24] Die Gedichte seines *Divan* leben von geheimnisvollen Bezügen. Vielsagend heißt es:

Ist unbedingten Strebens
Geheime Doppelschrift,
Die in das Mark des Lebens
Wie Pfeil um Pfeile trifft.
21. September 1815

Auf der Gerbermühle wurde fast an jedem Tag musiziert, meist vor Tisch, oft noch am späten Abend. Es wird dem Dichter gefallen haben, daß Marianne, die jahrelang Unterricht nahm, ihn mit Musik verwöhnte. Im Gegensatz zu anderen Frauen aus seinem Bekanntenkreis komponierte sie selbst, konnte sich im Gesang ausdrücken, in Melodien leben. Goethe hatte immer eine Vorliebe für schöne Stimmen, und die Musik hat in dieser Beziehung eine nicht unerhebliche Rolle gespielt: er dichtete, damit sie für ihn singe.

Marianne schilderte Herman Grimm einmal eine solche Situation: ... *was Goethe einst sagte, als er bei mir am Klavier saß und ich ihm Lieder aus des Knaben Wunderhorn vorsang, von Himmel komponiert: unter andern das nette Liedchen ›Ich weiß mir ein Mädchen hübsch und fein etc‹; er sagte: ›Das sind Worte, wobei ein alter Poet vor Neid platzen möchte.‹* Bei Marianne fand Goethe das, was er von einer Sängerin erwartete. *Schöne Personen gibt es überall,* hatte er im Mai 1787 aus Italien an Charlotte von Stein geschrieben, *tiefempfindende, zugleich mit günstigen Sprachorganen versehene viel seltener, am allerseltensten solche, wo zu allem diesen noch eine einnehmende Gestalt hinzutritt.* Marianne trug seine eigenen Gedichte vor, sang Mignons Lied *Kennst du das Land* ... und machte den Schöpfer glücklich. Sie spielte Klavier, er saß bei ihr, sah sie an. Sie wußte sehr wohl, welche Lieder sie zu wählen hatte, tat es mit erotisierender Anmut. Wer ein ganzes Schauspielhaus gewinnen, Zuschauer verliebt machen konnte wie den spöttischen Clemens, der würde auch einen Goethe bezaubern, der mehr als andere empfänglich dafür war.

Es seien Tage gewesen, die *wie helle Punkte* in ihrem Leben stehen, sagte Marianne. Sie war nicht sentimental, aber aufnahmebereit für alles, was Goethe ihr bot. *Mein Herz lag offen vor Ihren Blicken,* hat sie ihm geschrieben. Was sie empfand, läßt sich daran ermessen, daß sie nach Goethes Ausbleiben tief enttäuscht, verletzt und so unglücklich war, daß ihr die Stimme versagte. Jetzt überstrahlte gegenseitige Zuneigung alle Probleme, herrschte der Übermut vor. Es war mehr als Mut, war waghalsiger Jubel und Tollkühnheit. Zum ersten Mal wurde sie gewürdigt und ernst genommen, gewann ihr Dasein Konturen. Sie besah sich im Spiegel und dachte, das Glück werde unvergänglich sein wie alles, was sie durch Goethe erfuhr. Später wird sie bestürzt feststellen, daß sie sich im Spiegel nicht wiedererkannte.

VII.
Der Geburtstag

Heut ist mir alles herrlich, wenn's nur bliebe,
Ich sehe heut durchs Augenglas der Liebe.
Goethe, West-östlicher Divan

Goethe fühlte sich auf der Gerbermühle so wohl, daß er weit länger als vorgesehen blieb. Hier erfuhr er nicht nur Verehrung und Verwöhnung, hier empfand er wirkliche Gefühlswärme. Die Dorfbewohner von Oberrad wußten noch nach Jahren, *daß die Gerbermühle zum Empfange Goethes mit Girlanden geschmückt war und bunte Lampen am Balkon dem Main zu angebracht waren.*[1] Ursprünglich hatte Goethe Anfang August zu Christiane zurückkehren wollen. Er blieb und beschloß, seinen bevorstehenden Geburtstag bei Willemers zu feiern. Auch in den Jahren zuvor war er monatelang nicht in Weimar gewesen und hatte seine Geburtstage ohne seine Frau gefeiert, sowohl 1813, als er nach fünfmonatiger Abwesenheit nach Ilmenau reiste, als auch 1814, als er ebenfalls fünf Monate lang abwesend war, um dann den Geburtstag in Wiesbaden zu verbringen. Auch diesmal beschloß er, Weimar fernzubleiben, und auf der Mühle zu feiern. Man bereitete sich darauf vor, den 28. August 1815 so glänzend wie möglich zu begehen. Marianne überbot sich, dem Gast durch beziehungsreiche Gaben ihre Sympathie zu beweisen. Sie hat es erreicht, daß sich dieses Fest, für Goethe unvergeßlich, Zeit seines Lebens aus anderen Festtagen leuchtend heraushob.

Boisserée, der zur Feier geladen war, hat sämtliche Einzelheiten des Geburtstags einschließlich der Gäste, Reden und Geschenke mit der ihm eigenen Sachlichkeit sorgfältig notiert. Zwei Jahre nach Mariannes Tod, 1862, wurden die Aufzeichnungen durch seine Frau Mathilde veröffentlicht. *Montag den 28. Am Morgen gleich nach der Mühle hinaus geeilt.*[2] Als der zweiunddreißigjährige Kunstfreund am Morgen des Tages zur Mühle kam, saßen alle schon beim Frühstück, und Willemer hielt eine Ansprache. Anwesend waren Rosina-*Rosette* Städel, Meline und Friedrich Scharff, Fritz Schlosser und seine Frau Sophie, Goethes Schulkamerad Riese und der Physiker Thomas Seebeck. Willemers Töchter waren, wie die Porträts zeigen, mit ihrem herb-strengen Ausdruck, schmalen Gesichtern und glattgescheiteltem Haar keine Schönheiten. Marianne muß durch ihr liebliches Aussehen zwischen ihnen hervorgeleuchtet haben. Das geht auch aus Boisserées Schilderung hervor, der immer nur Marianne sah. Die übrigen Teilnehmer hat er nicht erwähnt, auch nicht die kleine Tochter des Ehepaares Scharff, die damals neun Jahre alt war, gesund und fröhlich, und die Szene aufmerksam beobachtete. *Nicht wahr, Goethe war dir gut*, sagte Röschen Scharff später zu Marianne. In ihrem Stammbuch, das erhalten blieb, liegt ein unbekanntes Gedicht von Clemens Brentano, das er der an Kinderlähmung erkrankten widmete, die er ein *Röschen in Dornen* nannte. *Herr! Wir stehn in deinem Frieden*, lautet die erste Zeile. Auch ein Gedicht von Goethe liegt, von niemandem gekannt, bis heute unveröffentlicht in Röschens Stammbuch. Er schrieb ihr: *Diese Richtung ist gewiß: / Immer schreite, schreite! / Finsternis und Hindernis / Drängt mich nicht zur Seite.* Ein Porträt, das Röschens spitzes schmales Gesicht in weißen Kissen zeigte, hing bis zum Krieg bei Melines Urenkelin; es wurde, wie die Möbel, durch Brandbomben vernichtet.[3]

Goethe saß an der langen Tafel im Gartenhaus der Gerbermühle. Er, der sechsundsechzig Jahre alt wurde, thronte am Kopfende. Die Wände waren mit Efeubögen dekoriert, hinter seinem Stuhl hing ein aus Laubwerk gestalteter großer Schild, auf dem ein Kranz befestigt war – auch er nicht ohne

Bedeutung. Sämtliche Blumen waren kreisförmig so angeordnet, daß sie Goethes Farbentheorie entsprachen. Mit organisatorischem Geschick hatte Marianne ein orientalisches Ambiente geschaffen, um den Liebhaber arabischer Verskunst in einen ihm gemäßen Rahmen zu plazieren. *Das große Gartenhaus,* notierte Boisserée, *war ganz mit Schilf ausgeziert, wie Palmbäume zwischen den Fenstern gebunden, oben überhängend.* Marianne und Rosette überreichten dem Dichter zwei Körbe, *den einen voll der schönsten Früchte, den andern mit den prächtigsten, meist ausländischen Blumen.* Man hatte an nichts gespart. Wenn Goethe später von diesem Geburtstag sprach, erwähnte er die Efeubögen, die Torten und Brezeln, die frischen Ananas, Aprikosen und Pfirsiche, die er schon als Kind im großelterlichen Garten bevorzugt hatte.[4]

Boisserée erlebt mit, wie zu diesen Köstlichkeiten noch die »Bekrönung« kam: Goethe erhielt einen Turban. Das Geschenk mußte ihn als »Hatem« schon deshalb erfreuen, *weil unter seinen Gedichten ein großes Lob des Turbans vorkömmt*, wie Boisserée recht sachlich feststellte. Er kannte offenbar das schon im Februar entstandene Gedicht:

Komm, Liebchen, komm! umwinde mir die Mütze
Aus deiner Hand nur ist der Tulbend schön ...

Dieser Verse wegen – und weil man auf der Gerbermühle inzwischen *im Orient hauste* – hatte Goethe Marianne einen zarten gestreiften Stoff geschenkt. *Und diesen hier, ganz rein und silberstreifig, / Umwinde Liebchen um die Stirn umher ...* Sie hatte es wörtlich befolgt. Der Turban *vom feinsten indischen Musselin,* wie Boisserée vermerkt, war mit Lorbeerzweigen bekrönt, die man in Frankfurt allerdings erst mühsam hatte suchen müssen; Marianne hatte Boisserée losgeschickt, der sie schließlich nachts *mit der Laterne am Aller-*

heiligenthor fand.[5] Lorbeer für den *poeta laureatus* Goethe! Dazu schenkte Rosine Städel ihm eine Zeichnung: die Silhouette von Frankfurt, gesehen aus seinem Fenster in der Gerbermühle. Marianne wiederum überreichte Goethe einen Spruch, der von einem ihrer kunstvollen Blütenkränze umgeben war, wie sie sich, durch die Jahre leicht gebräunt, bis heute in Privatbesitz erhalten haben.

In Weimar war Goethe derjenige, der als *maître de plaisir* die Festtage der herzoglichen Familie mit Singspielen und Umzügen zu gestalten hatte. Hier sorgte eine Frau für ihn. Einfühlsam schuf sie seinen Gedanken den Rahmen, in dem er die Farben und Blumen, Gerüche und Phantasien seiner orientalischen Welt wiederfand. Alles war in Szene gesetzt worden, Musik, Gesang, Kunst, Dichtung und Poesie. Es war ein Geburtstag, wie er noch keinen erlebt hatte. *Sehr schöner Tag!* schrieb er in seinen Notizen.

Moschusduftend Lockenschlangen
Augenwimpern reizumhangen,
Tausendfältige Gefahr!
Denke nun wie von so langem
Prophezeyht Suleika war.

22. September 1815

Willemer hatte eine feierliche Rede gehalten. Der Wein, den er kredenzte, war so alt wie der Jubilar: Er stammte aus Goethes Geburtsjahr. *Freude des Daseyns ist groß*, dichtete Goethe. Boisserée war bewegt, daß Goethe ihn auch zur Nacht nicht fortlassen wollte. *Ich blieb den Abend draußen; er las uns noch aus seinen orientalischen Gedichten. Es herrschte eine heitere, freundliche Stimmung in dem kleinen Kreis.* Für Marianne war es ein unvergleichlicher Tag. Goethes Worte, sein Dank, seine Blicke galten ihr. Sie fühlte sein Einverständnis, *die vollste Übereinstimmung*, wie sie es

12. Frankfurt von der Gerbermühle aus gesehen. Federzeichnung von Anton Radl (1791-1861), 1815. Geschenk von Marianne an Goethe.

Grimm gegenüber ausdrückte. Goethe wirkte durch die Erlebnisse verjüngt und durch die Fülle seiner poetischen Ideen so beschwingt, daß selbst Boisserée ihn bei der Weiterreise, verglichen mit Freunden wie Jung-Stilling, als *jugendlich* bezeichnete.

Besucher und Bewunderer, die von Goethes Aufenthalt auf Willemers Mühle gehört hatten, stellten sich in Scharen ein, manchmal sogar noch halb in der Nacht wie der Herzog von Cumberland und seine Frau Friederike, die als zwölfjährige Prinzessin von Mecklenburg-Strelitz mit ihrer Schwester Luise, der späteren Königin von Preußen, während der Krönungsfeier für Kaiser Joseph II. in Frankfurt bei Goethes Mutter im Hirschgraben wohnte. Goethe verehrte die bezaubernde Frau, kam häufig mit ihr in den böhmischen Bädern zusammen und korrespondierte mit ihr. Goethes Frankfurter Jugendfreundin Susanna Elisabeth Bethmann-Hollweg wollte nicht zurückstehen und hatte ihm früh am Morgen des Geburtstags ein Konzert vom Wasser her arrangiert – die Musiker saßen in einem Boot. Gunda Brentano, jetzt Frau von Savigny, stellte sich ein, es kamen ihr Schwager, Bürgermeister Guaita, und der preußische Gesandte von Otterstedt. Willkommene Gäste waren die Brüder Christian und Fritz Schlosser, dessen Ehefrau Sophie Mariannes Freundin wurde. Willemers Tochter Maximiliane war ebenfalls häufig auf der Mühle anzutreffen; ihr war an Goethes Ankunftstag, dem 12. August 1815, ein Kind gestorben; *Tod des Enkels,* steht in Goethes Tagebuch. Immerhin konnte Maxe erleben, daß zwölf Kinder erwachsen wurden, und bei jeder Geburt, jeder Taufe stand Marianne ihr zur Seite.

Mit Elias Mieg und dem Physiker Seebeck aus Berlin trafen Franz und Antonie Brentano ein, in deren Landhaus in Winkel am Rhein Goethe zuvor als Gast gewohnt hatte.[6] Auch der mit Goethe gleichaltrige Mediziner Johann Christian

Ehrmann sagte sich an, ein absonderlicher, bei vielen Frankfurter Familien aber trotz seiner Skurrilitäten beliebter Arzt, der Frau und vier Kinder durch den Tod verloren hatte und schrullig geworden war. Marianne fürchtete, daß Goethe sich durch diesen Sonderling gestört fühlen würde, doch Boisserée notiert erleichtert, daß die Begegnung beider *vortrefflich* geriet. *Ehrmann hielt sich anfangs ganz still, nachher wurde er sehr belebt und geistreich. Die Frau Willemer war voll Seligkeit, daß er Goethe gefiel.* (19. August 1815)

Eine Möchtegern-Besucherin drang nur bis in die Nähe der Mühle vor. Rahel Varnhagen aus Berlin, seit Anfang August 1815 in Frankfurt, hatte von Goethes Aufenthalt erfahren. Sofort unternahm sie mit ihren Wirtsleuten Valentin einen Ausflug nach Nieder- und Oberrad, um dem Verehrten dort irgendwo zu begegnen. Tatsächlich fuhr in einer Kutsche mit Willemer und Marianne, Rosette und Meline der Dichter an ihr vorbei. Mit dem Ruf *Das ist Goethe!* überholte Frau Varnhagen rennend und winkend den Wagen. *Goethe lacht; die Damen lachen; ich aber packe die Vallentin, und wir rennen dem Wagen voraus und kehren und sehen ihn noch einmal. Er lächelte sehr wohlgefällig, beschaute uns sehr und hielt sich Kräuter vor die Nase, mit denen er das Gesicht fächelte …* Goethe muß bemerkt haben, daß es Rahel war, die seinem Wagen hinterherlief. Sie beendete ihren Brief an Varnhagen: *Und ich, deine Rahel, trifft ihn, macht ihm eine Art Szene, greift ein in sein Leben! Dies ist mir ja lieber als alles Vorstellen, alles Kennenlernen. Als ich ihn das zweite Mal sehen wollte, sah ich i h n n i c h t: ich war so rot wie Scharlach und auch blaß; ich hatte den Mut nicht. Und als er vorbei war, am Ende der Straße durch ein Fabrikgebäude und eine Pappelallee aus dem Dorf fuhr, zitterten mir Knie und Glieder mehr als eine halbe Stunde.*[7]

Goethe notierte die Ausfahrt kurz im Tagebuch und beschloß einen Gegenbesuch. Obwohl er mißlang, nannte Rahel Varnhagen diese Geste ihr *Adelsdiplom.* Am 8. September vor zehn Uhr morgens, als sie sich, noch im Flanellnachthemd, gerade mit rotem Pulver die Zähne putzte, ließ er sich bei ihr melden. Hastig zog sie *einen schwarzen Wattenrock* über und bat den berühmten Mann herein, war aber dann so verwirrt, daß sie kein vernünftiges Wort hervorbrachte. *Mein Negligée, mein Gefühl von Ungrazie brachte mich ganz darnieder,* schrieb sie ihrem Mann, unglücklich darüber, wie eilig es Goethe hatte, wieder davon zu kommen. Des Dichters Sympathie galt offensichtlich nicht Rahel Varnhagen, sonst hätte er die Begegnung nicht derart unhöflich arrangiert.

Erregt über den Verlauf des Besuchs, nahm Rahel sich *Dichtung und Wahrheit* zur Lektüre vor, geriet aber erneut in Zorn. *Gestern ... hab ich so über Goethe geheult, geschrien,* schrieb sie, *weil mir das Herz borst.* Sie hatte Goethes Bekenntnis gelesen, daß er trotz inniger Liebesgedichte Friederike Brion in Sesenheim treulos verließ. Aus eigener bitterer Erfahrung fühlte Rahel Mitleid mit der Betrogenen. *Wie mit verstarrendem Eis auf dem Herzen blieb ich sitzen! Einen kalten Todesschreck in den Gliedern,* schrieb sie an Varnhagen, *und laut schrie ich, ich mußte, das Herz wäre mir sonst tot geblieben. Und zum erstenmal war Goethe feindlich für mich.*

Unangemeldet schneite im Gefolge von Christian Schlosser ein weiterer Besucher herein. Es war der achtunddreißigjährige August Kestner, Sohn von Charlotte Buff, die als »Werthers Lotte« Berühmtheit erlangt hatte. Der junge Mann, als Jurist im diplomatischen Dienst tätig, wollte die Gelegenheit nutzen, den Jugendfreund seiner Mutter persönlich kennenzulernen. Über die Begegnung hat er ein konzentriertes Tagebuch geführt. *Der Bediente empfing uns an der Haustür. Wir baten, dem Herrn Geheimrat aufwarten zu dürfen. Durch eine dunkle Treppe wurden wir in seine Wohnstube geführt, die für eine Gartenwohnung sehr groß und lang war …* Kestner schildert die Begegnung eindringlich und lebendig. Das Resümee war allerdings, daß ihm der Verfasser des *Werther* als ein inzwischen alt gewordener Mann erschien. *Nach einem kurzen Gespräch verschiedenen Inhalts nötigte er uns darauf in den Garten. Beim Hinabsteigen in den Garten wurde die Ältlichkeit seiner körperlichen Bewegungen sichtbar. Das schien ihm unangenehm; denn er nötigte uns … die Treppe allein hinabzugehen, er werde folgen.*

Im Garten trafen sie Familie Willemer und ihre Freunde in großer Runde an. Kestner beobachtete Goethe inmitten der Gesellschaft kritisch und etwas von oben herab. Es mißfiel ihm, daß sich der Dichter *in einer beständigen Beweglichkeit und Unruhe* befand: Selbst wenn er sich an einen Baum lehnte, *wiegte er doch den Körper auf den Füßen.* Immerhin fand er Goethes Gestalt *eher groß als klein, und soviel der zugeknöpfte Oberrock davon sehen ließ, von angenehmen Verhältnissen.* Die Stirn erschien ihm *höchst bedeutend*, die Nase zum Oval des Gesichts passend, nur der geschwungene Mund gab ihm Rätsel auf. *Der Mund ist nicht ohne Milde, aber diese scheint mit einem Widerstrebenden zu streiten … Von solchen Lippen dringt das tief Empfundene hervor, solche Lippen schwellen den Lebensgenüssen entgegen.* So romanhaft schreibt der Sohn von Lotte Buff, der seinen *Werther* offenbar aufmerksam gelesen hatte. Er moniert, daß Goethe sich stets selbst zu beobachten schien und niemals ganz unbefangen war, wenn auch hin und wieder ein Lächeln *lebhaft und mit Schnelligkeit* über sein Gesicht huschte. Die großen schwarzen Augen, die fast jedem Gesprächspartner Goethes auffielen, beeindruckten auch Kestner. Es sind Augen, die seiner Meinung nach das Gegenüber scharf zu *durchschauen* vermögen. *Vielleicht sind sie jetzt auf dem Erdboden einzig in ihrer Art … Man würde sagen, es läge Stolz darin, wenn nicht ein Druck in seinen inneren Augenhöhlen andeutete, daß eine*

Last auf seiner Seele zu liegen scheint ...[8] Dennoch hatte dieser Blick etwas Beunruhigendes, denn *es liegt in den Augenhöhlen und auf der Stirn nicht die Heiterkeit eines Menschen, der mit der Welt im klaren ist.* Das sind scharfsinnige Überlegungen. Möglicherweise hatte der junge Beobachter den berühmten Mann tiefer durchschaut, als er ahnen konnte. Goethe war im hohen Maße *beunruhigt,* und es lag, wie der Besucher merkte, sehr wohl *eine Last auf seiner Seele.* Er liebte die Frau seines Freundes.

Fünf Tage später äußerte Goethe den Wunsch, aus der Mühle weg und in die Stadt zu ziehen.

VIII.
Das Ginkgoblatt

Fühl' es doch an meinen Liedern,
daß ich eins und doppelt bin.
Goethe, Gingo biloba

Freitag, 8. September: In die Stadt … Durch die Messe. Goethes sonderbarer Wunsch, mitten hinein in die Stadt Frankfurt zu ziehen, obgleich ihm sonst dort gewöhnlich alles zu laut, zu hektisch und zu eng war, löste begreiflicherweise auf der Mühle eine heftige Diskussion aus, bis ihm Willemer schließlich in seinem Haus Zum Roten Männchen eine paar passende Zimmer herrichten ließ.[1]

Über die wahren Hintergründe zu Goethes Übersiedlung kann man nur spekulieren. Der Dichter konnte seine Arbeit vorschützen, wie er es seinerzeit bei seiner Mutter getan hatte, oder den weiten Weg von der Mühle in die Stadt als Grund nennen. Boisserée, sonst sehr genau, schreibt dazu nichts, merkwürdigerweise aber auch nichts von einem Erstaunen oder Erschrecken bei Marianne. Sie war demnach einverstanden. Mehr noch: Sie war eingeweiht. Das legt die Vermutung nahe, daß zwischen ihr und Goethe Einvernehmen herrschte. Es mußte etwas vorgefallen sein, daß es ihnen geraten erscheinen ließ, zumindest für eine Weile größere Distanz zwischen sich zu legen. Goethe würde in der nächsten Zeit nicht mehr mit Willemer unter einem Dach wohnen. Freilich, ein echter Abstand war damit nicht gewonnen. Im Gegenteil, wenn man wollte, konnte man sich in der Stadt weit unbefangener sehen als auf der Mühle unter Willemers Augen. Überdies hatte die dreißigjährige Rosette Städel in der Sandgasse eine eigene Wohnung, die jederzeit als Treffpunkt dienen konnte.[2] Daß Goethe Rosette in ihrer Wohnung besucht hat und gemeinsam mit ihr zu seinem Zeichenlehrer Schütz ging, der auch Marianne Unterricht gegeben hatte, ist durch einen Brief belegt. Der Weg, den er in Meiningen zu gehen hatte, schreibt Goethe am 10. Oktober 1815, nachdem auf der Fahrt nach Weimar seine Kutsche umstürzte, sei *so lang als von der Mühle nach der Sandgasse*. Er kannte sich also aus.

In Frankfurt erledigte Goethe die nötigen Besuche und machte Einkäufe auf der Herbstmesse. Für Christiane erstand er Seide, für Marianne einen indischen Schal. Dabei kam es inmitten des Markttreibens zu einer nicht abgesprochenen Begegnung. Marianne hatte es nicht auf der Mühle ausgehalten, sie kam ebenfalls zur Messe und spürte den gesuchten Freund mitten im Menschengewühl dadurch auf, daß sie schon von weitem seine Stimme erkannte. Augenscheinlich war sie ohne ein echtes Anliegen über den Markt geschlendert, denn sie erwarb dort nichts als eine Nebensächlichkeit und Kinderei, einen künstlichen Orden. Er stellte eine sechszackige Sonne dar, die mit einem Halbmond verbunden, an ein türkisches Emblem erinnerte. Da Goethe unablässig vom Orient sprach, überreichte sie ihm wie zum Spaß diesen »Sonnenmondorden«, und Goethe, der solche Anspielungen liebte, nahm ihn lächelnd entgegen.

Das scherzhaft gemeinte Geschenk inspirierte ihn zu einem amourösen Gedicht. Aus dem harmlosen »Sonnenmondorden« für Kinder wurde ein Symbol liebender Vereinigung, aus dem Pappmaché-Spielzeug ein erotisches Bekenntnis.

Auch sey's ein Bild von unsrer Wonne!
Schon seh ich wieder mich und dich,
Du nennst mich, Liebchen, deine Sonne,
Komm, süßer Mond, umklammre mich!

22. September 1815

Zehn Jahre danach erinnerte ihn Marianne an jenen Augenblick, *als Sie an derselben Stelle, mit Willemer sich durch das Meßgedränge windend, plötzlich vor mir standen ...; ich brachte damals den Mondesorden mit nach Haus ... Wie glücklich war ich über den gelungenen Scherz, er schien Ihnen Freude zu machen; das war eine glückliche Zeit, gewiß meine glücklichste!* – Goethe antwortete: *Das war schön, sehr schön und gut. Auch schmückt der Sonnemond noch heute mein Schatzkästchen.* Heute befindet sich der »Sonnenmondorden« im Goethe-National-Museum in Weimar.

Der 12. September 1815 war ein Tag, der in der Zeit von Goethes Frankfurt-Aufenthalt als einziger weder bei ihm noch bei Boisserée in den Tagebuchnotizen auftaucht. Was geschah an diesem Tag? Im Jahr zuvor war Goethe am 12. September zum ersten Mal mit Marianne allein gewesen. Jetzt, ein Jahr danach, machte Goethe offenbar keine Besuche wie sonst, empfing nicht einmal Boisserée. Er schrieb ein Gedicht – das erste mit Sicherheit für Marianne verfaßte, ihr persönlich überreichte Liebesgedicht. Schon vor diesem Zeitpunkt aber muß der erste Kuß gewechselt, die erste Umarmung gewährt worden sein, sonst hätte er sich nicht zu einem so intimen Geständnis berechtigt gefühlt, nicht – im Gedicht – nach Wiederholung des schon Gewährten verlangt. In ihre Arme wünscht er sich.

Nicht Gelegenheit macht Diebe,
Sie ist selbst der größte Dieb,
Denn sie stahl den Rest der Liebe,
Die mir noch im Herzen blieb.

Dir hat sie ihn übergeben
Meines Wertes Vollgewinn,
Daß ich nun, verarmt, mein Leben
Nur von Dir gewärtig bin.

Doch ich sehe schon Erbarmen
Im Karfunkel Deines Blicks,
Und erfreu' in Deinen Armen
Mich erneuerten Geschicks.

12. September 1815

Bis zu diesem Tag hätte das Feuer, das unter der Oberfläche glühte, noch eingedämmt, die Beziehung noch in gemäßigte Bahnen gelenkt werden können. Goethe mußte wissen, daß der Funke, den er legte, zur Flamme würde. Bisher hatte er seine Gefühle mündlich, nicht aber schriftlich verraten. In dem Augenblick, in dem er Marianne das Blatt schickte, konnte nichts mehr rückgängig gemacht werden, und er nannte das, was nun kam, ein *Duodrama.*

13. September 1815: *Willemers in der Stadt. Schlosser, Boisserée. Mit letzterem Abrede des Reisens. Mittag bey Andreae. ... Mit M* [Marianne] *hin und wieder bis ans Sch. Thor.* [Schaumain-Tor] *Übergefahren. Am Divan geschrieben.* Soweit das Tagebuch Goethes. Marianne war inthronisiert. Sein Gedicht in Händen, sah sie sich berechtigt, ihm ihre Liebe auf gleiche Weise mitzuteilen. Sie wurde geliebt und war bereit, auch ihr Liebesverlangen zu offenbaren. Sie tat es mit erregenden Worten: *Gib Dich mir aus freier Wahl ...* Dabei verdoppelte sie den Einsatz. Marianne bot sich selber dar. *Meine Ruh, mein reiches Leben / Geb' ich freudig, nimm es hin.*

Hochbeglückt in Deiner Liebe
Schelt' ich nicht Gelegenheit;
Ward sie auch an Dir zum Diebe
Wie mich solch ein Raub erfreut!

Warum läßt du dich berauben?
Gib Dich mir aus freier Wahl;

Gar zu gerne möcht ich glauben:
Daß dein Herz ich selber stahl.

Was so willig Du gegeben,
Bringt Dir herrlichen Gewinn;
Meine Ruh, mein reiches Leben
Geb ich freudig, nimm es hin!

Scherze nicht! Nichts von Verarmen:
Macht uns nicht die Liebe reich?
Halt ich Dich in meinen Armen,
Welch ein Glück ist meinem gleich.

16. September 1815[3]

Eine Liebe wurde durch den Austausch von Gedichten besiegelt. Marianne griff Goethes Worte auf und paraphrasierte sie. Es entstand ein einzigartiger Wechselgesang zwischen ihm und ihr. *Einmal in meinem Leben war ich mir bewußt, etwas Hohes zu fühlen, etwas Liebliches und Inniges sagen zu können …*[4] Zeile für Zeile war die Erwiderung dieser Frau neu und kühn. Sie übernahm nicht nur den aktiven Part, sie sprach auch das Verbotene ungeschützt aus: *Halt ich Dich in meinen Armen …*

Die Überraschung muß außerordentlich gewesen sein. Ihre kongeniale Erwiderung war ein Glücksfall seltener Art. Es war noch nie vorgekommen, daß eine Freundin ihm gleichsam in seiner eigenen Sprache Antwort gab. Goethe muß entzückt gewesen sein von einer Begabung, von der er nichts geahnt hatte; in nicht weniger als sechs Gedichten des *West-östlichen Divan* hebt er die Tatsache hervor, daß Suleika eine Geliebte sei, die die Dichtkunst beherrsche und seine Worte *mit gleichem Wort und Klang* erwiderte.[5] Marianne verfügte nicht nur über eine poetische Wortmelodie wie er, über den angemessenen melodischen Rhythmus, sie brachte auch mit dem Eingangsvers *Hochbeglückt in Deiner Liebe* eine Wortschöpfung eigener Prägung hervor. Dabei bot sie ihm, der sich im Gedicht als *arm* bezeichnet hatte, ihr junges *reiches Leben* an. Goethes Echo war mehr als Dank, es klang darin aufrichtige Bewunderung.

Von euch Dichterinnen allen
Ist ihr eben keine gleich ...
10. Oktober 1815

Marianne war etwas gelungen, was es vor ihr nicht gegeben hatte, den gleichberechtigten Part im Wechsellied der Liebe. Das Dichten fiel ihr leicht – sie reimte ihr Glück.

Als Goethe seinen Lesern in Cottas *Morgenblatt* den *West-östlichen Divan* ankündigte, betonte er, daß hier *die Geliebte ... persönlich als Dichterinn auftritt und in froher Jugend mit dem Dichter, der sein Alter nicht verleugnet, an glühender Leidenschaft zu wetteifern scheint.*

Hast mir dieß Buch geweckt, du hast's gegeben:
Denn was ich froh, aus vollem Herzen, sprach,
Das klang zurück aus deinem holden Leben,
Wie Blick dem Blick, so Reim dem Reime nach.
3. Mai 1818

Hast mir dies Buch geweckt – der *West-östliche Divan* wurde Goethes umfangreichstes lyrisches Werk. Seit fünf Jahren war keine größere Dichtung mehr entstanden. *Dichtung und Wahrheit* blieb unvollendet liegen; die Arbeit am Roman *Wilhelm Meisters Wanderjahre* stockte seit 1812.

Hier nun dagegen
Dichtrische Perlen,
Die mir deiner Leidenschaft

Gewaltige Brandung
Warf an des Lebens
Verödeten Strand aus.
21. September 1815

Am 15. September 1815 notierte Boisserée: *Heiterer Abend.* Heiter und ausgeglichen war Marianne schon durch ihr Wesen. Das war der Grund, weshalb der ruhelose Clemens Brentano sie liebte, warum Bankier Willemer sie nicht mehr entbehren konnte. *Ihrer ganzen Erscheinung war ein Element von Grazie und Zierlichkeit beigemischt,* bemerkte Herman Grimm, und noch ihre Enkelin Emilie Kellner erklärte: … *wenn sie in ihrer Lebhaftigkeit mit den kleinen Händen … gestikulierte und ihr Auge voll Feuer und Schalkhaftigkeit blitzte, konnte man es wohl begreifen, daß sie einst, mit den Reizen der Jugend ausgestattet, die Menschen entzückte!* Zusätzlich verstand sie es, jedes gesellige Zusammensein durch ihr musikalisches und poetisches Talent zu bereichern. *Heiterer Abend. Goethe hatte der Wilmer ein Blatt des Gingo biloba als Sinnbild der Freundschaft geschickt aus der Stadt. Man weiß nicht ob es eins, das sich in 2 theilt, oder zwei die sich in eins verbinden. So war der Inhalt des Verses.*

Ohne zu bemerken, daß die Atmosphäre um ihn herum von Erotik knisterte, notiert Boisserée lediglich, daß man *in der schönen warmen Abendluft* auf dem Balkon gesessen habe.[6] Man kann es dem Sammler alter Gemälde nicht verdenken, daß er, der sich mit seiner ganzen Person für die Vollendung des Kölner Doms einsetzte, sich mehr für Goethes Ansichten zu Kunst und Religion als für andere Dinge interessierte. Beide Männer sprachen ausdauernd über die Gotik, über Pantheismus und Monotheismus und die Seelenwanderung. Goethe trug Boisserée sein im Vorjahr entstandenes Gedicht *Selige Sehnsucht.* vor:

Und so lang du das nicht hast,
Dieses: Stirb und werde!
Bist du nur ein trüber Gast
Auf der dunklen Erde.

31. Juli 1814

Kamen diese Themen, die Fragen nach Metamorphose, Verwandlung und Steigerung – Lieblingsgedanken des Dichters – auch zwischen ihm und Marianne zur Sprache? Durch den Bruch in ihrem Lebenslauf veranlaßt, hat Marianne sich ernsthaft damit auseinandergesetzt. Wir wissen es durch ihre Äußerung Goethe gegenüber, sie sei durch ihre fragwürdige Vergangenheit *demütig* geworden und habe aus Unsicherheit vieles falsch gemacht. Unsicher war sie später immer noch Adele Schopenhauer gegenüber, die sie besuchte. Es ist nicht unwahrscheinlich, daß Marianne schon damals mit Goethe darüber sprach und er seine Meinung vertrat, man dürfe sich selber nie unterschätzen, sondern müsse vom eigenen Wert überzeugt sein.[7] Jedenfalls verfaßte er eines seiner berühmtesten Gedichte zu diesem Thema am Tag des Zusammenseins mit Marianne und nahm es – nicht ohne Grund – ins *Buch Suleika* auf. Denn auch dieses große Thema zur menschlichen Persönlichkeit gestaltete der Dichter zu einem Liebesgedicht.

Suleika

Volk und Knecht und Überwinder
Sie gestehn zu jeder Zeit,
Höchstes Glück der Erdenkinder
Sey nur die Persönlichkeit.

Jedes Leben sei zu führen,
Wenn man sich nicht selbst vermißt;
Alles könne man verlieren,
Wenn man bliebe was man ist.

Ginkgo biloba:

Dieses Baums Blatt, der von Osten
Meinem Garten anvertraut,
Giebt geheimen Sinn zu kosten
Wie's den Wissenden erbaut.

Ist es Ein lebendig Wesen,
Das sich in sich selbst getrennt,
Sind es zwey die sich erlesen,
Daß man sie als Eines kennt.

Solche Frage zu erwiedern
Fand ich wohl den rechten Sinn,
Fühlst du nicht an meinen Liedern
Daß ich Eins und doppelt bin.

d. 15. S. 1815

13. Goethes Reinschrift des Ginkgo-biloba-Gedichts, mit Datum »d. 15. S. 1815«. (Mit zwei von ihm selbst aufgeklebten Ginkgo-Blättern.)

Hatem

Kann wohl sein! so wird gemeinet;
Doch ich bin auf andrer Spur,
Alles Erdenglück vereinet
Find' ich in Suleika nur.

Wie sie sich an mich verschwendet,
Bin ich mir ein wertes Ich;
Hätte sie sich weggewendet,
Augenblicks verlör ich mich.

26. September 1815

Hatem, heißt das, existiert nur durch und mit Suleika. *Ihre Zweiheit ist eine geheimnisvolle Einheit. Das Gedicht bringt ein seelisches Erlebnis zum poetischen Ausdruck.*[8] Verlöre er die Geliebte, so verlöre er auch sich selbst. Das ist viel gesagt angesichts der Mariannen-Liebe, die sich in ihrem Lebensfrühling ihm, *dem Spätherbst,* wie er ihr 1822 ehrlich schreibt, *so freundlich erwiesen hat.*[9]

Wenige Tage, nachdem Goethe Marianne das Ginkgoblatt aus der Stadt herübergeschickt hatte, siedelte er wieder in die Mühle über. Am Abend sprach man über die eigenartige Form des Blattes und den Gedanken von Polarität und Vereinigung, zu dem das botanische Naturwunder Goethe inspiriert hatte: *Daß ich eins und doppelt bin.* Goethe schickte das vollendete Gedicht Marianne erst unmittelbar nach seiner Abreise.

Gingo biloba

Dieses Baum's Blat, der, von Osten
Meinem Garten anvertraut,
Giebt geheimen Sinn zu kosten,
Wie's den Wissenden erbaut.

Ist es Ein lebendig Wesen?
Das sich in sich selbst getrennt,
Sind es Zwey? die sich erlesen,
Daß man sie als Eines kennt.

Solche Frage zu erwiedern
Fand ich wohl den rechten Sinn;
Fühlst du nicht an meinen Liedern
Daß ich Eins und doppelt bin?

15. September 1815[10]

Goethe genoß sein Glück in doppelter Hinsicht. *Jedes Wort ist ein Versprechen, / Jeder Blick ist ein Genuss,* schrieb er. Mariannes Zuneigung war ein Geschenk. Durch sie, die seinem Werben nicht nur mit einem zauberhaften Lächeln, sondern auch mit witzigen Geschenken und freundlichen Gedanken begegnete und als verstehende Partnerin sein Dichten beflügelte[11], geriet er in einen Schaffensrausch, einen *furor poeticus,* wie er es lange nicht erlebt hatte. Tag für Tag entstanden die schönsten Gedichte.

12. September 1815	*Nicht Gelegenheit macht Diebe*
15. September 1815	*Gingo Biloba*
17. September 1815	*Suleika. Als ich auf dem Euphrat schiffte*
17. September 1815	*Hatem. Dies zu deuten bin erbötig*
21. September 1815	*Die schön geschriebenen, herrlich umgüldeten*
21. September 1815	*Geheimschrift*
22. September 1815	*Die Sonne kommt! Ein Prachterscheinen!*
22. September 1815	*An des lust'gen Brunnens Rand*
22. September 1815	*Sag du hast wohl viel gedichtet*
22. September 1815	*Jedes Wort ist ein Versprechen*

22. September 1815	*Suleikas Lob* (Notizen)
24. September 1815	*An vollen Büschelzweigen / Geliebte, sieh nur hin!*
24. September 1815	*Wiederfinden*
24. September 1815	*Vollmondnacht*
25. September 1815	*Lieb' um Liebe, Stund' um Stunde*
26. September 1815	*Volk und Knecht und Überwinder*
26. September 1815	*Sie haben wegen der Trunkenheit*
30. September 1815	*Locken! Haltet mich gefangen*

Sag du hast wohl viel gedichtet? fragte Marianne. Auch daraus wurden Verse. Zu Grimm sagte sie später, dieses Gedicht wie das Gedicht *Geheimschrift* stamme von ihr.[12] An Knebel schrieb Goethe am 21. Oktober 1815, als er wieder in Weimar war: *Zugleich muß ich Dir mit Vergnügen melden, daß für den Divan sich neue reiche Quellen aufgetan, so daß er auf eine sehr brillante Weise erweitert worden.* Der reiche Zuwachs an Gedichten führte dazu, daß Goethe buchstäblich noch am Tag seiner Abreise eine neue Einteilung in »Bücher« vornahm. Das »Buch Suleika«, das die erotischen Zwiegespräche des Liebespaares *Hatem-Suleika* enthält, ist das wichtigste innerhalb der zwölf *Divan*-Bücher.

Ja du bist es! meiner Freuden!
Süßer, lieber Widerpart;
Eingedenk vergangner Leiden
Schaudr' ich vor der Gegenwart.

24. September 1815

Suleika: Poesiename, Geheim- und Liebesname. Verkleidung und Schleier. Auch wenn es in der Umhüllung von orientalischem Zubehör geschah – Goethe spricht von einem *Duodrama in persischer Gegend* –, so war es doch auch, unter poetischem Mantel, ein Austausch, ein Geben und Nehmen –

und für Marianne gelebtes Leben.[13] Hat sie den Namen akzeptiert? Hat sie ihn verwendet? Wir finden die Unterschrift *Suleika* unter einem Chiffrenbrief an Goethe, der so verfänglich war, daß sie ihn nicht mit ihrem eigenen Namen unterschreiben mochte. Doch auch an anderer Stelle, die er nicht erwarten konnte, hat sie sich mit ihrem Liebesnamen verewigt. Davon wird noch die Rede sein.

IX.
Chiffrenbriefe, verschlüsselt

... lesen Sie hie und da zwischen den Zeilen, was nicht auf dem Blatte steht, und glauben mich immer so geschäftig als liebend.
Goethe an Marianne, 1830

Goethe kehrte aus der Stadt in die Mühle zurück, nachdem er einen Brief des Herzogs Carl August von Sachsen-Weimar erhalten hatte, der ihn nach Heidelberg rief. An einem dieser Tage hat sich wohl ein Vorfall ereignet, der zum Gedicht wurde. Möglicherweise hatte Marianne ihren Ring verloren, als sie mit Goethe, wie wir aus seinem Tagebuch erfahren, am Ufer *hin und wieder* wanderte *bis zum Schaumainkai-Thor* – immerhin hat er ihr später einen neuen Ring mit ihren Initialen geschenkt. Vielleicht war auch eine ganz andere, lange zurückliegende Begebenheit oder ein Gespräch die Ursache, jedenfalls entstand während des Zusammenseins das Gedicht:

Als ich auf dem Euphrat schiffte,
Streifte sich der goldne Ring
Fingerab in Wasserklüfte,
Den ich jüngst von Dir empfing.
17. September 1815

Die *Suleika* des Gedichts fragt: *Sag Poete, sag Prophete! Was bedeutet dieser Traum?* Die Vermutung, daß das Gedicht auf Marianne zurückgehe, wird durch Grimm bestätigt, der wußte, daß statt des Wortes *Prophete*, das Marianne gern gebrauchte, zuerst der Name *Goethe* gestanden hatte.[1] Das Ereignis der im Gedicht erwähnten *Vermählung* erinnert an

Goethes Erzählung in *Dichtung und Wahrheit,* wonach sein Vater berichtete, daß der Doge von Venedig seinen Ring ins Wasser warf, um sich dem Meer zu vermählen. Goethe überträgt nun die Symbolik auf seine eigenen Situation. Der Dichter kehrt vom »Euphrat« an den Main, zu *Terrasse* und *Hain* der Gerbermühle und zu *Suleika* zurück. *Von Suleika zu Suleika / Ist mein Kommen und mein Gehn,* heißt es in einem anderen Gedicht. *Terrasse* und *Hain* sind auch an anderer Stelle Goethes Umschreibung für die Gerbermühle.[2] Das Euphrat-Gedicht entstand am Tag vor seiner Abreise. Es war nicht zu übersehen, daß Goethe daran lag, im Gedicht *Terrasse und Hain* mit *Ring, Kuß* und *Vermählung* zusammenzuführen. Die letzte Strophe muß für Marianne wie ein Versprechen geklungen haben.

Mich vermählst du deinem Flusse,
Der Terrasse, diesem Hain,
Hier soll bis zum letzten Kusse
Dir mein Geist gewidmet seyn.

17. September 1815

Boisserée notierte an eben diesem Tage, dem 17. September 1815: *Abends singt Marianne Willemer mit ganz besonderem Affekt und Rührung ›Der Gott und die Bajadere‹. Dann: ›Kennst du das Land usw.‹, auch ausdrucksvoller als ich es noch gehört.* Dazu hält er ihre Beobachtung zur Musik fest, die ihn beeindruckt hat. *Die kleine Frau bemerkt und Goethe bestätigt, daß die Zeit während der Musik unendlich langsam gehe,* schreibt er, *die größte Komposition drängt sich in kurze[n] Zeit-Raum zusammen – und [es] scheine einem, bei dem größten Interesse, eine lange Zeit verflossen.* Am Rand einer Tagebuchseite notiert er sich noch eine andere Äußerung von Marianne, die ihm offenbar gefiel. Obwohl sie Goethes Meinung kannte, sagte sie: *ich lobe mir die Katholiken, alles, was ich von Köln höre, paßt ganz auf Linz und Österreich, da ist ein unbedingtes Vertrauen auf die (unendliche) Barmherzigkeit Gottes.*[3]

Marianne war unruhig und aufgewühlt, schlief nicht, stand nachts am Fenster, horchte, sah zu Goethes Zimmer hinüber. Goethe wird die Veränderung wohl bemerkt haben. Man saß um den Eßtisch im großen Saal. Draußen regnete es. *Nach Tisch liest Goethe die ›Siebenschläfer‹, den ›Todten Tanz‹, das Sonett ›Am jüngsten Gericht, wenn die Posaunen schallen …‹* Der Dichter erzählte von einer Begegnung in Wiesbaden, einer schönen Müllerstochter, Anspielung wohl auch auf Marianne, die auf der Mühle *die schöne Müllerin* genannt wurde. Sie holte ihre neapolitanische Gitarre, sang: *Wann du zu meinem Schatzel kommst, Schlafe, was willst du mehr* und *Reich mir die Hand, mein Leben – Mein Herz verlangt nach dir* aus Mozarts Oper *Don Giovanni.* Sie trug diese Arie hinreißend vor, so daß Goethe sie als *einen kleinen Don Juan* bezeichnete. Selbst Boisserée blieb diesmal verräterischen Tönen gegenüber nicht taub: *und würklich war ihr Gesang so verführerisch gewesen, daß wir alle in lautes Lachen ausbrachen und sie den Kopf in den Noten versteckte und sich nicht erholen konnte … Dann wurde viel Spaß getrieben mit der Anspielung auf die Müllerin …*

Obwohl Boisserée wußte, daß Willemer ihn, den Junggesellen, gern mit seiner verwitweten Tochter Rosina verheiratet hätte, war es wieder nur Marianne, die ihn beschäftigt. Er schrieb: *die kleine Müllerin schmückte sich mit ihrem Turban und einem türkischen Schal, den Goethe ihr geschenkt hatte. Es wurde viel gelesen, auch viel Liebes-Gedichte an Suleika, Jussuf und Suleika … Willmer schlief ein, wird darum gefoppt. Wir bleiben desto länger zusammen, bis 1 Uhr. Mondschein-Nacht.*

Daß der Gastgeber einschlief, erschien sogar dem nüchternen Boisserée bemerkenswert. Willemers Gemütsruhe angesichts der Unruhe seiner Frau, sein Gleichmut – oder sollte man es Gleichgültigkeit nennen – wirkten befremdlich. Marianne hingegen brauchte in dieser rauschhaften Zeit ihrer *amour fou* keinen Schlaf. Sie sang noch einmal: *Der Gott und die Bajadere.* Sie wußte nicht, daß es Goethe unbehaglich zumute war, wenn sie ausgerechnet *die Bajadere* sang. Hinter ihrem Rücken hatte er nämlich geäußert, es sei *fast ihre eigene Geschichte* und *sie soll es nimmer singen.* Die Bemerkung läßt Rückschlüsse zu. Was sprach gegen dieses Lied, das Herder so haßte, daß er krank wurde, als es in Goethes Haus gesungen wurde.[4] Das Gedicht erzählt, wie ein indischer Gott in menschlicher Gestalt eine *Bajadere* aufsucht, eine Tempeltänzerin, die als Freudenmädchen die Dienste einer Prostituierten versah. Als der Fremde nach der Liebesnacht in ihren Armen stirbt, folgt ihm die *Bajadere* aus Liebe in den Flammentod. Ihr Sterben zugleich mit dem Geliebten ist der Triumph der Treue und ein Hymnus auf die unsterbliche Liebe.[5] Sah sich der lorbeerbekrönte Dichter als *Gott* und Marianne in der Rolle der Liebesdienerin? War es ihre Vergangenheit, der Beruf einer »Tänzerin«, der ihn fatal an die *Bajadere* und ihr Schicksal erinnerte? Empfand er den hingebungsvollen Gesang als eine Bloßstellung vor aller Ohren? Wollte er gar Marianne vor sich selber bewahren, vor einer übermäßig gewordenen, leidenschaftlichen Liebe? Durch Boisserée wissen wir, was in dieser Nacht noch geschah, als Goethe ihm spät einen Versuch mit farbigen Schatten zeigen wollte: *wir treten mit einem Wachslicht auf den Balkon – werden am Fenster von der kleinen Frau belauscht ...*

Willemer hingegen »schlief«. Der Hausherr schien nicht zu bemerken, wie die Luft vor Spannung vibrierte, nicht zu ahnen, wie Marianne sich durch Lautenspiel und Blicke mit Goethe verständigte – oder er stellte sich blind und wollte es nicht sehen. Alle Anwesenden bemerkten, wie Marianne bei ihrem eigenen Gesang erglühte und ihr heißes Gesicht in den

Händen zu verbergen suchte. Zweifellos gönnte es Willemer dem hohen Gast, von seiner Frau verwöhnt und umsorgt zu werden. Es war eine Ehre, durch Goethes Anwesenheit ausgezeichnet zu werden. Doch daß der Ehemann einschlief und zu Bett ging, fiel nicht nur Boisserée auf.

Für seine Frau bewies Willemer auch später trotz allem, was in seinem Hause geschah, ein großes Verständnis, dem eine fast väterliche Zärtlichkeit beigemischt war. Mit bemerkenswerter Selbstlosigkeit hat er Goethe gedrängt, schließlich gebettelt, er möge wiederkommen, *Mariane* zuliebe – Willemer wählte die Namensschreibung nach Goethes Roman. Es nage *ein geheimer Kummer* an *Mariane*, schrieb er im Juni 1819, sie sei krank, und er, Willemer, wünsche Goethe herbei. Willemers unübliches Verhalten hat dazu geführt, daß von einem »Dreiecksverhältnis« gesprochen wurde.

Goethes letzter Tag auf der Mühle war der 18. September 1815. Früh am Morgen unternahm er eine Wanderung. *Allein spazieren*, notiert er im Tagebuch, und dann: *Entdeckung*. Rätselhaftes Wort. Welche *Entdeckung* meinte Goethe, wer entdeckte wen? Mittags war er wieder mit Willemers zusammen, Mieg und Gerning waren ebenfalls dabei. Dann in den Tagebuchnotizen wieder ein Rätselwort. Es heißt: *Scheinfahrt*. Soll man vermuten, daß Goethe eine *Scheinfahrt* arrangierte, um lästige Besucher wie den aufdringlichen Störenfried Gerning loszuwerden? Was dachte Marianne bei diesen sich überstürzenden Ereignissen? War sie es, die die Sache organisiert hatte? Wie war ihr zumute, da sie den Gast an einem Tag zweimal abreisen sah? Die Rätsel werden durch Boisserées Notizen vom gleichen Tag nicht gelöst. *Frühstück im Bett*, schreibt er. *Partisane und Hellebarde kreuzweise in der offenen Tür des Nebenzimmers, wo die Frauen frühstükken. Fahrt mit beiden nach der Stadt – große Lustigkeit, wir sitzen sehr enge* ... Dann: *große Hetze, die kleine Frau dringt gewaltig auf die Abfahrt* ...

14. Die Gerbermühle. Lavierte Tuschzeichnung nach einer Sepiazeichnung von Anton Radl, 1815.

Schließlich reiste Goethe wirklich, und zwar zusammen mit Boisserée nachmittags um halb fünf in Richtung Darmstadt. Er mußte der Aufforderung seines Herzogs Folge leisten, nach Karlsruhe zu kommen. Marianne war beim Abschied zugegen. Was war vorgefallen, daß ausgerechnet sie *zur Abfahrt drängte*?

Es kann durchaus waghalsig genannt werden, was Marianne vollführte, um sich nicht zu verraten. Sie erfand Briefe ohne Worte: *Chiffrenbriefe.* Zweifellos war diese Form der Nachrichtenübermittlung ihre Idee – *weil sie die Kunst erfand*, wie es in Goethes Gedicht heißt. Da Willemer und die gute Rosette ständig in der Nähe waren, auch weil sie Goethe ihre Gefühle nicht unverblümt wissen lassen wollte, faßte sie den Entschluß zu einem Austausch besonderer Art. Sie nahm die Gedichte des Hafis, die Goethe ihr geschenkt und woraus er ihr oft vorgelesen hatte, und wählte daraus die Verse, die sich auf *ihren* Zustand, *ihre* Liebe, *ihre* Wünsche bezogen. Man kann das Datum nicht nennen, an dem sie zum ersten Mal auf den Gedanken kam; ihr Brief, inzwischen verschollen, enthielt keine Datierung, lediglich einige arabische Ziffern. Das genügte. Niemand außer dem Empfänger würde die Zahlen entschlüsseln können. Goethe suchte in seinem Exemplar Seitenzahl und Vers heraus und dechiffrierte die bezeichneten Stellen sofort. Mit welcher Freude und Überraschung es geschah, läßt sich daran ablesen, daß er seinem *Divan* eine eigene Anweisung für *Chiffrenbriefe* einfügte. Er erinnerte seine Leser *an eine zwar wohlbekannte, aber doch immer geheimnißvolle Weise, sich in Chiffern mitzuteilen. Wenn nämlich zwey Personen, die ein Buch verabreden* und *indem sie Seiten- und Zeilenzahl zu einem Briefe verbinden, gewiß sind, daß der Empfänger mit geringem Bemühen den Sinn zusammen finden werde.*[6] Marianne konnte sicher sein, daß Goethe den Sinn ihrer Chiffrenbriefe wohl *finden werde.* Sie kamen seiner Vorliebe für *Geheimnisse* entgegen. Sein Staunen klingt noch nach in einem Gedicht, das den bezeichnenden Titel *Geheimschrift* trägt.

Mir von der Herrinn süße
Die Chiffer ist zur Hand,
Woran ich schon genieße,
Weil sie die Kunst erfand.
Es ist die Liebesfülle
Im lieblichsten Revier,
Der holde treue Wille
Wie zwischen ihr und mir.

21. September 1815

Von *Liebesfülle* ist die Rede. Zu Herman Grimm sagte Marianne, wenn er das *schöne Gedicht* lese, sei es für ihn keine *Geheimschrift* mehr, *und ich habe dir wieder einiges aus der glücklichsten Zeit meines Lebens mitgeteilt.*[7] Chiffer bedeutet nicht nur »Ziffer« und »Zahl«, sondern auch »Zeichen«. Goethe liebte es, sich mit Marianne in Wortspielen, Zeichen, Rätseln, Metaphern zu verständigen. Er freute sich über die Auflösung und wünschte sich weitere *Talismane* und *Amulette.* Damit war einmal ein Kamm, einmal eine Haarlocke gemeint; sie mußte seine Wünsche erraten, wie auch sie ihn den *Kranz der Berenice* raten ließ. Beide entwickelten die Kunst, sich Worte wie Bälle zuzuwerfen – *Als wär's ein Ball, / Daß ich ihn fange.* Im Briefwechsel tauchen *Morgenröte* und *Vollmondnacht* auf, *Spiegel* und *Feuer, Rose* und *Wiedehopf.* Es entstand eine Geheimsprache, in der man Zuneigung und verborgene Erotik unentdeckt mitteilen konnte. *Doppelsinn* nannte Goethe die absichtlich gewählte Zweideutigkeit. Goethe, *der orientalische Wortschilderer,* entwickelte magische Zeichen und versteckte Hinweise, *Spiegelungen* und *Spiegelbilder.* Das Blatt des *Ginkgobaumes wurde* zu solch einem Symbol: *Daß ich Eins und doppelt bin* ... Selbst die harmlosen Kastanien, die auf den Boden fallen, weisen im Gedicht metaphorisch über sich hinaus und erhalten doppelten Sinn: *So fallen meine Lieder / Gehäuft in deinen Schoos.* Gedichte wurden zu *Perlen,* die die *Flut der Leidenschaft* an den Strand warf. Als Marianne später dem jungen Herman Grimm einige Briefe schenkte, betonte sie, daß in der Korrespondenz *das Geheimnis, ein wesentlicher Bestandteil, nicht fehlen durfte.*

Tagebuch von Boisserée am 19. September 1815: *Nachmittags fuhr ich mit Goethe durch den Wald nach Darmstadt, schöne Lichter spielen an den Baumstämmen und auf dem Rasen. Wir kamen von dem Gesang der Willemer auf Musik, auf Mozart zu sprechen ... Mittwoch den 21. fuhren wir nach Heidelberg. Unser Gespräch führte uns auf die Antike. Goethe wünschte sich in einem Statuensaal zu wohnen und zu schlafen, um unter den Göttergestalten zu erwachen ... Dann kamen wir auf den Faust, die Fortsetzung desselben ... Bestimmte Zahl der verschiedenen möglichen Liebes-Verwickelungen ...*

Obwohl Goethe den *Liebes-Verwickelungen* im eigenen Leben lieber ausgewichen wäre, schrieb er Marianne einen Chiffrenbrief. Ein Brief war es eigentlich nicht, vielmehr eine Visitenkarte mit Goldrand, auf der zwei Zahlenkolonnen standen. Im Jahre 1993 ist die verschollen geglaubte Visitenkarte wieder aufgetaucht. Der zu entziffernde Text begann mit einer Mahnung:

Leicht' ist die Lieb' im Anfang
Es folgen aber Schwierigkeiten.[8]

Goethe hatte Angst vor den möglichen Komplikationen, die dem verbotenen Glück auf dem Fuß folgen würden. Er war ein verheirateter Mann, Marianne die Frau seines Freundes.

Wie sollte das Versteckspiel weitergehen? Im noch erhaltenen Chiffrenbrief stehen glühende Liebeserklärungen. *Was nützet die Enthaltsamkeit / Dem, der dein Auge sah?* heißt es. *In der Geliebten Hand / werden die Steine zu Wachs.* Marianne las:

Wüßte der Verstand, wie selig
Herzen in den Locken ruhen,
O! es würden die Verständ'gen
Unsrer Bande wegen närrisch.

Auf der Karte stand in arabischer Schrift der ihr zugedachte Name: *Suleiha.* Es sollte *Suleika* heißen, Goethe verschrieb sich, Marianne wußte es nicht und ahmte, eifrig übend, seine Schriftzüge nach. Sie unterschrieb sich daraufhin ebenfalls als *Suleiha.*[9] Kaum abgereist, muß Goethe das Auffangen und Zurückgeben seiner Worte schon vermißt haben. Im Nachklang des Erlebten bescheinigt er der Freundin ihren besonderen Anteil am *Divan,* der sich nicht nur in Gedichten erschöpfte, sondern den ganzen Einsatz ihrer lebendigen Person meinte. Ein Dichter wie Peter Härtling empfindet es noch heute: *Wenn ich Goethe liebe, dann durch sie, Marianne von Willemer, durch ihre Gedichte, die noch immer warm sind von ihrem Atem.*[10] Zwei Tage nach der Trennung dichtete Goethe:

Wenn du Suleika
Mich überschwänglich beglückst,
Deine Leidenschaft mir zuwirfst
Als wär's ein Ball,
Daß ich ihn fange,
Dir zurückwerfe
Mein gewidmetes Ich;
Das ist ein Augenblick!

21. September 1815

Goethes Abreise hätte unter das verwirrende Abenteuer einen Schlußstrich setzen können. Zu seinem Begleiter sagte er, am liebsten würde er von Heidelberg aus weiter bis nach Italien ziehen.[11] So war es Goethe schon einmal ergangen, nach der unerwünschten Verlobung mit Lili Schönemann, deren Familie einen anderen Schwiegersohn vorzog. Auch damals wollte er nach Italien reisen.[12] Diesmal tat er das Gegenteil von dem, was »vernünftig« gewesen wäre. Er lud das Ehepaar Willemer nach Heidelberg ein.

X.
Heidelberg im Herbst

Und ein zweites Wort: Es werde!
Trennt uns nicht zum zweitenmal.
Goethe, West-östlicher Divan

Goethe saß noch beim Mittagessen, als Willemer eintrat. Nachdem er sich *von der ersten Überraschung* erholt hatte, schreibt Boisserée, *sprang Goethe plötzlich auf. ›Wir können doch nicht essen, während die Frauen im Gasthof warten.‹* Marianne und Rosette wurden herbeigeholt, erst dann *setzte Goethe sich wieder zu Tische.*[1] Marianne hatte die Trennung nicht länger ertragen und war noch vor der verabredeten Zeit mit Willemer und Rosette nach Heidelberg aufgebrochen, wo man im Gasthaus *Zum Hecht* Zimmer bestellt hatte. Am 23. September trafen sie ein.

Heidelberg im Herbst. Die Blätter golden, die Luft wie Seide, der Schloßpark verwildert und überwuchert – schönster Ort für die, die fünf Tage getrennt waren. Für Marianne wurde es *die glücklichste Zeit* ihres Lebens. Goethes Gedicht *Wiederfinden* ist Echo dieser Tage, ein Jubelruf des Glücks. *Ist es möglich, Stern der Sterne* – Gott und die gesamte Schöpfung werden bemüht, Koran und Bibel zitiert, das persönliche Glück ins Kosmische erhoben und die Weltordnung aus dem Chaos neu erschaffen.

Ist es möglich, Stern der Sterne,
Drück' ich wieder dich ans Herz!
Ach! was ist die Nacht der Ferne
Für ein Abgrund, für ein Schmerz.
Ja du bist es! meiner Freuden
Süßer, lieber Widerpart;

Eingedenk vergangner Leiden
Schaudr' ich vor der Gegenwart

Als die Welt im tiefsten Grunde
Lag an Gottes ew'ger Brust,
Ordnet' er die erste Stunde
Mit erhabner Schöpfungslust,
Und er sprach das Wort: Es werde!
Da erklang ein schmerzlich Ach!
Als das All, mit Machtgebärde,
In die Wirklichkeiten brach.

…

Stumm war alles, still und öde,
Einsam Gott zum erstenmal!
Da erschuf er Morgenröthe,
Die erbarmte sich der Qual;
Sie entwickelte dem Trüben
Ein erklingend Farbenspiel
Und nun konnte wieder lieben
Was erst auseinanderfiel.

…

So, mit morgenrothen Flügeln
Riß es mich an deinen Mund,
Und die Nacht mit tausend Siegeln
Kräftigt sternenhell den Bund.
Beide sind wir auf der Erde
Musterhaft in Freud und Qual
Und ein zweites Wort: Es werde!
Trennt uns nicht zum zweitenmal.

24. September 1815

Vom 23. bis 27. September 1815 blieb man beieinander. Ein wohliges Septemberwetter trug zur glücklichen Stimmung ebenso bei wie der alte Brunnen, die blätterbestreuten Wege, der Sand, in den man mit einem Ast Buchstaben malen und wieder verwischen konnte. Mariannes »Chiffrenbriefe« mögen Goethe inspiriert haben, noch vor ihrer Ankunft in Heidelberg ein Gedicht zu verfassen, worin eine »Chiffer« in den Sand geschrieben wird.

Suleika

An des lust'gen Brunnens Rand
Der in Wasserfäden spielt
Wußt ich nicht was fest mich hielt;
Doch da war von deiner Hand
Meine Chiffer leis' gezogen,
Nieder blickt' ich dir gewogen.

Hier am Ende des Canals
Der gereihten Hauptallee
Blick' ich wieder in die Höh,
Und da seh ich abermals
Meine Lettern fein gezogen.
Bleibe! bleibe mir gewogen.

Hatem

Möge Wasser springend, wallend
Die Cypressen dir gestehn:
Von Suleika zu Suleika
Ist mein Kommen und mein Gehn.

22. September 1815

Merkwürdig: Zwei Tage später hat er dieses Spiel der Poesie in Realität umgesetzt. Marianne schreibt nach Jahren: *Nur jene Lettern, fein gezogen an des lustgen Brunnens Rand,*

15. Das Heidelberger Schloß. Bleistiftzeichnung von Christian Xeller (1784-1872), um 1820.

hatte die Hand der Zeit verwischt; für ihre Unsterblichkeit ist gesorgt, möge der Wunsch, den sie aussprachen, mein kurzes Leben ausfüllen. Sie nahm das Gedicht also durchaus persönlich. Damals war sie so krank, daß sie nicht mehr lange zu leben glaubte. Später hat sie den Brunnen in einem großen Gedicht wieder erwähnt.

Dem kühlen Brunnen, wo die klare Quelle
Um grünbekränzte Marmorstufen rauscht,
Entquillt nicht leiser, rascher, Well auf Welle,
Als Blick um Blick, und Wort um Wort sich tauscht.

28. Juli 1824

Man machte Spaziergänge: *Erst über die Brücke dann zum Carlsthor. Den Neckar aufwärts,* notierte Goethe. Nichts entging seiner Aufmerksamkeit. Er betrachtete die Bäume, blieb stehen, setzte das Gespräch fort, schwieg. Sie kehrten zu den anderen zurück. Am nächsten Tag las er Marianne sein neues Gedicht vor.

An vollen Büschelzweigen,
Geliebte, sieh' nur hin!
Laß dir die Früchte zeigen
Umschalet stachlig grün.

Sie hängen längst geballet,
Still, unbekannt mit sich,
Ein Ast der schaukelnd wallet
Wiegt sie geduldiglich.

Doch immer reift von Innen
Und schwillt der braune Kern,
Er möchte Luft gewinnen
Und säh die Sonne gern.

Die Schale platzt und nieder
Macht er sich freudig los;
So fallen meine Lieder
Gehäuft in deinen Schoos.

24. September 1815

Die Freundin war nicht mit leeren Händen nach Heidelberg gekommen. Sie hatte ein Gedicht mitgebracht, in dem sie so genau auf erstaunliche Weise den Hatem-Suleika-Ton traf, daß Goethe ihr Lied vom Ostwind, ohne ihre Urheberschaft zu nennen, ja ohne sie davon zu unterrichten, in das *Buch Suleika* übernahm.[2]

Was bedeutet die Bewegung?
Bringt der Ostwind frohe Kunde?
Seiner Schwingen frische Regung
Kühlt des Herzens tiefe Wunde.

Kosend spielt er mit dem Staube,
Jagt ihn auf in leichten Wölkchen,
Treibt zur sichern Rebenlaube
Der Insecten frohes Völkchen.

Lindert sanft der Sonne Glühen,
Kühlt auch mir die heißen Wangen,
Küßt die Reben noch im Fliehen,
Die auf Feld und Hügel prangen.

Und mich soll sein leises Flüstern
Von dem Freunde lieblich grüßen,
Eh noch diese Hügel düstern
Sitz ich still zu seinen Füßen.

Und du magst nun weiter ziehen!
Diene Frohen und Betrübten.
Dort wo hohe Mauern glühen
Finde ich den Vielgeliebten.

Ach! die wahre Herzenskunde,
Liebeshauch, erfrischtes Leben
Wird mir nur aus seinem Munde,
Kann mir nur sein Athem geben.

23. September 1815[3]

Es begegnete Goethe zum ersten und einzigen Mal, daß eine Frau seinen leidenschaftlichen Versen mit eigenen Gedichten antwortete. Die Welt im poetischen Austausch zu erleben, war sonst keinem von beiden vergönnt. In der deutschen Literatur hatte es diese Form des Zwiegesprächs bis dahin nicht gegeben.

Abglanz, so hatte Goethe ein Gedicht genannt, das er am 27. Oktober 1815 niederschrieb. *Abglanz,* das hieß, daß er sich in ihren Gedichten spiegele – und umgekehrt. *Ein Spiegel er ist mir geworden / Ich sehe so gern hinein …* / Mit der Aussage: *Dann blick ich in meine Lieder / Gleich ist sie wieder da.* Auch darauf hat Marianne geantwortet.[4]

Am 24. September 1815 trieb Goethe laut Tagebuch mit Eberhard Gottlob Paulus, dem Heidelberger Professor für orientalische Sprachen und Mythologie, orientalische Studien und arabische Schreibübungen. Er scheint die Zeit aber nicht nur mit dem Gelehrten verbracht zu haben. Er traf sich auch mit Marianne. An diesem Tag entstand das Gedicht *Vollmondnacht.*[5]

Herrinn! sag was heißt das Flüstern?
Was bewegt dir leis' die Lippen?

Lispelst immer vor dich hin,
Lieblicher als Weines Nippen!
...
Ich will küssen! Küssen! sagt' ich.

24. September 1815

Vermutlich war es schon auf der Gerbermühle zum Austausch von Liebeserweisen gekommen. Der Kuß, Küssen und Umarmen spielen auch in anderen Versen eine Rolle. *Und erfreu' in deinen Armen / Mich erneuerten Geschicks*, hatte Goethe zwölf Tage vorher an Marianne persönlich geschrieben. Er hätte ihr die Verse nicht widmen, nicht vorlesen und gedruckt zusenden können, wenn es sich anders verhalten hätte. *Ja! mein Herz, es ist der Spiegel, / Freund! worin du dich erblickt, / Diese Brust, wo deine Siegel / Kuß auf Kuß hereingedrückt.* (Dezember 1815) Daß es erlebt war, bezeugt auch Mariannes Chiffrenbrief, in dem sie sagte: *Die Heilung meines Herzens / Sey deinen Lippen anheimgestellt.* Als sie später mit einer Enkelin den Heidelberger Schloßpark besuchte, hat sie ihr das lange gehütete Geheimnis offenbart. An Goethe denkend, mit dem sie hier glücklich war, ging sie in einen verlassenen Teil des Parks, um allein zu sein. Die Enkelin fand sie weinend, und da erzählte Marianne, daß in diesem Garten Goethe sie geküßt habe.[6]

Lieb' um Liebe, Stund' um Stunde,
Wort um Wort und Blick um Blick;
Kuß um Kuß, vom treusten Munde,
Hauch um Hauch und Glück um Glück ...

25. September 1815

Dem Ehemann Willemer sind die Gefühle seiner Frau kaum verborgen geblieben. Später, als er Goethe bat, der verzweifelten Marianne zu helfen, schrieb er ihm unmißverständlich:

Ich bin auf alles gefaßt, und weiß alles, und bin zu allem bereit, und spiele mit meinem Schmerz, ohne ihm zu erliegen: so etwas versteht sich übrigens in meinen Jahren von selbst. Da war Willemer achtundfünfzig Jahre alt. (24. Juni 1819)

24. September 1815, Goethes Tagebuch: *Auf dem Schlosse.* Mit wem, notiert er nicht. Das hatte Gründe. Er und Marianne waren vorausgegangen, hatten sich von den anderen entfernt. Vielleicht las Goethe ihr hier das Brunnen-Gedicht vor, schrieb den Namen *Suleika* in den Sand. Am 25. September stiegen sie noch einmal auf den Schloßberg. Im ersten Brief nach der Trennung spricht Goethe davon. Er habe *Brustweh, das sich fast in Herzweh verwandelt hätte, natürliche Folge der Heidelberger Zugluft und veränderlichen Schloßtemperatur* ... Marianne verstand die Andeutung. Das Auftauchen Dritter hatte sie getrennt. Goethes Tagebuch: *Der junge Russe. Der Schenke. Die Gesellschaft. Herab. Zu Creuzer und Daube. Mittag Familie und Gesellschaft* ... Erst wurden sie durch eine lärmende Schar von Studenten gestört, dann durch einen Trupp russischer Soldaten, schließlich kam die übrige Gesellschaft. Goethe erkannte einen *schönen Russen* wieder, den einarmigen Maler Gerhardt von Reutern aus Livland, den er 1814 in Weimar kennengelernt hatte.[7]

Noch in Heidelberg trafen Marianne und Goethe vor dem Abschied offenbar die Vereinbarung, beim aufgehenden Vollmond aneinander zu denken.[8] Indizien dafür haben sich gefunden, bei Marianne in einem Brief, bei Goethe in dem Gedicht *Dem aufgehenden Vollmonde*, das er ihr später aus Dornburg schickte.

Abend Music. Gespräch. Abschied. Die Trennung muß Goethe schwergefallen sein. Aus Weimar schickte er Marianne einen »Chiffrenbrief«, in dem er sie wissen ließ: *Die Einsamkeit ist schön, / Sobald die Freundinn meine Freundinn ist – Aus meinem Kopfe geht / Die Sehnsucht deines Aufenthaltes nicht, / Weil dort das irre Herz Des armen Fremdlings wie zu*

16. Seitenterrasse des Heidelberger Schlosses. Aquarellierte Federzeichnung von Johann Wolfgang Goethe, 1820.

Hause ist ...[9] Beim Abschied hatte er ihr nicht die volle Wahrheit gesagt, sondern sie in dem Glauben belassen, daß er nach beendeter Mission mit dem Herzog wieder nach Frankfurt kommen werde. Er erleichterte ihr die Trennung, um sie nur in eine desto größere Depression zu stürzen.

Goethes Tagebuch vom 27. September: *Abreise der Freunde. Divan. Blieb zu Hause ... Divan gelesen. Früh zu Bette.* Vermutlich hat Marianne an diesem Morgen Goethe ihr Gedicht vom *Westwind* überreicht. Er fand es so vorzüglich, daß er es unter die *Suleika-Lieder* im *Divan* einreihte; daß Marianne die Verfasserin war, wurde erst fünfzig Jahre später bekannt. Marianne war zwar etwas erstaunt über Goethes Retuschen, die sie als überflüssig empfand, doch auch stolz, als Dichterin anerkannt zu sein.[10] Trotzdem hat sie jahrzehntelang darüber geschwiegen. *Auch unter ihren allernächsten Vertrauten herrschte mustergültige Diskretion,* schreibt Katharina Mommsen. *Als Schubert und der mit Marianne befreundete Mendelssohn ihre Gedichte an den Ost- und den Westwind vertonten und berühmte Sängerinnen wie Anna Milder und Jenny Lind mit jenen Liedern ihre Triumphe feierten, gab Marianne sich nicht als Dichterin zu erkennen. Auch nachdem Mendelssohn ihre Verse ›Zarter Blumen leicht' Gewinde‹ in einem Band Goethescher Nachlaß-Gedichte gefunden und komponiert hatte, wahrte Marianne ihr Geheimnis.*[11] Darin unterschied Marianne sich deutlich von Bettina von Arnim, die mit ihrer Goethe-Freundschaft prahlte, einen Briefwechsel erfand und selbst jene Gedichte, die Marianne gehörten, auf sich bezog.

Das Gedicht vom *Westwind* zählt zu den am häufigsten vertonten Gedichten, durch Marianne wurde der *Divan* eigentlich erst populär. Daß auch Zelter sich Goethe gegenüber mit Begeisterung darüber äußerte, spricht für Mariannes Meisterschaft.

Ach! um deine feuchten Schwingen,
West, wie sehr ich dich beneide:
Denn du kannst ihm Kunde bringen
Was ich durch die Trennung leide.

Die Bewegung deiner Flügel
Weckt im Busen stilles Sehnen,
Blumen, Augen, Wald und Hügel
Stehn bei deinem Hauch in Thränen.

Doch dein mildes sanftes Wehen
Kühlt die wunden Augenlider;
Ach für Leid müßt' ich vergehen,
Hofft' ich nicht, wir sehn uns wieder.

Geh denn hin zu meinem Lieben,
Spreche sanft zu seinem Herzen;
Doch vermeid' ihn zu betrüben
Und verschweig ihm meine Schmerzen.

Sag ihm nur, doch sag's bescheiden:
Seine Liebe sei mein Leben,
Freudiges Gefühl von beiden
Wird mir seine Nähe geben.

26. September 1815

Mariannes Bekenntnis freilich, *Seine Liebe sei mein Leben*, diese Worte sind von erschreckender Absolutheit und erklären ihren seelischen und körperlichen Zusammenbruch, als Goethe nicht wiederkam.

XI.
Die Trennung

Wer des Feuers bedarf,
Such's unter der Asche.
Goethe an Boisserée, 1815

Willemers befanden sich noch auf der Heimfahrt, da schrieb Goethe ihnen schon. *Heidelb. d. 27. Sept. 1815.* Seine Sehnsucht muß groß gewesen sein. Mit Professor Creuzer, dem Mythenforscher, war Goethe noch einmal zu der Stelle gegangen, wo ein junger Ginkgobaum stand. Sie führten *ein langes und interessantes Gespräch,* wie Creuzer betont, über die Deutung des Blattes. *Goethe ging auf diese Erörterungen mit dem regsten Eifer ein, als sie gerade bei dem Ginkgo biloba still standen; er pflückte ein Blatt und sagte: also ungefähr wie dieses Blatt, eins und doppelt!*[1] Das Thema ließ Goethe nicht los. Ihm hatte es das seltsam halbrunde, in der Mitte gespaltene Blatt angetan, das ihm als sprechendes Zeichen erschien. Vollendung und Ergänzung durch Liebe und Poesie: *fühl' es doch an meinen Liedern, Daß ich Eins und doppelt bin.* Schon als er Marianne das erste Ginkgoblatt schenkte, das er im Garten des Frankfurter Apothekers Peter von Saltzwedel entdeckt hatte[2], nahm er es keineswegs, wie Boisserée meinte, nur als Sinnbild der Freundschaft – ihm war es ein Sinnbild der Liebe. Nun kam er auf das Ginkgoblatt zurück und schickte Marianne die Reinschrift des Gedichts, doch nicht etwa zur Gerbermühle, sondern an die Adresse von Rosina Städel in der Sandgasse.

Im Tagebuch notierte Goethe ein arabisches Wort, das man als »Schrei, Aufschrei« übersetzte, auch mit »leidenschaftliche Liebe« identifizierte, bis man zu dem Ergebnis kam, der Schriftzug bedeute Rosettes Anschrift.[3] Eine endgültige Klärung scheint bei dem undeutlich wiedergegebenen, unkorrekt geschriebenen Wort nicht möglich. Der Brief ging an Rosette, um nicht Willemer in die Hände zu fallen. Sie solle *alles getreulich ausrichten,* schrieb Goethe, auch das, *wovon ich nicht den tausendsten Theil auszusprechen im Stande bin.* Rosette brachte den Brief zu Marianne. Nur sie konnte ihn überhaupt verstehen. Fast jedes Wort darin war doppeldeutig wie das Ginkgoblatt.

Ist es Ein lebendig Wesen?
Das sich in sich selbst getrennt,
Sind es Zwey? die sich erlesen,
Daß man sie als eines kennt.

Unter das Gedicht hatte er mit schmalen Papierstreifen zwei echte Ginkgo-Blätter geheftet.[4] Nach dem Abschied sei ein *Brustweh* ausgebrochen, schrieb Goethe, er habe sich zu einem Arzt begeben und hoffe, es werde sich noch *in lauter Heil und Glück* verwandeln. *Immer in Ihrer Nähe,* schloß er. Noch glaubten beide, sich bald wiederzusehen, und in diesem Sinne informierte er auch am 1. Oktober 1815 seinen Weimarer Ministerkollegen Christian Gottlob von Voigt: er werde *auf höchsten Befehl … in Frankfurt mit unserm teuren Fürsten wieder zusammentreffen. Es ist wundersam genug,* fuhr Goethe fort, *daß ich vor vierzig Jahren, gerade in diesem Monat … von Heidelberg nach Weimar gerufen wurde. Welch ein Glück, … nach einem solchen Kreislauf dieselbe Bahn aufs neue zu betreten.* Vor vierzig Jahren war der Sechsundzwanzigjährige von Heidelberg abgereist und an den Hof von Weimar gegangen. Jetzt reiste er wieder von Heidelberg nach Weimar – aber mit welchen Gefühlen! Eine neue Epoche hielt ihn in Atem.

Es ist die Liebestrunkenheit,
Die mich erbärmlich plagt,
Von Tag zu Nacht, von Nacht zu Tag
In meinem Herzen zagt.

29. Dezember 1815

Nach Mariannes Abreise erörterte Goethe mit Boisserée in verblüffender Offenheit alles, was ihm am Herzen lag. Der junge Freund war ein aufmerksamer Zuhörer, und seine anteilnehmende Bewunderung tat wohl. *Wir sprechen nun von den verlebten Tagen … Von den Willemers. – Die Frauen gelobt,* notierte Boisserée. *Er bedauert, daß er* [Willemer] *mit seinem strebenden unruhigen Geist sich nicht auf ein bestimmtes Fach, auf eine Liebhaberei geworfen. Die Verhältnisse mit Frauen allein können doch das Leben nicht ausfüllen und führen zu gar zu vielen Verwickelungen, Qualen und Leiden, die uns aufreiben, oder zur vollkommenen Leere. Doch sehr zu rühmen und zu ehren die Macht des sittlichen Prinzips bei diesem Mann, diese allein hat ihn in der Höhe gehalten in der Verwirrung von Verhältnissen, worein er sich gestürzt. So ist die Rettung der kleinen, liebenswürdigen Frau ein großes sittliches Gut. – Seltsam heilsamer Einfluß des Hofmeister Mieg in diesem Haus. Wenn die Menschen bei so viel Verwirrung edel bleiben und gut, so müssen wir uns schon Herbigkeit und Schroffheit gefallen lassen. – Ein Wunder daß W. nach allem was er getrieben und erlebt, noch ein solcher Mann ist und solch ein Haus hat. – Mangel in der ersten Erziehung, Widerstreit mit der Welt – weil er ihn in sich hat.*

Willemer würde über Goethes Urteil erfreut gewesen sein! Was ihm im Grunde seines Lebens fehlte, waren Freundschaft und Anerkennung. Auch jetzt litt er unter Minderwertigkeitsgefühlen, die ihm die Tage verbitterten. Möglicherweise hatte die Anwesenheit des überragenden Freundes ihn geistig überfordert und ihm seine schriftstellerischen Defizite bewußt gemacht.

Marianne glaubte, daß Goethe bald wieder vor der Tür stehe. Sie legte ihm einen *Talisman* in den Antwortbrief – wir wissen nicht, ob eine Haarlocke oder ein Gedicht – und erwartete ihn täglich. Sie sandte auch einen Chiffrenbrief, so schön, so rührend, daß Goethe ihn in sein *Diwan*-Exemplar einklebte. Er liebte Orakelsprüche und versteckte Hinweise, liebte die chiffrierten Geständnisse.

Ich und mein Herz, du weißt, wir bleiben getrennt
vom Geliebten.
O wie lange noch raubt feindliches Loos mir mein
Glück! ...

O es kommt noch ein Tag wo der Freund mit
Wohlseyn zurückkehrt;
Froher seliger Tag! Kommt er mit Wohlseyn zurück!

Was kann der Ostwind von der Qual
Des armen Herzens sagen?

Die Stadt verließ seit einer Woche
Mein Mond, mir scheints ein Jahr;

Du kennest nicht der Trennung Leiden,
Wie schwer sie sind ...

Die Heilung meines Herzens
Sey deinen Lippen anheimgestellt.

Als Antwort notierte Goethe sich unmittelbar mit Bleistift einen Hafis-Vers:

Mein wundes Herz hat Recht auf Salz
Von deinen Lippen, Bewahr' das Recht,
Ich gehe fort, Sey Gott befohlen …

Daß er Marianne diesen Vers nicht schickte, hatte Gründe. Goethe befand sich in einem nahezu unlösbaren Konflikt. Einerseits lockte die junge Frau, andererseits stand sein Pflichtbewußtsein einem nochmaligen Wiedersehn entgegen. Christiane vermißte ihn, ein gewaltiges Arbeitspensum wartete in Weimar auf ihn – die Entscheidung fiel schwer. Niemand auf der Welt konnte ihm raten, schon gar nicht sein ahnungsloser und frommer Begleiter Sulpiz Boisserée, der nichts von dem verstand, was Goethe murmelte. Die Situation wurde noch dadurch erschwert, daß ein Treffen mit Carl August bevorstand. Mit ihm reiste seine Mätresse, die Schauspielerin Caroline Jagemann, zur Frau von Heygendorf geadelt. Goethe ging dieser selbstherrlichen Person, die als Heroine auf Weimars Bühne agierte, lieber aus dem Wege. Er mochte sie nicht und benutzte sie nun als Vorwand, das Treffen in Frankfurt zu meiden. Er fürchte sich vor der Heygendorf, sagte er zu Boisserée. Das war vermutlich eine Notlüge. Die Schauspielerin hätte ihn kaum von einer Fahrt nach Frankfurt abhalten können, wenn er gewollt hätte.

Von *Entsagung* war die Rede. Man müsse sie ertragen lernen, sagte Goethe, der den Begriff *Entsagung* in seinem zuletzt erschienenen Roman *Die Wahlverwandtschaften* zum Thema erhoben hatte. Entsagung statt persönlichen Lebensglücks. Entsagung statt Betrug am Freund. Entsagung statt Ehebruch.

Goethes Gereiztheit, sein Zögern und Schwanken waren unbegreiflich für Boisserée, der am 5. Oktober zwischen Heidelberg und Karlsruhe sichtlich irritiert niederschrieb: *Unterwegs kamen wir dann auf die ›Wahlverwandtschaften‹ zu sprechen – Er legte Gewicht darauf, wie rasch und unaufhalt-*

sam er die Katastrophe herbeigeführt – die Sterne waren aufgegangen – er sprach von seinem Verhältnis zur Ottilie ... Wurde zuletzt fast rätselhaft ahndungsvoll in seinen Reden. »Katastrophe« war das Stichwort.

Noch lebte man auf der Gerbermühle in der Erwartung, Goethes Kutsche vorfahren zu sehen – da kam die Mitteilung, daß sich sein Reiseplan geändert habe. Die Route gehe nicht über Frankfurt. *Denken Sie, daß, bis gestern ich hoffen konnte, Sie jeden Tag zu sehen, und nun nimmt michs beim Schopf und führt mich, über Würzburg, nach Hause.* Das wirkte noch relativ gefaßt. Doch schon sein zweiter Brief vom gleichen Tag, diesmal an Willemer gerichtet, bewies die innere Zerrissenheit. Ausdrücklich bedankte sich Goethe für Willemers *Nachsicht. Daß ich, theurer Freund, immer um Sie und Ihre glücklichen Umgebungen beschäftigt bin ... und mir alles Gute, Liebe, Vergnügliche, Nachsichtige wiederholt wiederhole, werden Sie an Sich fühlen ... Hundert Einbildungen hab ich gehabt: wann? wie? und wo? ich Sie zum erstenmal wiedersehen würde ... Nun kommts aber! und ich eile über Würzburg nach Hause ...* Dazu fügte Goethe ein Wort an, das seinen Entschluß schlagartig begründete. Er befinde sich in einer Lage, *in der sich ein Zwiespalt nicht verläugnet*, schreibt er wörtlich. Zwiespalt. Willemer würde verstehen. Nicht *Nothwendigkeit* trieb ihn zur Flucht, sondern der Gewissenskonflikt.

Boisserée, der täglich um ihn ist, dokumentiert Goethes wachsende Ratlosigkeit und hält in stakkatohaften Notizen seinen unerklärlichen Zustand fest, in welchem plötzlich sogar die Anzeichen von Angst und Todesahnung auftauchen. 6. Oktober 1815: *Dunkel Wetter. Morgens: Goethe will plötzlich fort, sagt mir, ›ich mache mein Testament‹; wir bereden ihn mit großer Mühe noch einen Tag auszuruhen und übermorgen zu reisen ... Er fürchtet den Herzog. Er ist sehr angegriffen, hat nicht gut geschlafen. Muß flüchten ... Er befindet sich übel.*

Muß flüchten ist ein hartes Wort. Doch es traf zu. Goethe sprach es aus. Boisserée weiß nicht, daß Goethe immer »flüchten« mußte, wenn er vor einer schweren Entscheidung stand. Er floh vor Friederike Brion aus Sesenheim, um sich nicht zu binden, er floh vor Lotte Buff, »Werthers Lotte«, floh vor der verheirateten Charlotte von Stein nach Italien. »Flucht« hieß auch das bittere Wort, als er gequält die Verlobung mit Lili Schönemann löste und nach Weimar ging.[5] Das war vor vierzig Jahren. Daran erinnerte er sich jetzt. *Dann wachen bei Goethe alte Erinnerungen wieder auf –*, notiert Boisserée am 5. Oktober. Goethe sprach lebhaft von Lili Schönemann. Der Weg bei der Gerbermühle habe damals zu Lili geführt. Er führte jetzt zu Marianne. Wenn er dem Wunsch des Herzogs folgte, käme er diesmal wieder nach Frankfurt, sagte Goethe. Daß er es aber umgehen wollte, beweist schon sein Brief an Christiane, Tage zuvor geschrieben: *Nach Frfurt möcht ich nicht wieder. Es ist schwer sich von soviel Verwandten, Bekannten und Freunden loszumachen …*

Wieder einmal stand Goethe vor einer Entscheidung, wieder floh er. Im Absagebrief an Rosette und Marianne begründete er sein Fernbleiben mit *unausweichlicher Nothwendigkeit.* Beim Herzog nannte er es seinen *Dämon.* Dieses Wort gebrauchte er auch, als Christianes tödliche Krankheit ausbrach. Der »Dämon« ist das Schicksal, dem er gehorcht. Der Zwiespalt war jedoch so furchtbar, daß er erkrankte. Boisserée notiert weiter: 7. Oktober: *Regen-Wetter. Morgens ganz früh Goethe unruhig – fürchtet eine Krankheit will schon zu Mittag fort … Ich biete mich zur Begleitung an … trauriger schwerer Abschied … Abends in Neckar-Elz. Kaltes Zimmer. Er ist munter, vergißt die Kälte, indem er mir von seinen orientalischen Liebes-Gedichten vorliest.* Er las den noch in Heidelberg entstandenen Dialog zwischen *Hatem und Suleika.* Sie, verführerisch, jung und schön, liebt Hatem, den

Dichter, der zwar alt ist, aber ihrer Leidenschaft erst geistigen Wert verleiht.[6] Der Dichter spricht:

Du beschämst wie Morgenröte
Jener Gipfel ernste Wand,
Und noch einmal fühlet Hatem
Frühlingshauch und Sommerbrand ...

30. September 1815

Schon in anderen Gedichten konnten Goethes Leser die Identität des Autors erahnen. Wenn er aber hier auf *Morgenröte* nicht *Goethe,* sondern *Hatem* »reimte«, lag das Geheimnis für jeden sichtbar da. Daß Goethe unter *Hatem* seinen eigenen Namen versteckte, haben auch die zeitgenössischen Leser erkannt. Man wußte nun, wer *Hatem* in Wirklichkeit war. Doch wer Suleika war, wußte man nicht. Daß es Marianne von Willemer war, die selbst einige der schönsten Gedichte des *Buches Suleika* gedichtet hatte, erfuhr man erst fünfzig Jahre später. Das Gedicht endet mit der Antwort *Suleikas:*

Nimmer will ich dich verlieren!
Liebe gibt der Liebe Kraft.
Magst du meine Jugend zieren
Mit gewaltiger Leidenschaft.

Ach! Wie schmeichelt's meinem Triebe,
Wenn man meinen Dichter preist:
Denn das Leben ist die Liebe,
Und des Lebens Leben Geist.

30. September 1815[7]

Als der *West-östliche Divan* 1819 erschien, konnte man zum *Buch Suleika* folgendes lesen: *Über das Betragen des westlichen Dichters aber in diesem Buche dürfen wir einige Be-*

trachtungen anstellen ...: ihm entwich die Jugend; sein Alter, seine grauen Haare schmückt er mit der Liebe Suleikas, nicht geckenhaft zudringlich, nein! ihrer Gegenliebe gewiß. Sie, die Geistreiche, weiß den Geist zu schätzen, der die Jugend früh zeitigt und das Alter verjüngt. Anstatt das Verhältnis zu verbergen, weist der Autor damit noch offenkundiger auf den biographischen Hintergrund hin.

Er reise *unter tausend Rückerinnerungen,* schrieb Goethe am 10. Oktober 1815 an Marianne, und er habe – dem ihr bekannten orientalischen Sprichwort zufolge – *zierliche Kuchen* in den Main geworfen. *Möchten sie zur rechten Stunde, zwischen dem Rohr, zunächst der bekannten lieben Terrasse, glücklich landen!* Jedes Wort scheint erotisch aufgeladen. Beide wußten, wie man *zwischen dem Rohr, zunächst der bekannten lieben Terrasse* glücklich war. Er fühle erst jetzt die Trennung, wiederholt Goethe, *denn bisher war es noch immer eine Fortsetzung des glücklichsten Zustands.* Dazu ein Zettel mit Zahlen. Goethes Chiffrenbrief! Noch heute existiert das Blatt, auf dem sich Marianne seine Verse notierte.

Der Nachen der Geduld fiel auf dem Meer der Leiden
In einen Wirbel mit dem Segeltuch der Trennung.
Noch wenig fehlt, so wird des Lebens Schiff versinken,
In Sehnsuchtsflutenschwall im weiten Meer der Trennung ...

Nach fünfmonatiger Abwesenheit traf Goethe am 11. Oktober 1815 wieder in Weimar ein. Die letzte Strecke ohne Boisserées Begleitung war nicht angenehm verlaufen. In der Nähe des thüringischen Meiningen stürzte die Kutsche um – schlechtes Omen für jemanden, der abergläubisch ist. Auch über *Aber-Glauben* hatte Boisserée unterwegs mit Goethe gesprochen, *wie man sich bei aller Anerkennung des Geheimnisvollen im Leben davor zu hüten.* Goethe stimmte dem jungen Mann zu – ohne sich allerdings in Zukunft daran zu halten.[8]

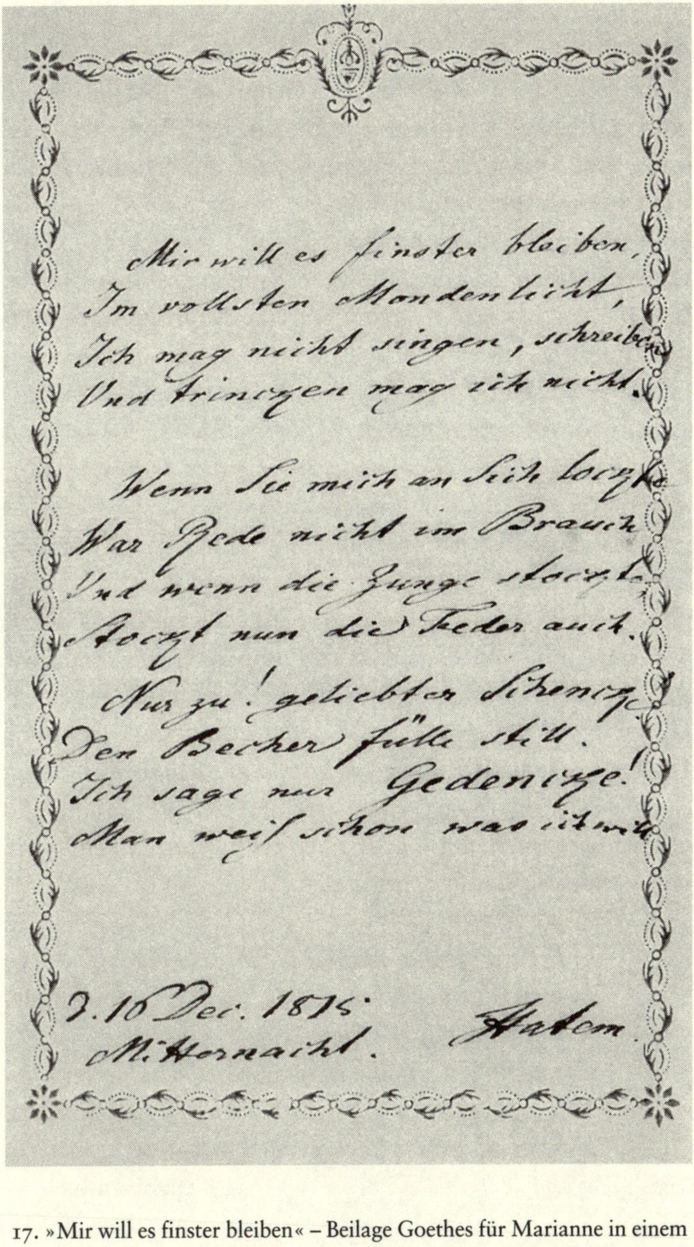

Mir will es finster bleiben,
Im vollsten Mondenlicht,
Ich mag nicht singen, schreiben,
Und trincken mag ich nicht.

Wenn Sie mich an sich lockte
War Rede nicht im Brauch
Und wenn die Zunge stockte
Stockt nun die Feder auch.

Nur zu! geliebter Schenke
Den Becher fülle still.
Ich sage nur Gedencke!
Man weiß schon was ich will.

d. 16 Dec. 1815.
Mitternacht.
Hatem.

17. »Mir will es finster bleiben« – Beilage Goethes für Marianne in einem Brief vom 21. Dezember 1815 an Rosina (Rosette) Willemer-Städel.

Christiane erwartete ihn schon lange. Ursprünglich hatte der Geheimrat von einer Rückkehr Anfang August gesprochen. Sie hatte ihren fünfzigsten Geburtstag mit ihm feiern wollen. Er aber war nicht gekommen, hatte auch nicht geschrieben. Seinen Aufenthalt mußte sie peinlicherweise den Zeitungen entnehmen.[9] Erst nach Mariannes Abreise aus Heidelberg schrieb er Christiane das, was man einer kranken Ehefrau zumuten konnte. Ihm sei es *durchaus wohlgegangen.* Er habe *viel gesehn und erfahren. Die Bergstraße war über alle Begriffe schön und herrlich. Die Freunde wurden besucht, das Schloß bestiegen.* So schreibt jemand, der nichts sagen will. *Am 22ten kamen Willemers und Fr. Stedel. Voll Wohlwollen und Theilnahme … Die guten Frauen grüßen dich schönstens, auch Willemer den August …*

Christiane kränkelte trotz ihrer Kuraufenthalte, während Goethe sichtbar verjüngt zurückkehrte. Boisserée hatte ihn als *so herzlich und jugendlich wie möglich* erlebt. Heinrich Meyer empfing ihn *so munter, froh und wohl*, wie er ihn *seit zehn und mehr Jahren* nicht gesehen habe. Goethes Tagebuch läßt über das Wiedersehen mit seiner Frau nichts verlauten. Da heißt es lediglich: *Ausgepackt und in Ordnung gebracht. Abends Riemer, Meyer.* Goethes wahrer Zustand läßt sich ablesen an seinen erst im Nachlaß gefundenen, erschütternden Versen, die damals entstanden.

Laßt mich weinen! umschraenkt von Nacht,
In unendlicher Wüste …
Ich … berechne die Meilen
Die mich von Suleika trennen, wiederhole
Die wegeverlängernden Aergerlichen Krümmungen.
Laßt mich weinen! das ist keine Schande.

Oktober 1815

Ein Chiffrenbrief von Marianne traf ein mit nicht weniger als zwölf durch Zahlen bezeichneten Zitaten. Die Verschlüsselung schien so nötig wie zuvor. Hatte schon Willemer nichts bemerken sollen, so sollte auch Christiane nichts von der Beziehung erfahren. Nach Goethes Absage hatte Marianne noch einen fast heiteren Brief an Boisserée geschrieben und nur bedauert, daß Goethe gerade den 18. Oktober, den Tag des Sieges über Napoleon, nicht mit ihnen feiern könne. Es war *ihr* Tag. *Vom Anfang der Welten,* nannte sie ihn, als habe ihre Zeitrechnung mit diesem Tag begonnen. Erst allmählich begriff sie die Absage in ihrem vollen Umfang. Stille und Leere. Die Stimme versagte, sie konnte nicht mehr singen, schrieb eilig nach Weimar, datierte ihren Chiffrenbrief zurück auf den 18. Oktober 1815.

Traurig ist mein Herz über die Welt und
was darinn ist,
Denn in meinem Sinn wohnet mein Freund,
und sonsten Keiner,

Ich habe keine Kraft als die,
Im Stillen zu lieben,
Wenn ich ihn nicht umarmen kann,
Was wird wohl aus mir werden?

Dir mein Herz zu eröffnen verlangt mich,
Und von deinem zu hören verlangt mich.

Immer dachte ich dein, und immer
Blutete tief das Herz

Marianne hatte Verse von so bewegender Schönheit gewählt, daß Goethe nicht anders konnte, als sie sich zu eigen zu machen, indem er sie umformte. *Dir zu eröffnen / Mein Herz verlangt mich / Hört ich von deinem! ... Ich dencke seiner / Mir blutets Herz.*

Gedichte als Liebesersatz. Er habe an sie gedacht an diesem 18. Oktober, versicherte er ihr, *zumal es gerade Vollmond war, vor dessen Angesicht Liebende sich jedesmal in unverbrüchlicher Neigung gestärckt fühlen sollen.*[10]

Wie bisher, war auch jetzt der persische *Diwan* Goethes bevorzugte Lektüre. Wie sehr ihm daran gelegen war, seine Freunde für die orientalischen Funde zu interessieren, zeigt ein vier Seiten langer Brief an den Historiker Georg Sartorius, dem er über seine arabischen Studien berichtete.[11] Dem Komponisten Zelter in Berlin beschrieb er stolz das Anwachsen seines *Divan,* manches »Singbare« sei darunter. Unter der Hand kommt er auch auf Marianne zu sprechen, obwohl Zelter sie nicht kannte. *Einzelne liebenswürdige Stimmen zu Klavier und Gitarre sind mir sehr anmutig entgegen gekommen. ›Gott und die Bajadere‹ hört ich vortragen, so schön und innig als nur denkbar ...* Dann wandte er sich an Willemer, erkundigte sich vorsichtig nach Marianne. *Auch würde es sehr freundlich sein, wenn die Liebe Kleine dem Gesang und der Zither ein Viertelstündchen entwendete und von Zeit zu Zeit etwas von sich sehen ließe.* Er wünschte sich einen Brief von ihr.

Der Verzicht auf Marianne muß für Goethe eine Erschütterung ohnegleichen bedeutet haben. Das besagt das Gedicht *Nachklang*, das einen Monat nach der Heimkehr, im November 1815 in Weimar entstand.

Es klingt so prächtig, wenn der Dichter
Der Sonne bald, dem Kaiser sich vergleicht;
Doch er verbirgt die traurigen Gesichter,
Wenn er in düstren Nächten schleicht.

Marianne von Willemer.
Elfenbein-Miniatur in samtgefüttertem roten Lederkästchen.
Vermutlich von Joseph Nicholas Peroux.

Johann Jacob Willemer.
Miniatur auf Papier von Joseph Nicholas Peroux, 1793.

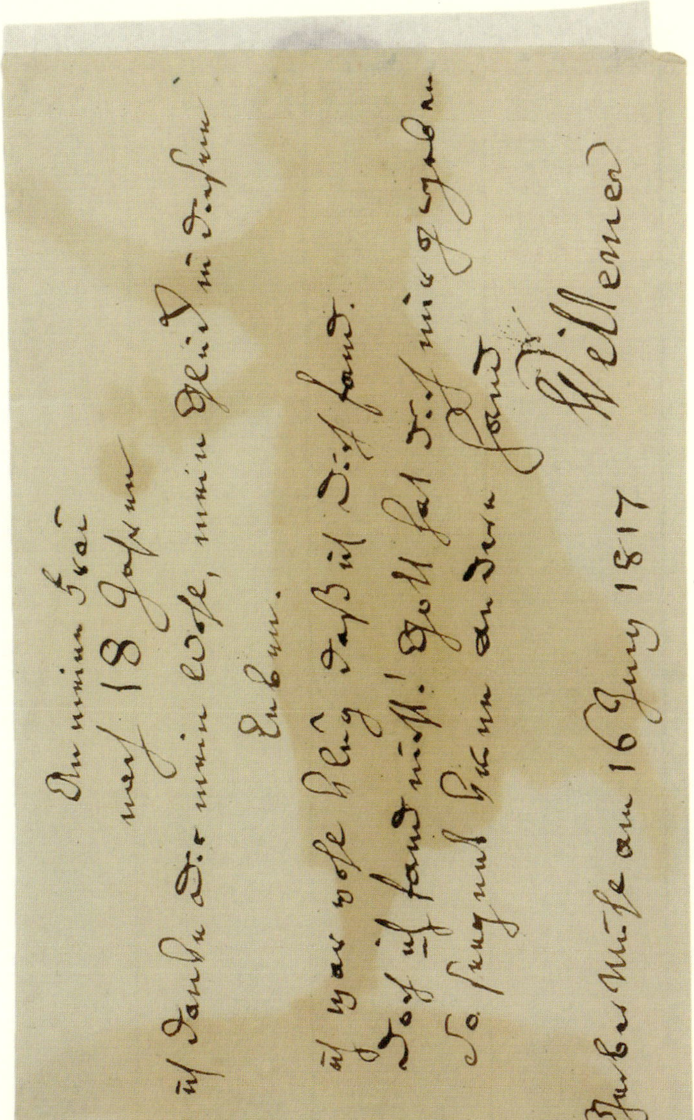

Mit diesen von Matthias Claudius geborgten Versen dankt Willemer seiner Frau am 18. Jahrestag ihres Eintritts in sein Haus dafür, daß sie ihm ihr Leben gewidmet hat. Man erkennt auf dem Blatt durchscheinend die hübsche Silhouette Mariannes als Tänzerin (vgl. Abb. 8)

Goethe, Boisserée und Suleika auf der Gerbermühle.
Bleistiftzeichnung von Sulpiz Boisserée, 1817.

Zwei Quodlibets mit Erinnerungen an Mariannes Italienreise, ihre österreichische Heimat, das Leben in Frankfurt und Goethes Aufenthalt auf der Gerbermühle. Von Boisserée gefertigt für Mariannes Stammbuch.

Das Stadthaus der Willemers: »Zum Roten Männchen«. Aquarellierte Zeichnung. Ein Abschiedsgeschenk des Schweizers Emanuel Paesch. Er steht auf dem zugefrorenen Main, während Marianne oben im Dachgeschoß des »Roten Männchens« aus ihrem Zimmer winkt. In seinem Abschiedsbrief auf der Rückseite des Bildes versichert Paesch, daß er Marianne von Herzen liebe und hoffe, nicht vergessen zu werden.

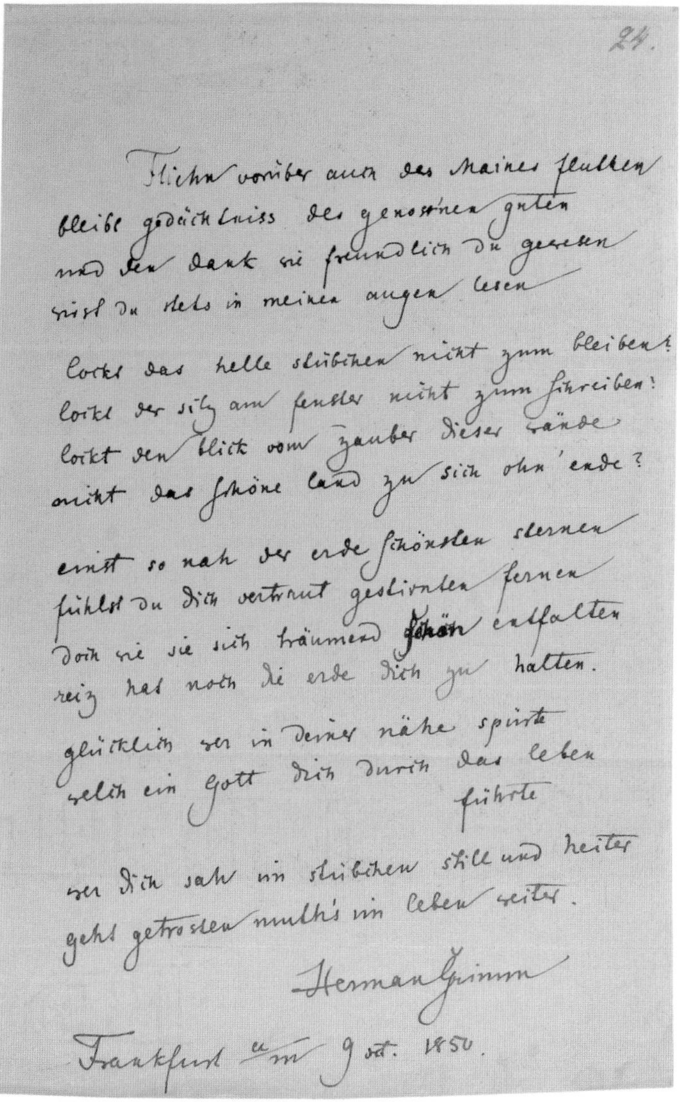

24.

Fliehn vorüber auch des Maines fluthen
bleibt gedächtniss des genossnen guten
und den dank wie freundlich du gewesen
wirst du stets in meinen augen lesen

lockt das helle stübchen nicht zum bleiben?
lockt der sitz am fenster nicht zum schreiben?
lockt den blick vom zauber dieser wände
nicht das schöne land zu sich ohn' ende?

einst so nah der erde schönsten sternen
fühlst du dich vertraut gestirnten fernen
doch wie sie sich träumend schön entfalten
reiz hat noch die erde dich zu halten.

glücklich wer in deiner nähe spürte
welch ein gott dich durch das leben
führte

wer dich sah im stübchen still und heiter
geht getrosten muth's im leben weiter.

Herman Grimm

Frankfurt a/m 9 oct. 1850.

Gedicht des damaligen Studenten und späteren Professors Herman Grimm, entstanden 1850, in dem er die Lebensumstände Mariannes in ihrer Wohnung in der Alten Mainzer Gasse schildert.

Zwei Gouachen mit Ausbrüchen des Vesuvs, 1808 und 1810, die Marianne im Winter 1810/11 als Andenken an ihre Italienreise erwarb und lebenslang in ihrem Stammbuch bewahrte.

Alle Abbildungen befinden sich im Besitz von Kurt Andreae.

Von Wolken streifenhaft befangen
Versank zu Nacht des Himmels reinstes Blau;
Vermagert bleich sind meine Wangen
Und meine Herzensthränen grau.

7. November 1815

Auf der Gerbermühle war er als gefeierter Gast behandelt worden, als bewunderter Dichter und geliebter Freund. In Weimar war er ein alter Mann von sechsundsechzig Jahren. Man fand ihn unduldsam und heftig. Er war arbeitsam, froh war er nicht. Mit Christiane gab es, außer bei Theaterbesuchen, kaum noch Gemeinsamkeiten. Sie lebten in getrennten Welten.[12] An Boisserée schickte Goethe Mitte Dezember ein »Blättchen«, wie er sagte – dabei handelte es sich um nichts Geringeres als das Gedicht *Gingo biloba,* das für Creuzer in Heidelberg bestimmt war. Dazu zwei *Talismane* – zwei Kristalle – womit Goethe auf den *Divan* anspielte. Derartige Kostbarkeiten wußte nur Boisserée zu schätzen. Die Umgebung verstand ihn nicht, im Gegenteil, Charlotte von Stein behandelte ihn mit so großer Kälte, daß er sich bei der dreiundsiebzigjährigen Freundin empörte: *Frage man doch nicht mehr warum Freunde sich zurückziehen und eine Scheu haben sich mitzutheilen.* Er hatte ihr und der Herzogin Anna Amalia persische Gedichte vorgelesen, daraufhin beschwerte sich Frau von Stein bei Knebel über Goethes Unliebenswürdigkeit. Er habe sie auf ihre Frage nach dem persischen Dichter mit einem »Hieb« abgefertigt, *als wenn ich ein Mädchen von zehn Jahren wäre!*[13]

Marianne fühlte sich elend. Ein Jahr würde es dauern, bis Goethe wieder zur Kur reiste, frühestens im nächsten Sommer. An Herman Grimm schrieb sie später, sie habe, wenn sie wirklich liebte, *mit Schmerzen oder gar nicht* geliebt, *über allen steht Goethe und gerade an der Stelle wo ich die vollste Übereinstimmung aller Ansprüche* fand. Sie erhielt im

Dezember ein mitternächtliches Gedicht von ihm, geschrieben auf ein verziertes Schmuckblatt mit Perlschnur und Ranke und Sternen in den Ecken. Darauf ließ Goethe sie mit seiner schönen Handschrift wissen, was ihm fehle: *Wenn sie mich an sich lockte / War Rede nicht im Brauch* – Deutlicher mußte er sein Verlangen nach einem Kuß nicht aussprechen.

Mir will es finster bleiben,
Im vollsten Mondenlicht,
Ich mag nicht singen, schreiben
Und trinken mag ich nicht.

Wenn sie mich an sich lockte
War Rede nicht im Brauch
Und wenn die Zunge stockte,
Stockt nun die Feder auch.

Nur zu! geliebter Schencke!
Den Becher fülle still.
Ich sage nur G e d e n k e !
Man weiß schon was ich will.

d. 16 Dec. 1815
Mitternacht Hatem

Wer des Feuers bedarf, Sucht's unter der Asche, schrieb Goethe an Sulpiz Boisserée. *An diesem orientalischen Sprichwort sehen Sie, daß meine Verhältnisse nach Osten noch immer bestehn. Meine Sehnsucht in diese Regionen ist unaussprechlich.*

Am 22. Dezember 1815 erhielt er ein Weihnachtspaket. *Kam das Zuckerwerk von Frankfurt,* notierte er. Auch ein Gedicht kam an, dessen letzte Strophe Goethe unter *Suleika* in den *Divan* aufgenommen hat.

Süßes Dichten, lautre Wahrheit
Fesselt mich in Sympathie!
Rein verkörpert Liebesklarheit
Im Gewand der Poesie.

23. Dezember 1815[14]

Goethe schickte den Freunden besondere Grüße. Er hatte die Aquatinta-Blätter mit der Silhouette von Frankfurt, die man ihm in der Gerbermühle zum Geburtstag schenkte, als Farbstiche vervielfältigen lassen und jedes Blatt mit eigenen handschriftlichen Versen versehen. Mariannes Exemplar ist beim Bombenangriff auf Darmstadt 1944 verbrannt.

XII.
Goethes Umkehr. 1816

Wunderlichstes Buch der Bücher
Ist das Buch der Liebe;
Aufmerksam hab ichs gelesen:
Wenig Blätter Freuden,
Ganze Hefte Leiden;
Einen Abschnitt macht die Trennung.
Wiedersehn! ein klein Capitel …
Goethe, West-östlicher Divan

Das Wiedereingewöhnen im winterlich kalten Weimar fiel schwer. Ein riesiges Arbeitspensum kam auf Goethe zu. Der Herzog verlangte seine Mitarbeit. Das Land Sachsen-Weimar war nach Napoleons Sturz durch die Beschlüsse des Wiener Kongresses zum Großherzogtum geworden. Goethe erhielt den weißen Falkenorden und wurde zum Staatsminister mit einer Fülle neuer Funktionen ernannt. Sein Sohn August avancierte zum Kammerrat mit einem Jahresgehalt, das von 200 Talern sprunghaft auf 800 anstieg; er konnte nun einen eigenen Hausstand gründen. Auch der Dichter Goethe wurde gefordert. Er sollte die Vorlagen für die Einzelbände seiner *Werke,* für die Cotta eine Summe von 16 000 Talern zu zahlen bereit war, zum Druck vorbereiten, die *Italienische Reise* redigieren, für Boisserée den Aufsatz über *Kunst und Altertum an Rhein und Main* fertigstellen, die Schrift über das *Sankt Rochus-Fest zu Bingen* beenden und für Zelter eine *Kantate zum Reformationsjubiläum* schreiben. Außerdem beschäftigte ihn seit Dezember die Arbeit am vierten und letzten Teil von *Dichtung und Wahrheit.* Zu alledem, was Goethes Zustand krisenhaft belastete – das Übermaß an Arbeit, Christianes fortdauernde Krankheit, unerfreuliche Tätigkeit am Theater –, kam zusätzlich noch die Nachricht von Mariannes traurigem Zustand hinzu. Goethes Briefen nach Frankfurt ist die Beunruhigung anzumerken. *Bitte um Nachricht, ob Marianne wieder singt? Ich mag sie mir in den langen Winter-Abenden gar nicht stumm denken.* Seine innere Verfassung geht aus Versen hervor, die er unmittelbar nach der Rückkehr schrieb.

Nicht mehr auf Seidenblatt
Schreib' ich symmetrische Reime;
Nicht mehr fass ich sie
In goldne Rancken;
Dem Staub, dem beweglichen eingezeichnet,
Überweht sie der Wind,
Aber die Kraft besteht
Bis zum Mittelpunct der Erde …
(November 1815)

An Willemer schrieb er besorgt: *Die liebe Kleine nicht am Klavier denken zu können, ist mir sehr peinlich.* Dazu übertrug er dem Ehemann die Rolle, die er, Goethe, bei Marianne innehatte. *Wie glücklich sind Sie, zu ihrer Erheiterung allerlei Liebes und Gutes anwenden zu können.* Aber zur »Erheiterung« seiner Frau war Willemer am wenigsten in der Lage. Ihre Ehe mußte Marianne, seit sie Goethe kennenlernte, als Einöde erscheinen. Unglücklich wandte sie sich an Goethe. Sie hatte aus den Hafis-Gedichten die auf ihre Situation passenden Verse herausgesucht. *Klag' über Trennung nicht mein Herz,* das war der elegische Grundton. Sie fragte, warum keine Nachricht komme, fragte es mit Hafis' Worten:

Hundertmal schrieb ich, allein es hat mir der Führer der Reiter
Keinen Bothen geschickt, keine Begrüßung gesandt.

Nicht gewohnt, als »Führer der Reiter« angesprochen zu werden, sah sich Goethe zu einer Antwort in Versen herausgefordert. Er hat sie nie abgeschickt, und da man den Bezug nicht kannte, blieben sie unverstanden, bis sie sich als Gruß an Marianne herausstellten.[1]

Und warum sendet
Der Reiterhauptmann
Nicht seine Boten
Von Tag zu Tage?
Hat er doch Pferde
Versteht die Schrift.

25.-29. Januar 1816

Mitten in seiner Arbeit über *Kunst und Altertum an Rhein und Main* schrieb Goethe ein Liebesgedicht, das ebenfalls erst nach seinem Tod gefunden und von Eckermann – aus gutem Grund – im *Buch Suleika* veröffentlicht wurde.

Sprich! Unter welchem Himmelszeichen
Der Tag liegt,
Wo mein Herz, das doch mein eigen,
Nicht mehr wegfliegt?
Und wenn es flöge, zum Erreichen
Mir ganz nah liegt?
Auf dem Polster, dem süssen, dem weichen
Wo mein Herz an ihrem liegt.

25. Januar 1816

Zehn Jahre später wird Goethe Marianne ein Kissen schikken. Es ist ein in schönen Farben besticktes, kostbares und weiches Kissen, und er hatte es nicht nötig, eine Erklärung hinzuzufügen.

Am 24. Februar 1816 wurde den Lesern von Cottas *Morgenblatt* zum ersten Mal Goethes neuer Gedichtzyklus angekündigt. Der vorläufige Titel wurde in Großbuchstaben vorgestellt: *WEST-OESTLICHER DIVAN ODER VERSAMMLUNG DEUTSCHER GEDICHTE IN STETEM BEZUG AUF DEN ORIENT.* Der Dichter bat im voraus um Verständnis für sein schwieriges Unterfangen, europäische und orientalische Kultur in seiner Lyrik zu verbinden. *Buch der Parabeln – Buch des Parsen* – was sollte der zeitgenössische Leser damit anfangen? Ein Anhang *Zum Besseren Verständnis* war nötig für die Leser, *die mit dem Osten wenig oder nicht bekannt sind.* Goethe erklärte die einzelnen »Bücher« des *Divan.* Zum *Buch der Liebe* bemerkte er: *Manche dieser Gedichte verläugnen die Sinnlichkeit nicht, manche aber können, nach orientalischer Weise, auch geistig gedeutet werden.* Marianne konnte darin ihre Gespräche mit Goethe – und sich selber – wiederfinden: *Das Buch Suleika, leidenschaftliche Gedichte enthaltend, unterscheidet sich vom Buch der Liebe dadurch, daß die Geliebte genannt ist, daß sie mit einem entschiedenen Charakter erscheint, ja persönlich als Dichterinn auftritt und in froher Jugend mit dem Dichter, der sein Alter nicht verleugnet, an glühender Leidenschaft zu wetteifern scheint ...*

Wenn Marianne das las – und sie las, wie sich herausstellte, alles, was von Goethe erschien – wird sie in der stolzen Vorfreude gelebt haben, den Verfasser dieser Zeilen im Sommer wieder zu sehen. Im *Morgenblatt* stand am 22. März 1816 das erste von Cotta vorab gedruckte Gedicht aus dem zukünftigen *Divan.*

Die Fluth der Leidenschaft sie stürmt vergebens
An's unbezwungen feste Land,
Sie wirft poetische Perlen an den Strand,
Und das ist schon Gewinn des Lebens.

Hat sie das *vergebens* richtig gelesen? Verstand sie die Absage, die in vier Zeilen versteckt lauerte? Wahrscheinlich nicht. Freude und Sehnsucht waren zu groß für die Einsicht, daß für »Leidenschaft« kein Raum sein sollte. Sie war sich seiner Liebe sicher. Keine zehn Tage war es her, daß ihr Goethe ein neues Gedicht gesandt hatte, unterschrieben *Im Jahr der Welten.*

Ladend und lieblich bist du!
Und Blumen, Mond und Gestirne
Huldigen, Sonne! nur dir.

Sonne so sei du auch mir!
Die Schöpferin herrlicher Tage.
Leben und Ewigkeit ists!

13. März abends Im Jahr der Welten zehn Uhr

Bedurfte es weiterer Beweise? Damit nicht genug, kam Anfang April ein weiterer Brief aus Weimar, gerichtet zwar an das Ehepaar, doch in Wirklichkeit eine Erwiderung auf Mariannes Chiffrenbrief. Goethe war darin sehr geschickt. Willemer würde nicht merken, daß er Mariannes eigene Worte wiederholte. Sie hatte geschrieben: *Dir mein Herz zu eröffnen verlangt mich* ... Solche amourösen Hinweise überlas Goethe nicht. ... *Von dem famosen Liede: ›Dir zu eröffnen mein Herz verlangt mich‹ – auf eine Baßstimme berechnet – ist mir eine Melodie zugekommen, mir sehr wohltätig,* schrieb er hintergründig. Zelter hatte die Verse vertont. Aber waren sie *auf eine Baßstimme* berechnet? Verschlüsselung auch hier. Man konnte seine Worte als geheimen Dialog lesen. Marianne wird es getan haben. Jeder Satz sagte ihr, daß er wiederkommen würde. Wie man durch Johanna Schopenhauer erfuhr, herrschte in Thüringen *ungewöhnlich kaltes Früh-*

lingswetter, und das tat ein übriges, Goethe an Reisen denken zu lassen.[2] Er plante, eine Kur in Baden-Baden mit einem Besuch bei Boisserée zu verbinden. Ein schriftlicher Hinweis allerdings, daß er auch zur Gerbermühle fahren wollte, existiert nicht. Im Gegenteil, die sogenannten *Namen-Ringe*, die er für Marianne, Rosette und Friedrich Scharff hatte anfertigen lassen, ließ er ihnen im Mai 1816 durch einen Freund überbringen. Der Großherzogin Luise meldete er: *Nächsten Sonnabend gedenke nach Baden am Rhein abzugehen … Meinen Weg werde über Würzburg nehmen, um das uneinige Frankfurt in diesem Augenblick nicht zu berühren.* Ein einziges Anzeichen existiert, daß Goethe dennoch an eine Begegnung mit Marianne dachte. Sein Entschuldigungsbrief, den er nach dem Unfall an Willemers richtete, ist ein Indiz dafür, daß er sie besuchen wollte.

Noch gab es keine konkreten Pläne, als die Katastrophe eintrat, die Goethe am meisten gefürchtet hatte: Christianes Tod. Sie war schon krank, als er ihr wohlmeinend jede Art von »Zerstreuung« empfahl. Alle ärztlichen Bemühungen blieben erfolglos. Goethes Tagebuch vom 1. Juni 1816: *Gefährliches Befinden meiner Frau während der Nacht.* 4. Juni: *Spazieren gefahren mit Hofr. Meyer. Sehr kalte Luft … Plötzlicher heftiger Fieberanfall. Ich mußte mich zu Bette legen.* Er wurde krank aus Angst vor dem, was unausweichlich eintreten würde. Der psychische Schock äußerte sich in wiederholten Fieberschüben. Er behielt sogar seinen Sekretär Kräuter über Nacht bei sich und blieb auch in seinem Zimmer, als Christiane starb.[3] Am Tag ihres Todes, dem 6. Juni 1816, notierte er: *Gut geschlafen und viel besser. Nahes Ende meiner Frau. Letzter fürchterlicher Kampf ihrer Natur. Sie verschied gegen Mittag. Leere und Totenstille in und außer mir … Meine Frau um 12 Nachts ins Leichenhaus. Ich den ganzen Tag im Bett.* Er verließ das eheliche Alkovenzimmer und zog in den Raum neben seinem Arbeitszimmer. *Mein*

Vater sucht durch fortgesetzte Tätigkeit sich aufrecht zu erhalten, meldete August den Willemers.

Seit sechsundzwanzig Jahren hatte Christiane jede Alltagsangelegenheit, jede wirtschaftliche Sorge von ihm ferngehalten. Sie war es, die die Ausgabenbücher führte und den Bediensteten, der neu eingestellten Köchin, dem Diener, der Jungfer und Hilfskraft, die täglichen Anweisungen erteilt hatte. Für Goethe war sie unersetzlich. Er sah sich einer ungeheuren Last gegenüber. Glücklicherweise stand ihm in August ein Sohn zur Seite, der als Repräsentant und Verwalter, Sekretär und Bote fungierte, nachdem er ihn vom Militärdienst befreien ließ und vor einem Duell bewahrte. Goethe würde es nicht ergehen wie dem armen Willemer, der zwei Jahre später seinen einzigen Sohn im Duell verlor. Jetzt war an eine Verheiratung des bald siebenundzwanzigjährigen August zu denken. Eine adlige junge Dame aus dem Bekanntenkreis der Schopenhauers hatte Goethe schon ins Auge gefaßt, die ihm als Schwiegertochter ideal zu passen schien. Ihr Name: Ottilie von Pogwisch.

Vierzehn Tage nach Christianes Tod ging Goethe nach Jena, wo die Oberaufsicht über die Bibliotheken seine Anwesenheit erforderte. Danach wollte er die Reise an den Rhein in Begleitung von Heinrich Meyer antreten. Verleger Cotta hatte bereits Zimmer im Badischen Hof reservieren lassen. Die Abreise wurde auf den 20. Juli 1816 festgesetzt. Willemers erwarteten ihn im nahe Frankfurt gelegenen Bad Soden. Doch noch war Goethe unschlüssig über den Reiseverlauf. Seine Zweifel finden sich in einem Brief an den Physiker Seebeck, dem er die Abfahrt mit dem Seufzer ankündigte: *Mehr Anstoß und Einladung als innerer Trieb bestimmt mich zu diesem Schritte.* Immer noch schwankte er. War es richtig, als Witwer zur Gerbermühle zu kommen? In welche Situation würde er Marianne bringen? Freilich, die paradiesischen Wo-

18. Porträt (anonym) von Rosina (Rosette) Willemer-Thomas.

chen waren unvergessen, und gerade jetzt, in einer Zeit von Trauer und Vereinsamung, hätte ihm ihre Zuwendung wohlgetan. Die Freundschaft, die man ihm entgegenbrachte, war ein Geschenk, das man nicht ohne weiteres ausschlagen konnte. Er hatte vor einem Jahr einen einzigartigen Festtag erlebt – sollte er nicht auch den 67. Geburtstag dort feiern?

Goethes Tagebuch: *Früh um 7 Uhr mit Hofr. Meyer abgefahren. Um 9 Uhr kurz vor Münchenholzen umgeworfen. Hofr. Meyer an der Stirn beschädigt. Die hintere Achse des Wagens zerbrochen. Gegen 1 Uhr wieder in Weimar.* Die hochrädrige Kutsche war so unglücklich umgestürzt, daß die Achse brach. Zum Glück war man glimpflich davongekommen, der Begleiter hatte eine Schramme an der Stirn, Goethe blieb unverletzt. Obwohl er sonst bei ähnlichen Unfällen die Situation geistesgegenwärtig meisterte, einen anderen Wagen nahm und sich nicht vom Ziel abbringen ließ, betrachtete er diesmal den Unfall als ein böses Omen, brach die Reise augenblicklich ab und ordnete die Rückfahrt nach Weimar an. Seinem *inneren Zögern* war ein Umstand von außen zu Hilfe gekommen. Goethe fuhr nicht nach Baden, nicht nach Heidelberg und nicht nach Frankfurt. Er kehrte um.

Es sei ein Schicksalsgefühl gewesen, sagte Goethe später, eine Stimmung, in der *Unmut und Aberglaube* vorherrschten.[4] Durch den Unfall war ihm die Entscheidung abgenommen worden. Er hatte die Reise mit widerspruchsvollen Gefühlen angetreten. Wie sollte er Marianne begegnen? Würde sie nicht hoffen, daß er seine poetisch geäußerten Versprechungen wahrmache? *Daß ich Eins und doppelt bin* ... Ihre Zuneigung war beglückend, und tatsächlich hatte er sich in ihrer Gegenwart verjüngt gefühlt. Aber in Wirklichkeit war er kein Jüngling mehr, und er ahnte, daß ihre Erwartungen ihn überfordern würden. Er wollte kein Versprechen geben, das er in der Realität nicht halten konnte. Sie war verheiratet, er kam als Witwer.

Solche Zweifel waren es, und nicht der Sturz mit der Kutsche, die ihn umkehren ließen.

Willemers sahen Goethes Ankunft entgegen, als sein Absagebrief eintraf. *Am 20. Juli früh 7 Uhr fuhr ich mit Hofrat Meyer von Weimar ab, um 9 Uhr warf der Fuhrknecht höchst ungeschickt den Wagen um, die Achse brach, mein Begleiter wurde an der Stirn verletzt, ich blieb unversehrt. Hiebei blieb nichts übrig, als nach Weimar zurückzukehren, wo wir denn auch gegen 1 Uhr anlangen. Die Störung des Vorhabens und die Verwundung des Freundes machen es ungewiß, ja unwahrscheinlich, daß ich die Reise von neuem antreten werde. Nur soviel habe ich Ihnen eiligst melden wollen. Wie höchst verdrießlich mir dieser Vorfall sei, bedarf keiner Beteuerung. Das Beste wünschend. Weimar, den 23. Juli 1816.* Der Brief beweist, daß er sich erwartet fühlte. Er wußte, daß sein Fernbleiben die größte Enttäuschung war, und benutzte Meyers Verletzung als Entschuldigung dafür, daß man umkehren mußte.

Marianne scheint die Absage in ihrer vollen Gültigkeit nicht begriffen zu haben. Sie las das Wort »Unfall« und erschrak, faßte sich aber in dem Glauben, daß Goethe noch kommen werde. *Soden, den 1. August 1816. Wie freudig eröffneten wir Ihren so lang entbehrten und sehnlichst erharrten Brief! und wie schmerzlich drang sich uns bei Durchlesung der Gedanke auf, daß unsre teuersten Freunde bedeutende Unfälle treffen können, ohne daß wir eine Ahnung davon haben. Durch Frau v. Brentano wußten wir von Ihrem Vorhaben, Baden zu besuchen, und glaubten Sie schon lange dort, und nun Sie diesen unangenehmen Vorfall hatten, wird es wohl vielleicht noch einige Zeit brauchen, bis Sie sich entschließen, die Reise wieder anzutreten. Gott sei Dank, daß Sie unbeschädigt geblieben! ...* Sie schloß *mit der Beteuerung, daß ich warm und innig sowohl erfreuliche als schmerzliche Begegnisse mit Ihnen teile, wenn ich schon nicht fähig bin, es auszusprechen. Unverändert Marianne.*

Marianne erwartete ihn »unverändert«. Goethes Zwiespalt blieb. Es fiel schwer, nicht zu nehmen, was so großzügig geboten wurde. Statt an den Rhein, fuhr er zur Kur ins thüringische Bad Tennstedt. Zurück in Weimar, klagte er über *Entbehrung.* Er müsse sehr bedauern, schrieb er, daß er *auf der Mühle nicht erscheine und weder den Mühlherrn noch die Müllerin noch Knappen und Sippschaft begrüße.* Auch im November ließ er Willemers noch wissen, daß ihm *ein Eintritt in das Rote Männchen* sehnsuchtsvoll vor Augen schwebe. Trotz vielfacher Tätigkeit sei *die Versuchung doch gar zu groß, offne Freundesarme und -tore vor sich zu sehen.* Er erhielt einen Brief von Marianne, der ihn schwankend machte. Es war kein chiffrierter Zettel, kein Blatt mit Zahlen, sondern ein glühender Liebesbrief. Mit großer Eindringlichkeit rief sie die glücklichen Tage herauf. Nichts blieb unerwähnt, soweit es sich überhaupt schreiben ließ. Sie sprach von seinem Herzen, in dem sie auch in Zukunft *unvertrieben* sein wolle. Kühn griff sie eines seiner Worte auf:

Bist Du denn nicht auch zu Grunde gerichtet?
Von Deinen Hoffnungen trifft nichts ein!

Wehmütig und liebeslistig denkt sie an seinen Geburtstag, *an dem wir so beglückt waren* und deutet an, *was sich nicht aussprechen läßt.* Sie schildert sogar einen Traum, um noch lebhafter zu sagen, wie sie ihn vermißt. Im Traum nannte nämlich kein anderer als Goethe ihr den Tag des Wiedersehens, *auf den ich mich so lange gefreut habe.* Träume. Gewißheiten. Die Gegenwart, erklärt sie, existiere nur in Bezug auf ihn. Wie soll sie von der Liebe sprechen? Sie gebraucht ein Bild. Sie hoffe, sagt sie, daß *ein göttliches Wesen sich unsrer und so mancher fehlgeschlagnen Plane annehmen wird.* »Das göttliche Wesen« ist Amor, der Gott der Liebe.

Bist Du denn nicht auch zu Grunde gerichtet? Goethe blieb

davon nicht unberührt. Er hatte sich distanzieren wollen, aber auch Johann Jakob Willemer schrieb und bot ihm manche Wohltat durch Marianne an. *Warum wollen Sie nicht in Freundesarmen sich ausruhen,* fragte Willemer, *es würde Ihrem Herzen wohltun zu sehen, wie meine Frau und Tochter Sie lieben, und wie Maria* [Marianne] *alles aufbieten würde, Ihnen das Leben bequem und angenehm zu machen.* Goethe regte dieses Angebot so auf, daß er fast gegen seinen Willen von *Versuchung* sprach.

Noch wirkte Marianne nicht deprimiert. Sie war sich ihrer Sache absolut sicher. Goethe hatte nicht reisen können, sie verkraftete es und hoffte auf die nächste Gelegenheit. Am 23. Mai 1817 kam Boisserée erstmals wieder zur Gerbermühle. *Wasser-Fahrt nach der Mühle. Alte Erinnerungen. Die Müllerin* [Marianne] *immer reizend und anmutig. Er immer toll und confus.* Man traf Meline *unter ihren Kindern, worunter ein paar kränklich sind*, wie der Junggeselle ungerührt bemerkt. *Quodlibet gezeigt mit Vermehrungen.* Das waren die Zeichnungen in Mariannes Stammbuch, in das auch Boisserée sich eintrug. Der Kunstfreund erlaubte sich nebenbei manchen Streich, kam morgens um vier in die Mühle und schrie: ›*Heraus ins Gewehr*‹. *Willemer springt im Hemd heraus zur Frau, ihr zu sagen, daß sie sich nicht erschrecken soll! ich sei's. Frühstück im Altan-Zimmerchen.*[5]

Selbstverständlich war reichlich von Goethe die Rede. Bislang überschüttete er Marianne mit Geschenken. Er schickte seine *Italienische Reise*, legte die *Bilder zu Goethes Faust* des Malers Peter Cornelius, bei Cotta erschienen, sowie einen Kupferstich von Retzsch bei, der das verliebte Gretchen mit dem Blumenorakel zeigte. *Er liebt mich – liebt mich nicht* war dabei die unüberhörbare Anspielung. Marianne las die *Italienische Reise* und bekannte dem Verfasser, mit ihm *im Paradies* zu sein, *und so verdank ich Ihnen abermals manche glückliche Stunde.* Ständig mit Goethe beschäftigt, hatte sie zwanzig Gedichte von ihm *mit eigenen Melodien unterlegt.* Mit anderen Worten: Für Goethe hat sie sich nicht nur als Dichterin, sondern auch als Komponistin betätigt. Das erste der Lieder mit Gitarrenbegleitung schickte sie sofort: *Ich sänge sie Ihnen freilich lieber selbst vor!* (30. November 1816) Dabei amüsiert sie sich bei dem Gedanken an ihr geplantes Weihnachtsgeschenk. Sie hatte eine wundersame Idee, bat mit verstellter Schrift als »Christkindchen« Goethes Sohn August um einen Musterpantoffel, zu senden allerdings nicht an sie, sondern – damit Willemer nichts davon erfährt – an die Adresse der Firma Melchin & Samm in Frankfurt.

Goethe bedankte sich mit Humor. Was hatte Marianne ihm zukommen lassen? Neben Marzipanfrüchten, Brenten und einer Ansicht der Gerbermühle enthielt ihr Paket ein reichlich intimes Geschenk: ein Paar eigenhändig von ihr bestickter türkischer Morgenschuhe, auf denen in arabischer Schrift der Name *Suleika* prangte.[6] Goethe ließ sich darüber scherzhaft aus. Es sei zwar üblich, *daß man die Füße der Geliebtesten liebkose,* nicht aber, sich vor den eigenen Füßen zu verneigen. Endlich deutete er auch die Gründe an, die ihn von einem Wiedersehen abhielten. Es könne, erklärt er wortreich, *nichts schön, gut und erfreulich sein –, ohne gewissermaßen bedenklich zu sein.* Das ist der Grund. Liebend gerne würde er sie wiedersehen. Aber es ist nicht erlaubt, ist *bedenklich*, besser: gefährlich. Goethe schrieb den Brief am 31. Dezember 1816, dem Tag, an dem sein Sohn August sich mit Ottilie von Pogwisch verlobte.

Die Post blieb aus. Drei Briefe von Goethe im folgenden Jahr 1817, das war alles. Marianne sandte herzliche Mitteilungen und ausgeklügelte Nachrichten, ihr Mann schickte dem verehrten Dichter mit jedem Brief eine neue Einladung. Stolz auf den namhaften Gast und auf die Freundschaft, um die ihn

19. Johann Wolfgang Goethe. Zeichnung von Ferdinand Jagemann, 1817.

viele beneiden, bemühte sich der Bankier weiterhin um den Dichter, obwohl er in diesem Bunde nur der bedauernswerte Dritte sein konnte. Schon zu Jahresbeginn hatte Marianne einen an Anspielungen überreichen Brief an Goethe geschrieben, der von *Hieroglyphen* handelte und neue Kompositionen ankündigte. Willemer schickte seine Schrift »Theofon oder von dem Zustand nach dem Tode« zur gefälligen Beurteilung und unterbreitete Goethe zugleich das merkwürdige Angebot, *ein einsames Zimmer* im Roten Männchen oder nach Belieben die Gerbermühle zu bewohnen: *ich wie Mariane bedürfen der so lang entbehrten Sonne.*

Goethe wollte diese Sonne nicht sein. Er schwieg vier Monate lang, schickte endlich einen in schöne Worte verpackten Absagebrief. Er wußte, daß Marianne erkrankt war. Gerne würde er *wo nicht als heilender Arzt, doch als teilnehmender Freund* kommen, behauptete er, doch man dränge ihm gegen seinen Willen *eine verdrießliche Badefahrt* auf. Die Reise trat er zwar nicht an, kam aber auch nicht an den Main. Immer noch guter Dinge, schickte Willemer ihm am 23. Juli 1817 eine neue Einladung, deren naive Zudringlichkeit eher abschreckend wirken mußte. Er schilderte nämlich den Jubel seiner Frau über Goethes Briefe so wortwörtlich, als handele es sich um das Glück einer kleinen Tochter. *Ein Brief von Goethe – ein Brief von Goethe! ruft Mariane auf der untersten Stufe, und damit die Treppe hinauf.* Der Ehemann bot Goethe tatsächlich wieder seine Frau an. *Darum teilen Sie sich doch endlich zwischen Martha* [Rosette] *und Maria*, sagt er auffordernd. Der Dichter war bekanntlich ohne Frau: *Weibliche Pflege, wenn allein Liebe sie bietet*, möge Goethe getrost annehmen. Überhaupt ist Willemer der Meinung, der große Sohn der Stadt müsse zurückkehren. Goethe selbst hatte sich einmal als »Urfrankfurter« bezeichnet, den die Stadt Frankfurt auch ohne Steuern zum Ehrenbürger hätte ernennen sollen. Willemer meldet, daß er ihm und der Sonne zuliebe hundertfünfzig Bäume an der Gerbermühle fällen ließ. Außerdem halte er eine Wohnung im Haus Zum Roten Männchen frei: *wenn Goethe kommt! damit die ewigen Gefühle nicht zu verstummen brauchen, und die Liebe alles zu geben habe, was sie vermag* ... Eine Aufforderung, die stark nach Kuppelei klingt.

Marianne beschwört in ihrer Nachschrift die glücklichen Tage, *die wie helle Punkte in meinem Leben stehen und nie verlöschen werden.* Sie wartet. Boisserée schildert Goethe seinen letzten Besuch: *Auf der Mühle fand ich die liebenswürdige Müllerin mit ihrem Diogenes ... Der kleinen Frau besonders machte es herzliche Freude, sich der glücklichen Tage des Jahres 1815 zu erinnern* ... Er hatte ihr eine Zeichnung mitgebracht, worauf sie mit Turban und Gitarre vor der Gerbermühle zu sehen war; auf dem Balkon stand er selber mit Goethe. Auf Mariannes besonderen Wunsch malte Boisserée nachträglich noch einen schönen Wiedehopf hinein, den sie sich zum *Liebesboten* erkor.

Goethe meldete sich endlich, doch nur, weil er zur Herbstmesse spezielle Aufträge hatte. Rosette und Marianne sollten ihm zwei Silberleuchter preiswert besorgen. Kaum sind die Leuchter bei ihm eingetroffen, erfolgen neue Wünsche: *ein großer Appetit nach Artischocken regte sich. Möchten daher die Freundinnen eine Schachtel ... zusenden ... Auch ist bei nächst eintretender Weinlese und glücklicher Kelterung ein angenehmer Mostsenf zu hoffen, wovon ich mir auch ein par steinerne Flaschen voll erbitte.* Goethe ködert die Damen, macht sich ihre Verehrung zunutze und spricht galant davon, daß er sie *nicht loslasse* – in Wahrheit ist aus dem Gebenden ein Nehmender geworden. Willemer bietet ihm im Oktober, zugleich mit den teuren Artischocken und einer kostbaren Lieferung an Wein vom Jahrgang 1811, den Goethe bevorzugte, nochmals die leerstehende Wohnung an. Er schreibt wörtlich: *Meine gute Frau stünd Ihnen zur Seite und besorgte das Ökonomische,* so als solle Marianne dem Witwer die Ehefrau ersetzen. (17. Oktober 1817)

Goethes Zurückhaltung konnte vorerst mit seiner Arbeit entschuldigt werden. Dem ohnehin überlasteten Dichter war vom Großherzog die Oberaufsicht über »die unmittelbaren Anstalten für Wissenschaft und Kunst« übertragen worden, die großherzoglichen Bibliotheken in Weimar und Jena, die Zeichenschule in Weimar, den Botanischen Garten, die Sternwarte und vier naturwissenschaftliche Kabinette.[7] Nach einem Streit mit der herzoglichen Mätresse, der Schauspielerin Caroline Jagemann, gab Goethe seinen Posten als Theaterleiter auf. Ihn beschäftigte nun der zweite Teil der *Italienischen Reise.* Dazu schrieb er an Zelter eine Bemerkung, die auf Marianne wie eine Ohrfeige gewirkt haben würde. *Dieses Italien ist ein so abgedroschenes Land,* so Goethe, *daß wenn ich mich darin nicht selbst als in einem verjüngenden Spiegel sähe, so möchte ich gar nichts davon wissen.* Für Monate blieb er zur Neuordnung der Bibliotheken in Jena, kam nur im Juni zur Hochzeit seines Sohnes nach Weimar.

Mit dem Einzug des jungen Paares in die Mansardenwohnung seines Hauses am Frauenplan begann für Goethe eine neue Epoche. Der französische Philosoph Victor Cousin schildert eine Begegnung zu dieser Zeit. *Goethe ist etwa 69 alt; er schien mir noch nicht 60 zu sein ... Seine Gesichtszüge sind bedeutend und scharf gezeichnet: hohe Stirn, ziemlich breites, aber sehr ebenmäßiges Gesicht, strenger Mund, durchdringende Augen, allgemeiner Ausdruck: Überlegung und Kraft ... Auf der Schwelle der Haustüre steht die Inschrift SALVE. Er empfing mich in einer mit Büsten geschmückten Galerie, in der wir uns ergingen ... Es ist mir unmöglich, eine Vorstellung von dem Charme der Rede Goethes zu geben; alles ist individuell, und doch hat alles die bezaubernde Kraft des Unendlichen. Genauigkeit und Weite, Klarheit und Kraft, Fülle, Einfachheit und eine unbestimmbare Anmut wohnen seiner Sprache inne ...*[8]

Von einer Ausnahme abgesehen, dem Gedicht *Kenne wohl der Männer Blicke,* schrieb Goethe im ganzen Jahr 1817 keinen Vers zum *Divan* mehr. Es fehlte der Funke, den Marianne zu entzünden vermochte. Es fehlte das lebendige Erleben. Zwar befaßte er sich weiterhin mit den Ghaselen des Hafis, las persische Handschriften und alte Reisebeschreibungen und bot im Juli 1817 Sartorius an, ihm aus dem *westöstlichen Divan* vorzulesen, der 1815 entstanden sei. *Seit der Zeit ist nichts mehr daran geschehen, denn dergleichen, was aus dem Leben entsprang, will wieder lebendig mitgetheilt werden … Was aus dem Leben entsprang,* das war das Stichwort.

Im *Taschenbuch für Damen* erschienen im Sommer 1817 zwölf Gedichte als Vorabdruck aus dem *Divan.* Marianne konnte lesen:

Die Liebe behandelt mich feindlich!
Da will ich gern gestehn:
Ich singe mit schwerem Herzen.
Sieh doch einmal die Kerzen,
Sie leuchten, indem sie vergehn.

Mai 1815

XIII.
Mariannes Zusammenbruch

Bist Du denn nicht auch zu Grunde gerichtet?
Von Deinen Hoffnungen trifft nichts ein!
Marianne an Goethe, 1817

Im Winter 1817 war Marianne fortwährend krank. Schon im Sommer hatte sie fünf volle Wochen mit einem *Geschwür zunächst der Brust* im Bett gelegen. Wie um sie zu trösten, schrieb Willemer ihr einen Vers ins Stammbuch, den er im *Wandsbecker Boten* von Matthias Claudius gefunden hatte.

An meine Frau / nach 18 Jahren.
Ich danke dir mein Wohl, mein Glück in diesem Leben.
ich war wohl klug, daß ich Dich fand.
Doch ich fand nicht! Gott hat dich mir gegeben
so seegnet keine andre Hand.
Gerbermühl am 16 Juny 1817. Willemer.

Das Datum sollte die Ehefrau an den Tag des ersten Kennenlernens erinnern. Damit sie, *die oft kränkelt*, etwas von Goethe vor Augen habe, ließ der besorgte Ehemann Goethes Gedicht *Reicher Blumen goldne Ranken* unter Glas rahmen und hängte es in ihr Zimmer.

Doch auch er, Willemer, war bedrückt und deprimiert, wobei ungewiß bleibt, ob Mariannes unglücklicher Zustand die Ursache war. Ihre Ablehnung und Verweigerung, von der wir erfahren, zeigt, daß sie sich ihm entzog. Willemer hatte sich couragiert für die Freiheit der Presse eingesetzt und war in den sogenannten »Gesetzgebenden Körper« gewählt worden, um den Mißständen der Finanzpolititk entgegenzuwirken und Frankfurt eine neue Verfassung zu geben.[1] Seine Mitarbeit wurde von seinem Konkurrenten im Bankgeschäft, Simon Moritz von Bethmann, herabsetzend kommentiert: *die Wahl des närrischen* W. (Willemer) werde Bewegung in die Versammlung bringen, *auf jeden Fall bürgt sein Wankelmut und seine Inkonsequenz, daß seine Fechterrolle bald abgehaspelt wird.*[2] In einem hastigen Kurzbrief schickte Willemer im Januar 1818 Goethe seine neue Schrift und eine zehnte Einladung mit der resignierten Äußerung: *Ich bin alt geworden, Freund, und habe viel erfahren.* Er lebe nur noch *dem Erstarren entgegen.* An seinem Alter jedoch – Willemer wurde erst achtundfünfzig – kann die Unzufriedenheit nicht gelegen haben. Mag sein, daß sich die Klage auch auf seine »erstarrte« Ehe bezog. Dazu paßt eine Bemerkung, die sich in Rosettes Tagebuch fand. Sie könne mit ihrem Vater nicht länger unter einem Dach leben, schreibt sie. *Auch Mariannen kann ich mehr sein, wenn ich nicht täglich um sie bin und von dem Übel, das sie zu tragen hat, doch nichts abwende.* Auf eine glückliche Ehe ihres Vaters läßt diese Äußerung nicht schließen.

Marianne war am Ende ihrer Kräfte. »Überreizung der Nerven« nannte man ihren Zustand. Daß sie nicht mehr singt, ist ein Signal dafür, daß sie, die sonst stundenlang am Klavier saß, Gitarre spielte und für musikalische Aufführungen probte, ihre Lebensfreude verloren hat. Der Schauspieler Eduard Genast, den Goethe aus Weimar schickte, erlebte noch im Jahr zuvor eine junge Frau *mit geistreichem Gesicht, zierlich von Gestalt,* die ihn *in einem eleganten Zimmer* freundlich empfing. Jetzt war sie unglücklich, ratlos und immerfort leidend. Goethes verletzendes Schweigen war nach allem, was zwischen ihnen geschehen war, eine seelische Folter.

Die Ursachen der krisenhaften Veränderung lagen tief. Marianne mußte Goethes Verhalten als demütigend empfinden. Sie hatte ihm mehr gegeben als irgendeinem Mann sonst, hatte an seine Freundschaft geglaubt, und er wies sie kurzerhand ab. Sie mußte annehmen, daß sie ihm nichts bedeutet hatte als eine kurze Sommerliebe, wie er sie für sein poetisches Werk brauchte. Eine Anregung für seine Dichtung, sonst nichts. Die Verletzung wirkte, wie sich herausstellen wird, lebensbedrohend.

Marianne schrieb Anfang 1818 Goethe einen Brief, der in seiner Todtraurigkeit selbst den Ehemann, dem sie ihn zur Durchsicht brachte, erschreckt haben muß. Über das Ausmaß ihrer Verzweiflung entsetzt, sandte Willemer den Brief (im Februar 1818) an Goethe ab, zusammen mit einer verzweifelten Darstellung seiner häuslichen Misere, an der er keinem anderen als Goethe die Schuld gab. Nichts sei mehr wie früher. Vorher lebte er mit einer strahlenden Marianne an seiner Seite, jetzt hatte sie ein »verwundetes Herz«, und er, Willemer, sah sich an einem Tiefpunkt seines Daseins angelangt. *Ihrem Scharfblick, teurer Freund, wird es nicht entgehen, daß unsere gute Mariane kränkelt, daß sie leidet, und es nicht mehr ist wie es war! Die frischen Blüten unbefangener Jugend sind entflohen und haben ein verwundetes Herz zurückgelassen. Das alles kann sich wieder geben, und wird sich geben (denn ich besitze Mignons volles Vertrauen), wenn nur fortgehendes Wechseln, zwischen Freud und Leid, die Reizbarkeit der Nerven nicht auf einen Grad gesteigert hätten, der furchtbar ist. – Warum mußten wir so lang getrennt sein, es wär außerdem so weit nicht gekommen. Doch ich weiß nicht, ob den Meister das alles noch interessiert. Die Götter in ihrem Grimm werden am Ende der Sterblichen, mit ihrem Leid und ihrer Freud, überdrüssig. Zwischen uns soll es verhoffentlich nicht dahin kommen – und so send ich Ihnen Mar. Brief wie er ist, ich füge hinzu, daß dieser Winter sich besser anläßt wie der vorige war.*

Goethe schien davon keine Notiz nehmen zu wollen. Mit seinem unfaßbaren Schweigen vergrößerte sich die Distanz von Monat zu Monat. Niemand war darüber so erschrocken wie Marianne. Sie hatte in einem gleichsam *erhöhten Zustand* gelebt, hatte sich als Freundin und Dichterin gewürdigt und geliebt gefühlt. Das wissen wir aus einem Brief, den sie ein Jahr später (im Oktober 1819) an Goethe richtete. Durch ihn sei sie in einen Zustand geraten, schrieb sie entschuldigend, *in dem man sein Bild verschönert, ja veredelt wieder erkennt und sich alles gerne gefallen läßt, was man in diesem erhöhten Zustande Liebens- und Lobenswertes spricht und tut.* Damit hat sie präzise formuliert, wie es zu ihrer erotischen Euphorie kommen konnte: sie hatte sich seine Liebe gefallen lassen und sie erwidert, weil sie sich anerkannt wußte. Nun sah sie sich doppelt verraten.

Goethes Desinteresse konnte nichts anderes bedeuten als eine offen bekundete Mißachtung ihrer Person. Sie hatte sein Lied *Der Gott und die Bajadere* gesungen, er hatte es nicht gewollt. Mußte sie jetzt nicht denken, daß sie, das Künstlerkind, das Theaterblut, ihm im Grunde nichts anderes gewesen war als eine *Bajadere,* ein Freudenmädchen? Ihre Beschämung wird begreiflich, wenn man ahnt, wie weit sie in ihrem Verhältnis zu Goethe gegangen war. *Mein Herz kann nur gesunden von deinen Lippen,* hatte sie ihm geschrieben. *Ach, vor Leid müßt' ich vergehen,* hatte sie gedichtet. *Dir mein Herz zu eröffnen verlangt mich,* hatte ihr Chiffrenbrief gelautet. *Halt ich dich in meinen Armen,* hatte sie gesagt. *Meine Ruh, mein reiches Leben / Geb ich freudig, nimm es hin!* Goethe hatte ihre Nähe gesucht und das Beieinandersein *zwischen dem Rohr* beschworen, hatte von *Herzweh* gesprochen und sie geküßt. Seine Zuwendung hatte die Liebe in ihr geweckt. Sie komponierte, sie sang und dichtete und schrieb ihm das Äußerste dessen, was überhaupt gesagt werden konnte. *Daß er ewig mein gedenket, / Seiner Liebe Seligkeit / Immerdar der Fernen schenket, / Die ein Leben ihm geweiht.*[3] Herman Grimm gegenüber bemerkte Marianne nach allem, was sie erfuhr: *Einmal in meinem Leben war ich mir bewußt, etwas Hohes zu fühlen, etwas Liebliches und Inniges sagen zu können, aber die Zeit hat alles, nicht sowohl zerstört, als verwischt, und was von Erinnerung mir geblieben, ist ein ahnungsvolles Erkennen der Wahrheit und Schönheit, wo ich sie zu finden glaubte.*[4] Willemer gegenüber blieb sie dankbar und respektvoll. Aber verglichen mit Goethe, muß er ihr immer unzufriedener und larmoyanter erschienen sein. Goethe hatte ihr Welten eröffnet. *Wenn sich die Strahlen seines Geistes in seinem Herzen conzentrierten, das war eine Beleuchtung, die einen eignen Blick verlangte ...* Der Chiffrenbrief, den sie Goethe nach der Abreise aus Heidelberg geschickt hatte, enthielt auch eine Begründung, warum sie gerade bei ihm *die vollste Übereinstimmung* fand.

Durch die Gespräche des Freunds
Ward ihm mein Herz so zugetan,
Daß ich die anderen nun
Nicht hören und nicht sprechen mag.

Die Gespräche des Freunds. Goethe hatte über Phänomene der Natur mit ihr gesprochen, über die Wolkenbildungen und den Ostwind, der auch in der persischen Dichtung vorkam, über die Dichter Tograi und Hafis, über den furchtbaren Timur, den Goethe mit Napoleon verglich. Für vieles hatte er ihr erstmals die Augen geöffnet. Sie sprachen über die Liebe der schönen Suleika zum jungen Joseph, der in der orientalischen Dichtung *Jussuff* hieß, über den Islam und die Vorstellung vom Paradies. Goethes Gedichte waren leidenschaftliche Huldigungen, seine Worte bestechend, ihn zu umarmen ein unbegreifliches Glück.

Der Verlust war durch nichts zu kompensieren, weder durch Freunde, noch durch Tätigkeit. Das, was sie konnte, Tanz und Schauspielerei, war ihr genommen worden. Ein Leben im Theatermilieu hätte andere Chancen geboten, wäre zwar weniger standesgemäß, aber freier und interessanter gewesen. Wenn Herman Grimm die Vermutung äußert, Marianne sei in ihrem Können beschnitten worden, wird die Bemerkung nicht aus der Luft gegriffen sein. Noch nach Jahren hatte sie den Bruch nicht verwunden, als sie beteuerte, was sie besaß und was sie verlor. Sie erklärte Grimm: *die Ereignisse sind nicht das wichtigste, was ein Mensch erlebt. Was dazwischen liegt, das ist der Weg, der mit Steinen, die auf dem Herzen liegen, gepflastert, mit Tränen begossen und mit Seufzern durchweht ist.* –[5] Hinter ihren idealen Träumen lauerte die tragische Realität. Marianne wurde von Selbstzweifeln gequält. Es habe ihr, schreibt sie später an Goethe, in ihrem ganzen Leben *an einer gewissen Zuversicht* gefehlt, was so weit ging, daß sie leicht *mißtrauisch* wurde. Sie nennt ihre Irrwege *eine Folge meiner früheren Verhältnisse.* Die Vergangenheit hat sie immer belastet, auch später noch. An Herman Grimm schrieb sie: *meine Lebensverhältnisse waren seit meiner Kindheit von so ungewöhnlicher Art, daß ein Tadel wohl nicht zu vermeiden war.* Oft aber hätten die Schwätzer ihre üble Nachrede hinterher korrigieren müssen.[6]

Helfen konnte ihr niemand. Christian Brentano, der Bruder von Clemens, bemühte sich um sie und schrieb ihr ein frommes Gedicht, das bis heute in ihrem Stammbuch liegt. Die Depressionen nahmen überhand. Willemer, der in langen Jahren nie ihre Liebe besessen hatte wie in kurzen Wochen Goethe, konnte ihr Unglück nicht länger mitansehen. Im Juni 1818 schickte er sie mit Rosette zu einer Kur nach Baden-Baden. Auf der Hinfahrt besuchten sie auch Boisserée, der Goethe davon berichtete: *Bilder wurden besehen, das Schloß bestiegen und bei Allem wurde Ihrer und jener heitern Tage des Jahrs 1815 gedacht.* Nicht an Marianne, wohl aber an Boisserée hatte Goethe gerade sein Gedicht *Urworte orphisch:* gesandt.

Wie an dem Tag der Dich der Welt verliehen,
Die Sonne stand zum Gruße der Planeten,
Bist alsobald und fort und fort gediehen,
Nach dem Gesetz, wonach du angetreten.
So musst Du seyn, Dir kannst Du nicht entfliehen …

War Marianne aus der Bahn geworfen? Nach welchem »Gesetz« war sie angetreten? Hatte der Bruch in ihrem Lebenslauf mit ihrem Zusammenbruch zu tun? Es war der Arzt Johann Carl Passavant, ein Freund des Hauses, der zur Kur riet. Ihm hatte sie gebeichtet, daß sie unter Atemnot und Schlafstörungen litt, Herzbeschwerden und Hitzewallungen hatte. Sie fühle sich beständig *wie im Fieber*, sagte Marianne, nannte es sogar unumwunden *Gedächtnis- oder Erinnerungsfieber* – deutlicher kann man die Ursache der Krankheit nicht beschreiben. Hat sie davon gesprochen, sterben zu wollen? In einer einzigen Zeile ist ihr einmal der Satz entglitten, ihr Leben möge kurz sein.

Es haben sich zwei handschriftliche Briefe erhalten, die Marianne am 21. und 22. Juni 1818 aus Baden-Baden an Dr. Passavant schrieb. Unbewußt enthüllt sie darin die erotischen Phantasien einer unglücklich Liebenden, die sich schlafend und wachend mit dem Geliebten beschäftigt. *Lieber Freund! Ihrer Aufforderung buchstäblich Genüge zu leisten erhalten Sie hiermit 2 Briefe, der eine ist dem Arzte bestimmt, der andere dem Freunde; da nun jeder nämiglich erst Mensch und dann Docktor wird … ich sehe Sie schon im Geiste mit Titus Worten ausrufen: Was du dem Freunde vertraut, soll der Arzt nie erfahren … Es bleibt immer eine rätselhafte Sache um zwei Naturen in einer Person; zudem fällt mir eben ein daß auch der Dichter Anspruch machen könnte auf ein eigenes Blatt, aber das geht nicht … denn es scheint mir als ob es eben so angenehm wäre einen Freund zum Dichter als einen Dichter zum Freunde zu haben.*

Da ist er wieder, der Gedanke an Goethe. Der Dichter und der Freund. Als müsse sie sich rechtfertigen, setzt sie hinzu: *Die Müllerin freut sich übrigens doch auch die Mühle wiederzusehn; und das Rad was durch ihre Abwesenheit ins Stocken geraten, mit ihren zarten Füßen wieder in Bewegung zu setzen* ... Hatte Passavant Grund, daran zu zweifeln? Mußte sie es erst betonen, daß sie sich auf das Zusammensein mit Willemer in der Mühle freue? ... *das weiß sie freilich wohl,* fährt sie fort, *wie die Liebe unendlich ist, und aus Mangel an Waßer im Stande ist das Rad allein zu treiben, aber eine kleine Beyhülfe ist immer beßer.* Was hat sie veranlasst, Passavant die Mitteilung zu machen, daß *die Liebe unendlich* sei? Wie weit weiß der Doktor über ihren Zustand Bescheid?

Folgendes gehört vor Ihren Richterstuhl: Ich habe bis jetzt 16 Bäder mit ziemlichem Erfolg genommen ... Etwas erhitzt scheint das Bad zu würken. Doch hatte dieß keinen bedeutenden Einfluß auf meine Periode, die ich ziemlich erträglich überstand; da ich erst 6 Bäder genommen hatte wie sie eintrat, läßt sich hierüber nichts bestimtes sagen. Die Selbstdiagnose gibt einen Hinweis darauf, was Marianne zusätzlich zu einer Kur veranlaßt haben könnte: der Wunsch nach einem Kind. Es war üblich, Frauen, die unfruchtbar blieben, eine Badekur zu empfehlen. Das scheint Passavant getan zu haben, sonst würde seine Patientin nicht ausdrücklich ihre »Periode« erwähnen. Sie war seit vier Jahren verheiratet und vierunddreißig Jahre alt. Daß Willemer Kinder zeugen konnte, hatte er hinlänglich bewiesen. Marianne aber blieb kinderlos. Grund für ihren Kummer kann auch die Tatsache gewesen sein, daß Rosette Städel wieder heiraten würde. Im Jahr darauf ging sie mit dem verwitweten Senator Dr. jur. Johann Gerhard Christian Thomas die Ehe ein.

Mariannes zweiter an den Arzt gerichteter Brief ist ebenso aufschlußreich. Er ist in schöner, klarer Schrift auf hauchdünnes, bräunliches Papier geschrieben, ein Brief, der – ohne

Goethe direkt zu nennen – fast ausschließlich von ihm handelt; ein Beleg dafür, daß ihre Krankheit psychosomatisch-pathologischer Natur war. Zum Schweigen verurteilt, kann sie sich nur noch auf eine Weise äußern, wie es in der halluzinatorischen »Fensterladen-Szene« geschieht.

22. Juni 1818. Lieber Doktor! … Des Morgens steh ich punkt 6 Uhr auf, dies wird doch nicht das Nachtwandeln seyn? Dann frühstücke ich 2 Taßen Caffé nach des hiesigen Arztes Angaben mit Ziegenmilch … dann trink ich Selterwaßer mit Ditto, dann geh ich spazieren, dann schreibe ich, dann bade ich ½ Stunde, dann geh ich ½ Stunde zu Bette, allein da spüre ich oft einen Druck am Herzen und ein beständiges Fieber in dem Gedächtniß- oder Erinnerungsfieber, – auch eine Schwäche der Augenlieder … kurz es ist ein Zustand zwischen Wachen und Träumen … dann kömmt Mondschein, und das ist die eigentliche Zeit meines Krankseins denn es stellen sich allerley starke Schmerzen [dick durchgestrichen:] *ich kann das rechte Wort nicht finden: wunderbare, aber noch nicht ungewöhnliche Zufälle ein als da sind Herzdrücken -klopfen -beben, Mangel an Luft; so zum Beyspiel gingen wir in der letzten wunderschönen Mondnacht mit unsrer Hausfrau nach der Promenade und setzten uns hoch auf dem Hügel vor ein Hüttchen, wobey man die herrlichste Aussicht hat, die Fensterladen waren angelehnt und wir saßen davor; das Zauberlicht lokte mir die Stimme aus der Brust, und ich sang nach andern Liedern den Fischer: bey den Worten: hinauf in Todesgluth: öfnete sich leise der Fensterladen hinter mir, und ich erschrak so sehr, daß ich in Thränen ausbrach und mich lange nicht faßen konte obschon ich mich selbst überzeugte, daß es der Abendwind gethan, sind das nicht bedenkliche Zustände? so viel ist gewiß, an einer Sucht scheine ich allerdings zu leiden aber weder an Waßer- Schwind- Lungen- Milz noch Leber- aber wohl Sehn Sucht. Und ich weiß nicht ob es nicht die schlimmste von allen Süchten ist.*

Dem schwindelt erschrocken, der keinen Halt mehr sieht. Marianne war schwindlig im wahrsten Sinne des Wortes. Als sie Goethes Lied »Der Fischer« sang, mußte sie sich setzen, einer Ohnmacht nahe, weil der, auf den sie wartete, ihr leibhaftig hinter dem Fensterflügel erschienen war. So wird es ihr auch in Heidelberg ergangen sein, wo sie immer von Goethe sprach und im August 1824 niederschrieb: *Hier war ich glücklich, liebend und geliebt!*

Ihrem Arzt deutete Marianne an, daß es ihr endlich besser ging. *Ich bin sehr neugierig wie Sie mich finden wenn Sie mich wiedersehen,* schreibt sie, *denn aus 4 Spiegeln die wir Gott sey Dank in unseren Zimmern haben, kommen uns 4 verschiedene Gestalten entgegen, in dem einen ist man sehr schlank, in dem andern sehr dick, in dem Dritten sehr blaß und in dem 4ten etwas schief,* so *daß ich eigentlich gar nicht mehr weiß wie ich aussehe, aber von Herzen wünsche es möge paßabel seyn.* Freilich spürt man hinter der gewollt humorvollen Schilderung die Zweifel. Es mußte bitter sein, an Goethes Gedicht zu denken: *Ein Spiegel er ist mir geworden, / Ich sehe so gerne hinein ...* Sie war nicht mehr die sorglose, unverheiratete Frau, die mit dem »Pflegevater« nach Wiesbaden fuhr, um Goethe kennenzulernen. Im Spiegel fand sie ihr Gesicht nicht mehr.

Die Kur war noch nicht beendet, als überraschend Willemer eintraf, um sie und Rosette abzuholen. Etwas Furchtbares hatte sich ereignet: Sein Sohn Abraham war tot, erschossen im Duell. Erst im Frühjahr 1818 hatte sich der Vierundzwanzigjährige verlobt. Willemer war mit der Auserwählten des Sohnes, einer offenbar älteren, verwitweten Gutsbesitzerin namens Friederike von Geist, nicht einverstanden, und auch Elias Mieg, Abrahams Lehrer, sah voraus, daß das Glück, von dem der junge Offizier träumte, *wie eine schön gefärbte Seifenblase zerplatzen würde.*[7]

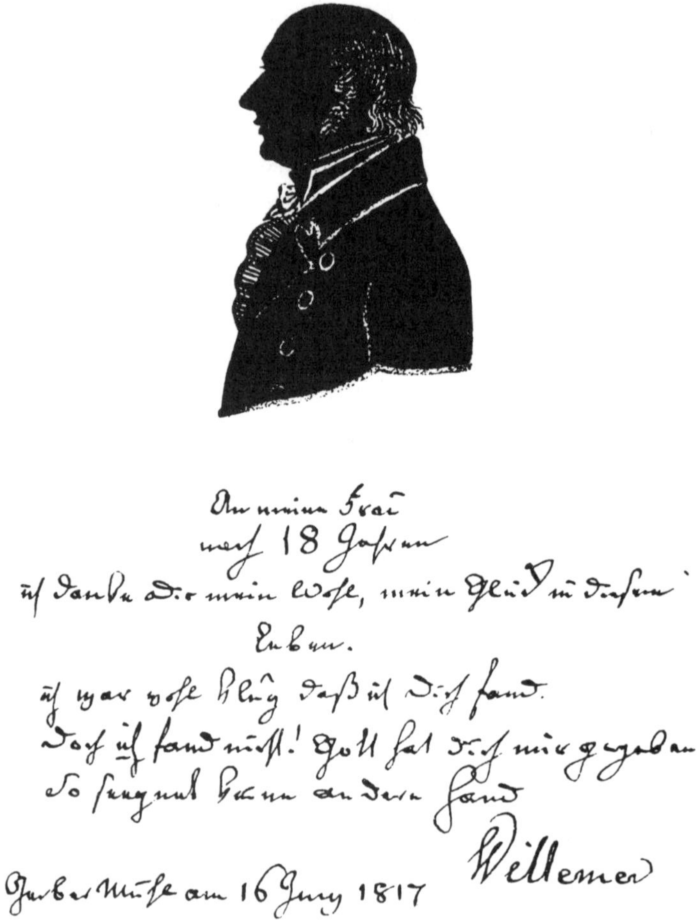

20. Johann Jakob von Willemer. Scherenschnitt.
(Transkription der Handschrift S. 174)

Willemers Sohn hatte schon früh eine gewisse Todesneigung zu erkennen gegeben. Bereits einen Tag *vor* dem Duell schrieb er einen Abschiedsbrief und verfügte sein Testament. Seinem Vater teile er mit, lieber für den preußischen König gefallen zu sein, als im Duell. Mit der zehn Jahre älteren Marianne, die als »Schwester« ins Haus gekommen war, verband ihn ein Vertrauensverhältnis, von dem behauptet wurde, es sei über das Maß verwandtschaftlicher Freundschaft hinausgegangen. Eine merkwürdige Todesahnung findet sich selbst zu diesem Zeitpunkt schon in seinen zärtlichen Worten. Es schrieb der Zweiundzwanzigjährige in Mariannes Stammbuch: *Dich sah ich oft, und immer anders, als Kind,* [als] *mehr als Freund, als Jüngling und als Mann, du warst dir immer gleich wenn schon im Äußern du dich geändert hattest so bleibe auch, dem Vater mache die Erde zum Himmel, das Leben schön und froh, so bin ich durch dich auch glücklich und sehen wir uns hier nicht wieder je nun so ist es dort, und dort, Freundin, Mutter, sind wir alle glücklich, und ich werde bis dahin und dort auch noch dein Brami sein. Frankfurt den 11. Februar 1816.*[8] Später behaupteten Familienmitglieder wie Emilie Kellner, Willemers Sohn habe eine schwärmerische Liebe zu seiner jungen Stiefmutter gehegt. Das ist nicht ganz unwahrscheinlich. Marianne fügte seinen Worten handschriftlich hinzu: *Das Herz ist dir geblieben. / den 7 Oktober 1816.*

Der junge Willemer war 1814 in preußische Dienste getreten und von Friedrich Wilhelm III. in persönlicher Audienz zum Oberleutnant ernannt worden. Um den Sohn im Offiziersberuf zu fördern, hatte sein Vater sich um die Nobilitierung bemüht, und endlich war dem Bankier am 26. September 1816 durch Kaiser Franz von Österreich, unter Mitwirkung Metternichs, der erbliche Adel verliehen worden. Graf Buol, kaiserlicher Gesandter am Bundestag, hatte Willemers neuerliches Gesuch um Nobilitierung eingehend befürwortet. *Herr Willemer genießt den Ruf eines vorzüglich rechtlichen Mannes und wird auch als Schriftsteller geachtet. Ich habe öfters Gelegenheit gehabt, die reinsten patriotischen Gesinnungen überhaupt … in ihm wahrzunehmen.* Es handle sich um einen *wirklich edel denkende*[n] *Mann.* Allerdings fiel selbst diese Nobilitierung, auf die Willemer lange gewartet hatte, zu seinem Ärger aus. Er schrieb an Goethe, das Diplom beschäme ihn mehr, als daß es ihn freue, *da von allem, was der Kaiser mir versprochen, nichts darin steht, und ich Taxen bezahlen mußte.* (29. März 1817) Der Bankier hatte die Summe von 610 Gulden 38 Kreuzer für seinen Adelstitel aufzubringen.[9] Andere Frankfurter Bankiers hatten sich ebenfalls ein Adelsprivileg verschafft, Bethmann 1808, Guaita 1813, Schweitzer 1816. Es war aber nicht, wie bisher angenommen, die späte Nobilitierung, die den tödlichen Streit auslöste. Aus den Akten des Kriegsgerichtsverfahrens geht hervor, daß Abraham von Willemer die Auseinandersetzung bewußt provozierte, indem er seinen Kontrahenten, den Gardeleutnant Theodor von Bockum-Dolffs, der von einem morgendlichen Ausritt zu spät zur Kriegsschule in Berlin zurückkehrte, den angestammten Platz streitig machte. Die Sache entwickelte sich so fatal, daß Willemer den Gegner wütend zum Duell forderte, und zwar gleich auf Pistolen. Als geschossen wurde, hielt er das Bild seiner Braut in der linken, die von einem Freund geliehene Pistole in der rechten Hand. Daß ihm daran gelegen war, sein Leben aufs Spiel zu setzen, zeigt sich sowohl an seinem Testament wie auch daran, daß er, anstatt zu schießen, den Arm sinken ließ. Daraufhin zielte der Gegner und traf ihn tödlich. Sterbend feuerte Willemer noch einen Schuß ab und traf den Gardeleutnant, dessen blutbeflecktes Hemd als Beweis couragierten Handelns wie eine Reliquie im Offizierscorps gezeigt wurde.[10] Bockum-Dolffs, der zunächst außer Landes geflohen war, wurde zur Festungshaft in Magdeburg verurteilt, diente aber nach seiner Begnadigung weiterhin im preußischen Heer, wo er sich als Militärhistoriker einen Namen machte.[11] Abraham Willemer wurde im Park von Groß-Beeren bestattet. Über die Tragödie der Familie Geist von Beeren hat Fontane später in den *Wanderungen durch die Mark Brandenburg* berichtet.

Willemers Tochter Rosette hatte zum Tod des Bruders ihre eigene Meinung. Sie, die seit Jahren unter dem schwierigen Charakter ihres Vaters litt, schrieb in ihr Tagebuch: *kein männlicher Erbe trägt nun weiter in sich den Irtum und die Verkehrtheit, die sich wie eine Lawine fortwälzte durch die unselgen Gemüter …*[12] Dennoch hat Maximiliane Andreae, Willemers jüngste Tochter, ihren 1819 geborenen Sohn nach dem gestorbenen Bruder *Abraham* genannt. Seine Patin war Marianne.

Willemer wirkte äußerlich gefaßt, als ihm Senator Thomas, sein zukünftiger Schwiegersohn, und Senator von Guaita die Todesnachricht überbrachten. In Wirklichkeit war er ein gebrochener Mann. *Lieber Freund!* schrieb er an Goethes Sohn August, *seitdem mein ehrlicher, trefflicher Sohn im Grabe ruht, ist alles anders und die Mühle mir auch zum Grab geworden … o mein Sohn, mein Sohn.* Diesmal konnte er wohl auf eine mitfühlende Reaktion von Goethe hoffen. Aber Goethe, der sich seit neun Monaten nicht gemeldet hatte, antwortete auch diesmal nicht. Er schrieb nur (am 16. Juli 1818) leichthin an Boisserée: *Möge in Ihrer Nähe den unvergeßlichen Freundinnen Freude aus der Gegenwart und in der Erinnerung geworden seyn. Brachte denn der unglückliche Vater erst die Nachricht des traurigen Geschicks mit?* Auch er, Goethe, sehe die Welt jetzt nur *von der Nacht- und Nebelseite.* Seinen *Divan* habe er inzwischen bis auf den zwölften Bogen redigiert. *Wie geschwind das Leben wegrauscht,* bemerkte er noch. Zwei Monate später: *Der Divan ist abgedruckt … Sie können denken wie oft mir unter diesen Arbeiten der Heidelberger Platz und Schloß unter die Augen tritt.* Mit derartigen Nachrichten bedachte er nur Boisserée. Bei Marianne schwieg er, als habe er Angst, das aufzurühren, was unter der Decke schlummerte.

Marianne war verzweifelt. Goethes Gleichgültigkeit machte alles zunichte, was sie einmal besessen hatte. Das Leben bedeutete ihr nichts mehr. Sie verstummte. Wie Undine, als der Geliebte sie verließ, versagte ihre Stimme. Möglicherweise bezogen sich darauf ihre späteren Worte zu Herman Grimm, daß erst der Tod eine Liebe ganz zu Bewußtsein bringe und die Gewißheit des Verlustes alle Gefühle steigere.[13] Schlimmer konnte es kaum noch kommen. Willemer übernahm es, sich noch ein letztes Mal bittend an Goethe zu wenden. *Teuerster Freund – welch ein feindlicher Genius (ob ein Dämon der Gleichgültigkeit oder der Abneigung) ist Ursach, daß von Ihnen kein freundliches Wort mehr zu uns gelangt! ... Und doch bedarf das Haus, das Sie kannten und liebten, eines freundlichen Zuspruchs – Mariane kränkelt, mußte schon vor 8 Wochen in die Stadt ziehen – hat keine Stimme – ich litt 3 Wochen an schrecklichen Gichtschmerzen und leide noch – der Sohn liegt im Grab ... so verspielt der Mensch sein Dasein an ein trübes Geschick ...*

Diesmal kam Antwort. Goethe wählte seine Worte herzlich, schrieb von gewesenen Tagen, schönen Geschenken, bleibenden Erinnerungen und entschuldigte sein langes Schweigen damit, daß er ein Büchlein habe mitschicken wollen, das er jetzt, noch immer unfertig, beilege. Was Marianne in Händen hielt, waren die Druckbögen zum *West-östlichen Divan.* (4. November 1818)

Als sei die Entschuldigung zu spät gekommen, reagierte Marianne schwunglos und mühsam. Sie hatte tatsächlich zum ersten Mal den *Divan* vor sich, doch Freude ist nicht zu spüren. Ihre Antwort aus der zweiten Dezemberhälfte 1818 klingt matt und so kraftlos, als sei sie erschöpft und krank. *Ihr freundlicher Brief und die ihn begleitenden Blätter haben mich wieder ganz in jene Zeit versetzt, in der ich so glücklich, ja ich darf wohl sagen, jugendlich-heiter war ... es war mein letztes Glück! – Der Ernst tritt in mein Leben wie ein kalter Winter, und die Blüte fällt ... Doch wem die Erinnerung so viel Herrliches bietet, darf mit der Gegenwart nicht rechten* ... Die Vierunddreißigjährige schreibt wie eine gealterte Frau. *Jener Froh- und Leichtsinn, den Sie so liebreich an mir entschuldigten, ja sogar notwendig fanden* – er sei verschwunden. Gedämpft bemerkt sie: *ich staune über das Bekannte und freue mich doch innig, daß es mir angehörte, ja daß ich es in einem gewissen Sinne mir zueignen darf. Als ich diesen Sommer Heidelberg wiedersah, habe ich alle Orte besucht, die mir wert sind ... Nur jene Lettern, fein gezogen an des lustgen Brunnens Rand, hatte die Hand der Zeit verwischt; für ihre Unsterblichkeit ist gesorgt, möge der Wunsch, den sie aussprachen, mein kurzes Leben ausfüllen.*

Willemers Tochter Rosette zählt in ihrem Tagebuch vorwurfsvoll die Beschwerden auf, weshalb sie es im Haus ihres Vaters nicht länger aushalte, nannte ihn unklug, uneinsichtig und launisch. Aber der Bankier besaß auch Charakterzüge, die ihn vor anderen auszeichneten und für Goethe zum *würdigen Freund* werden ließen. Es zeigte sich nämlich gerade in prekären Situationen, in denen andere versagen würden, sein *edler Sinn.* Als Willemer erfuhr, daß der Gardeleutnant von Bokkum-Dolffs, der seinen Sohn im Duell erschossen hatte, zu zwanzig Jahren Festungshaft verurteilt wurde, zeigte er einen Großmut, wie ihn kaum jemand in dieser Situation bewiesen hätte. Zwanzig Jahre Haft würden ihm seinen Sohn nicht zurückgeben. Die hohe Strafe widersprach seinem Gerechtigkeitssinn. Er reiste nach Berlin, um beim König eine Begnadigung des Gardeleutnants zu erwirken. Er nahm die Route über Weimar.

Goethes Tagebuch vom 25. März 1819: *Von Willemer zu*

21. Abraham (»Brami«) von Willemer. Aquarell.

Tische, blieb bis Abend. In den *Tag- und Jahresheften* ist die Aufklärung des Besuchs zu finden: *Geheimerat von Willemer, der die Folgen einer für ihn höchst traurigen Angelegenheit großmütig abzulenken suchte, reiste nach Berlin, um von Ihro Majestät dem König Verzeihung für den Gegner seines Sohnes zu erflehen.*

Als Willemer unerwartet im Haus am Frauenplan vorsprach, die Freunde sich zu Tisch setzten, blickte Goethe immer wieder unruhig zur Tür, weil er glaubte, jeden Moment träte auch Marianne herein. Sie aber war nicht in der Lage, ihn zu sehen. Sie ist niemals nach Weimar gefahren. Als nach Goethes Tod sein Briefwechsel mit Charlotte von Stein veröffentlicht wurde und man sie nach ihrer Meinung fragte, antwortete sie: *Die Frau von Stein habe ich nicht gekannt. Ich war nie in Weimar, habe Goethe im Jahr 14 in Frankfurt zuerst gesehen, ihn bei seinem Aufenthalt vom 12. August bis 6. Oktober 1815 bei uns auf dem Lande kennen und lieben lernen und war bis vielleicht 4 Wochen vor seinem Tode in ununterbrochnem Briefwechsel mit ihm …*[14]

Enttäuscht darüber, daß Willemer auf dem Rückweg nicht wieder vorbeikam, erkundigte sich Goethe bei Sulpiz Boisserée und Fritz Schlosser nach seinem Verbleib und schrieb an Marianne einen überaus herzlichen Brief, in dem sie sich nach Jahren demütigenden Übergangenwerdens als »geliebte Freundin« angesprochen sah. *Den schönsten Augenblick der Täuschung erlebt ich,* so Goethe. *Der verehrte Freund tritt ins Zimmer, die geliebte Freundin hofft ich im Hinterhalte. Da fühlt ich recht, daß ich ihr noch immer angehöre. Sagen Sie mir bald ein Wort. Hierbei wieder Fragmente; das Ganze folgt bald als Zeugnis fortwährender Unterhaltung mit der Entfernten. Und so fort und für ewig G.*

Diesmal war es Marianne, die nicht antwortete.

XIV.
Der West-östliche Divan. 1819

Das größte Glück ist immer am unbegreiflichsten.
Marianne an Goethe, 1819

Weimar, d. 26. Juli 1819.
Nein, allerliebste Marianne, ein Wort von mir sollst du in Baden nicht vermissen, da du deine lieben Lippen wieder walten lässest und ein unerfreuliches Stillschweigen brechen magst … Nun, da du sagst, und so lieblich, daß du mein gedenkst und gern gedenken magst: so höre doppelt und dreifach die Versicherung, daß ich jedes deiner Gefühle herzlich und unablässig erwidre. Möge dich dies zur guten Stunde treffen … Wäre ich Hudhud, ich liefe dir nicht über den Weg, sondern schnurstracks auf dich zu. Nicht als Boten, um mein selbst willen müßtest du mich freundlich aufnehmen …

Der Bann war gebrochen.

Marianne hatte Goethe am 19. Juli 1819 aus Baden geschrieben, sie sei verzweifelt gewesen, verwirrt und krank und habe viel geweint. Jetzt gehe es ihr besser, er möge ihr schreiben. Sie hoffte kaum auf Antwort. Doch Goethe tat das Unerwartete. Er wußte, daß Marianne diesmal allein, nur von einer Zofe begleitet, ins Bad gefahren war, und konnte offen mit ihr reden. Er, der Magier der Worte, der »Herzenskundige«, wie Willemers ihn nannten, benutzte die intime Liebessprache, die zwischen ihnen geherrscht hatte. *Allerliebste Marianne.* Es war in einem Brief das erste und einzige Mal, das er das *Du* gebrauchte wie in der Zeit, als er bei ihr war. Er gab ihr »doppelt und dreifach« die Versicherung, ihre Gefühle zu erwidern. Ihr Spiel mit *Hudhud* nahm er sofort auf, indem er daraus ein zweites und später noch ein drittes Hudhud-Gedicht verfaßte.

Hudhud sprach: mit Einem Blicke
Hat sie alles mir vertraut
Und ich bin von Eurem Glücke
Immer wie ichs war erbaut.
Liebt ihr doch! – In Trennungs-Nächten
Seht, wie sich's in Sternen schreibt.
Dass, gesellt zu ewigen Mächten
Glanzreich Eure Liebe bleibt.

8. September 1819

Schreibend sich zu nähern tat gut, und das vertrauliche Du, das Goethe selten gebrauchte, machte Marianne glücklich. Sie ahnte, warum er schwieg. Er erwähnte Willemers Besuch in Weimar: *Soll ich wiederhohlen daß ich dich von der Gegenwart des Freundes unzertrennlich hielt und daß bey seinem treuen Anblick alles in mir rege ward was er uns so gern und edel gönnt.* Das war eine Art Bekenntnis. Willemers Toleranz, die ihnen ihre Liebe *gern und edel* gönnte, hatte den Verzicht gerade unumgänglich gemacht. Weit lieber würde Goethe, wie *Hudhud,* Marianne »schnurstracks« in die Arme laufen. Er sagte ihr immerhin, daß er sie liebe. Am 22. August, bevor er nach Karlsbad fuhr, schickte er ihr noch weitere Seiten des *West-östlichen Divan.*

Marianne erwachte wie aus einem Albtraum. Alle ihre peinigenden, selbstzerstörerischen Gedanken wurden hinfällig angesichts dieses Schreibens. *Die freundlichen und herzlichen Worte, die ich in Baden erhielt, haben ihre Wirkung nicht verfehlt,* antwortete sie. Zum ersten Mal sah sie diesmal die eigenen Gedichte gedruckt vor sich und hätte überglücklich sein können. Daß *ihre* Lieder in *seinen* Zyklus aufgenommen würden, konnte sie nicht ahnen, sie hätte es nie erwartet.

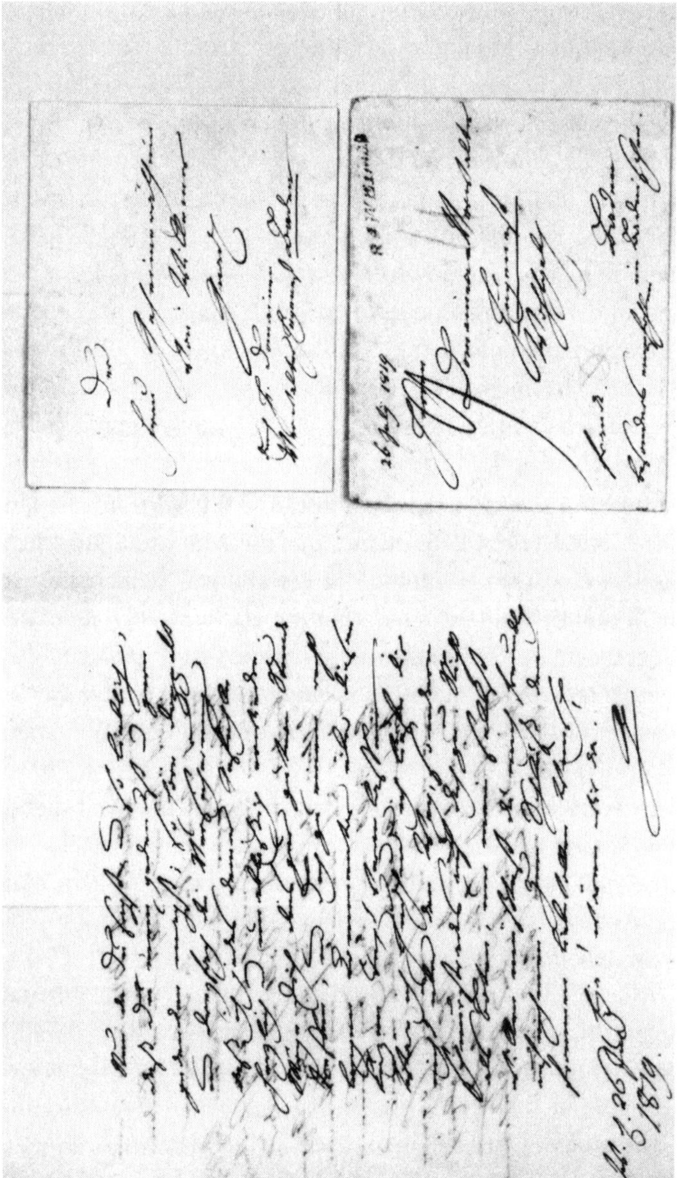

22. Eigenhändiger Brief Goethes an Marianne, Weimar 26. Juli 1819.
(Vgl. S. 192)

Er hatte sie als Mitarbeiterin und Gefährtin aufgenommen in sein west-östliches Liebesreich, in sein Buch, in sein Leben. In fünf *Suleikaliedern*, die von ihr stammten, klang sie mit den seinen zusammen. Tatsächlich waren es dann Mariannes Gedichte, die durch die Vertonungen von Schubert und Mendelssohn den *Divanliedern* erste Bekanntheit verschafften.[1] Als suche ihr übervolles Herz ein Ventil, schreibt Marianne in neu erwachtem Mitteilungsverlangen einen übermütigen und heiter phantasievollen Brief, mit dem sie Goethe zugleich zum Geburtstag gratuliert – er wurde am 28. August 1819 mit siebzig Jahren doppelt so alt wie sie. Sozusagen vertraulich erzählte sie ihm eine Geschichte, die ihr Geburtstagsgeschenk erklären soll: den Spazierstock aus Stechpalmenholz, auf dessen Griff Hudhud der Wiedehopf sitzt. Der Stock lehnte bis zuletzt an Goethes Schreibtisch in seinem Weimarer Arbeitszimmer. Mariannes Erzählung ist bis in die phantasievollen Einzelheiten hinein auf den Dichter zugeschnitten. *Eines kleinen Abenteuers kann ich nicht umhin zu erwähnen. Bei einem Spaziergang mit Boisserée führte unser Weg durch einen Wald, der von der Abendsonne herrlich beleuchtet, überdies mit Stechpalmen reichlich durchwachsen war, deren grünes Gold, vom Sonnenglanze schimmernd, aus dem dunklen Schatten südlich und üppig hervorstach; und wahrhaftig, Hudhud lief über den Weg und blieb auf dem Stamm einer Stechpalme sitzen. Ich trat zu ihm und sagte ihm – – nein, ich sagte ihm nichts, denn er weiß ja alles!*

Für ihr Erzähltalent war Marianne bekannt. Maximiliane, Bettinas älteste Tochter und Nichte von Clemens Brentano, schildert in ihren Lebenserinnerungen die Besuche bei der Geheimrätin von Willemer, deren »Märchenabende« sie als Kind miterlebte.[2] *Sie war eine wunderbare Frau, dichterisch hochbegabt,* schreibt sie. *Aus Linz in Österreich gebürtig, war Marianne Jung schon als vierzehnjähriges Kind mit ihrer*

Mutter nach Frankfurt gekommen und hier auf dem Theater aufgetreten. Der reiche Bankherr und Senator v. Willemer, Theatermäzen und auch Schriftsteller, interessierte sich für sie … Man hört aus ihrer Schilderung noch die Informationen des eifersüchtigen Clemens Brentano heraus.

Sie war die personifizierte Heimeligkeit und Gemütlichkeit, fährt Maximiliane fort. *Zuerst wurde gevespert, was für uns immer sehr aufregend war, weil die Kaffeemaschine jedesmal, wenn der Kaffee fertig war, einen lauten Pfiff ertönen ließ, worauf wir natürlich gespannt warteten. Nachdem dieser Schreck überstanden und all das feine Frankfurter Gebäck vertilgt war, begann das Großmütterchen* (Mariannes Kosename, sie war zweiundvierzig Jahre alt) *Geschichten und Märchen zu erzählen, die sie meist selbst erfand. Die fingen oft sehr traurig an, so daß einem ganz schauerlich zumute war, aber dann wurde es so schön und herrlich, als ob die Engel im Himmel ein lustig Lied sängen und die Sterne uns in den Schoß fielen … Zwischendurch schlich manchmal der alte Geheimrat Willemer mit seinem Zopf in der Nachtjacke durch die Stube. Zum Schluß durften wir noch den Raritätenschrank mit den vielen Merkwürdigkeiten und Erinnerungen, auch an den Onkel Clemens und Goethe, bewundern.* Die vierzehnjährige Maximiliane sah auch den gläsernen Schrein, den Marianne anfertigen ließ, um Goethes Briefe darin aufzubewahren.

Zufrieden über den wiedergewonnenen Freund, schickte Willemer eine ungeheure Kiste nach Weimar, wobei an alles gedacht wurde, was Goethes Interessen entsprach. Das Paket enthielt zwei antike römische Urnen, einen kostbaren gläsernen Weinpokal, eine Flasche Wein von 1748 und 24 *Bouteillen 1811 unter Siegel, die verhoffentlich nicht trüb sein sollen.* Dazu lieferte Willemer eine Beschreibung des Festes, das man in Frankfurt zu Ehren Goethes beging. Im großen Saal des Gasthofs zum Weidenbusch hatten sich 180 Personen, darunter die

23. *West-östlicher Divan.* Stuttgart, Erstausgabe in der Cottaischen Buchhandlung 1819.

Schlossers, Senator Thomas, Boisserée und Riese, um Goethes Büste versammelt, die mit einem goldenen, von Rubinen und Smaragden durchflochtenen Lorbeerkranz bekrönt wurde.

Erfreut und durchaus willens, die Freundschaft fortzusetzen, hielt Goethe für Marianne ein besonderes Geschenk bereit. Mit einem innigen Widmungsgedicht schickte er ihr Anfang November 1819 den vollendeten, mit Goldprägung versehenen *West-östlichen Divan* zu. Eigens für Marianne hatte er die geschwungenen Buchstaben des gestochenen arabischen Titels mit Farben und Gold ausmalen lassen.[3] Beides hat sich bis heute im Besitz von Willemers Nachfahren erhalten, sowohl das mit rotgoldenen Ornamenten reich verzierte *Divan*-Exemplar wie auch das handschriftliche Gedicht auf einem rosafarbenen Glanzpapierbogen im Oktavformat mit gestanzter Randleiste.[4] Marianne legte den Briefbogen zusammen mit einem Ginkgoblatt in ihr Buch. In den Versen fand sie, was sie, vielleicht unbewußt, erhofft hatte: die Unsterblichkeit ihrer Gedichte.

Liebchen ach! im starren Bande
Zwängen sich die freyen Lieder,
Die im reinen Himmels-Lande
Munter flogen hin und wieder
Allem ist die Zeit verderblich,
Sie erhalten sich allein.
Jede Zeile soll unsterblich,
Ewig, wie die Liebe sein.

1815. 1819.

Von Goethe mit Beweisen seiner Zuneigung überschüttet, als erste mit dem neuen Buch beschenkt, schrieb Marianne ihm einen großen Rechtfertigungs-, Verteidigungs- und Liebesbrief. *Ich habe den Divan wieder und immer wieder gelesen; ich kann das Gefühl weder beschreiben noch auch mir selbst erklären, da mich bei jedem verwandten Ton* [ergriff] ... Es hatte also seinen Grund, daß Goethe, ihr, der Mitdichterin, das Buch als erster geschickt hatte. Nur sie konnte das Entscheidende und Intimste davon erfassen, mitempfinden und kongenial verstehen.[5] *Wenn Ihnen mein Wesen und mein Inneres so klar geworden ist, als ich hoffe und wünsche, denn mein Herz lag offen vor Ihren Blicken, so bedarf es keiner weitren ohnehin höchst mangelhaften Beschreibung,* sagte Marianne. Diesmal gestand sie alles. *Sie fühlen und wissen genau, was in mir vorging, ich war mir selbst ein Rätsel; zugleich demütig und stolz, beschämt und entzückt, schien mir alles wie ein beseligender Traum. Haben Sie Nachsicht mit mir und meinen verworrenen Begriffen, das größte Glück ist immer am unbegreiflichsten* ... Natürlich, sie kann nicht anders, fügt sie auch jetzt wieder im Ansturm ihrer Gefühle die Aufforderung an, Goethe möge die Gerbermühle besuchen und zu ihr kommen, *der Hain, die Terrassen färben sich wie damals, und die Erinnerung belebt die Schatten, und es wandeln Gestalten unter den Bäumen, die dem Ganzen eine wundersame Bedeutung geben.* Die scheinbar nebensächlich erwähnten *schattenspendenden Bäume* waren, wie sie es von ihm gelernt hatte, nach dem Koran ein Bestandteil des Paradieses.[6] Die Gestalten, die sie dort *unter den Baumschatten* poetisch heraufbeschwört, es sind die Gestalten von Goethe und Marianne.

Der *Divan* blieb beiderseits ihr geheimer Bezugspunkt. Unter der orientalischen Hülle konnte man sich über alles unterhalten, was andernfalls verboten war. Begriffe wie *Palmenbaum*, *Vollmond* und *Musselin*, *Karawane* und *Pilgerin*, *Orakel, Talisman* und *Amulet, Rosenöl* und *Goldblatt* durchziehen als Botschaften, die vom *Hoffen und Lieben* handeln, die Sendungen. Mariannes Briefe sprechen von ihrer fortwährenden Sehnsucht nach einem Wiedersehen, das durch die Berichte von Weimar-Reisenden noch verstärkt wurde. Die

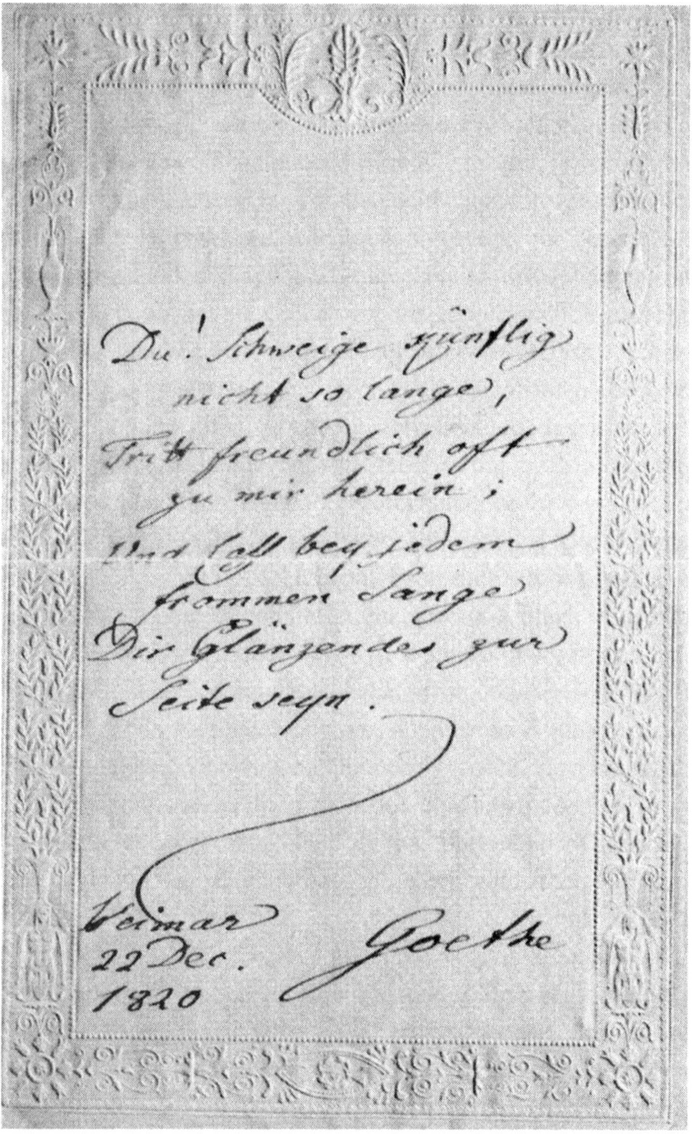
Du! Schweige günstig
nicht so lange,
Tritt freundlich oft
zu mir herein;
Und laß bey jedem
frommen Sange
Dir Glänzendes zur
Seite seyn.

Weimar
22 Dec.
1820

Goethe

24. Gedicht Goethes an Marianne, Weimar 22. Dezember 1820.

Malerin Julie von Egloffstein beschrieb den siebzigjährigen Dichter. *Der alte Herr empfing uns ganz besonders zärtlich und entwickelte, als wir bald darauf mit ihm am traulichen Eßtisch saßen, seine ganze Liebenswürdigkeit in Scherz und Ernst aufs allerreizendste. O wie hinreißend, wie unwiderstehlich ist dieser Mann, wenn er in heitrer Gemütlichkeit sich zwischen seinen Kindern und Freunden bewegt, bald das Größte und Höchste ins Gespräch verflechtend, bald sich scherzhaft wieder zu dem Kleinsten und Unbedeutendsten herabneigend und jedem einen neuen Wert, eine neue Bedeutung verleihend!* (16. März 1819)[7]

Es ist fraglich, ob Marianne die volle Bedeutung des *West-östlichen Divan* als künstlerischen Beitrag zur Verständigung der Völker in seiner Einzigartigkeit begriffen hat. Die Botschaft des Dichters war die Begegnung und gegenseitige Anerkennung der Kulturen, der Dichtung, der Sprache und Religion zweier unterschiedlicher Kulturkreise. Er wandte sich damit auch gegen den übertriebenen Patriotismus und Nationalismus, wie er nach den Freiheitskriegen in Deutschland herrschte, und setzte sich für eine wechselseitige kulturelle Bereicherung ein.[8] Das Buch besaß sozusagen eine »Doppelgestalt«: Ein großes Thema sind die politischen und religiösen Umbrüche der Zeit und Kultur, ein anderes ist die Fülle des menschlichen Daseins.[9] Aber Goethes Anliegen interessierte nur wenige. Der *Divan* war eine Reverenz an den Orient und an den Islam, den Goethe als beruhigende Gegenwelt zur rastlosen, »veloziferischen« westlichen Zivilisation auffaßte, wie er an Zelter schrieb.[10] Doch die zeitgenössischen Leser erkannten seinen Wert nicht.

Im Frühjahr 1820 berichtete Goethe der Freundin: *Zelter schreibt mir soeben, daß er einige Lieder des Divan komponiert; sobald ich sie erhalte, übersende ich sie. Der Westwind besonders hat stark auf ihn gewirkt, und ich hoffe lieblichen*

Ausdruck .... treulichst, herzlichst G. Es wirkt befremdlich, daß er nicht einmal Zelter die wahre Urheberin der Gedichte nannte. Fürchtete er, dadurch eine Spur zu legen? Wollte er verhindern, daß jemand herausfand, wie es zum Entstehen seiner und ihrer Gedichte gekommen war? Gerade in dieser Zeit fügte er dem *Buch des Paradieses* neue Verse ein:

Deine Liebe, dein Kuß mich entzückt!
Geheimnisse mag ich nicht erfragen ...
10. Mai 1820

Und noch vor dem Juni 1820, zu einer Zeit also, als er Mariannes Lieder gesungen hörte, dichtete er:

Sing mir die Lieder an Suleika vor:
Denn weiter wirst du's doch im Paradies nicht bringen.

An Marianne schickte er seine neuesten Werke, die *Zahmen Xenien,* die Hefte *Über Kunst und Alterthum,* auch eine Medaille mit seinem Porträt, das der Bildhauer Schadow geschaffen hatte, und zwar in einer Schachtel, in der Marianne ihm Mirabellen gesandt hatte. Ein Blatt lag dabei: *Eine Schachtel Mirabellen / Kam von Süden zog nach Norden, ... / Bringet keine süßen Früchte / Bringt vielmehr ein ernst Gesichte / Das im Weiten und im Fernen / Nimmer will Entbehrung lernen.* Um sich ihrerseits in Bildnissen zu präsentieren, ließen Willemer und seine Frau sich malen. Weihnachten 1819 schickten sie Goethe ihre beiden Porträts, die der Maler Anton Radl mit farbiger Kreide angefertigt hatte. Das für Goethe bestimmte Bild zeigte Marianne nicht mehr kindlich-unschuldig wie auf der Elfenbeinminiatur, sondern das Profil einer schönen und selbstbewußten jungen Frau von fünfunddreißig Jahren.

Der Dichter dankte mit einem Rätsel, das Marianne offen-

25. Marianne von Willemer. Kreidezeichnung von Anton Radl, 1819.
26. Johann Jakob von Willemer. Kreidezeichnung von Anton Radl, 1819.

bar schnell löste, denn er antwortete: *Schön und köstlich ist die Gabe / Wohlenträtselt das Verlangen.* Er hatte sich einen Kamm gewünscht, und als der Kamm eintraf, wünschte er sich eine Locke. Aus seinem Wunsch machte Marianne ein Ereignis. In Anspielung auf die griechische Sage, wonach das schöne Haar der Königin Berenice in ein Sternbild verwandelt und an den Himmel versetzt wurde, ließ sie bei einem Frankfurter Juwelier ein Medaillon an goldener Kette anfertigen, das eine Haarlocke von ihr einschloß. Die Kapsel war mit Sternen besetzt; eine Anspielung auf das jubelnde Liebesgedicht, das Goethe ihr in Heidelberg gab: *Ist es möglich, Stern der Sterne, / Drück' ich wieder dich ans Herz!* Marianne sprach vom *Herzenszwang* und davon, ihn durch die goldene Kette an sich *binden* zu wollen. Goethe war über das kostbare Präsent überrascht, entdeckte erst nach einigem Suchen das »Mittel-Juwel«, die Locke am Boden der Kapsel, und schrieb:

Ach, ich kann sie nicht erwidern,
Wie ich auch daran mich freue;
G'nüg es dir an meinen Liedern,
Meinem Herzen, meiner Treue.

Weihnachten 1820 traf wiederum ein eigens für sie gefertigtes Geschenk ein. Es war ein glitzernder bunter Glasperlenbeutel, der sich heute im Frankfurter Goethehaus befindet. mit einem schmalen goldfarbenen Band, das Worte aus dem *Divan als* Aufschrift trug: *Der schönste Schmuck bleibt stets der Musselin.* Außerdem sagte ihr Goethe auf »rosenfarbenem« Blatt, das sich in privatem Besitz einer Nachfahrin befindet:

Du! Schweige künftig nicht so lange,
Tritt freundlich oft zu mir herein;

Und laß bei jedem frommen Sange
Dir Glänzendes zur Seite sein.
Weimar 22 Dez. 1820 Goethe

Seine Frau sei *vor Freude außer sich*, verkündete Willemer. Mariannes Antwort war in der Tat überschwenglich: sie möchte die Hände, die die Tasche fertigten, *durch den zärtlichsten Kuß* belohnen, *da der Dank aus fremdem Munde, so warm er auch sein mag, doch immer einen Mittler braucht...* Marianne verstand sich auf das Ungesagte »zwischen den Zeilen«, und Goethe wußte, wie es gemeint war. Ihm galt der Kuß. *Noch einmal tausend Dank und alles, was sich sagen und nicht sagen läßt.*

Schon im Januar 1821 meldete Goethe sich wieder. Diesmal waren es Eberweins Kompositionen *aus Goethe's West-oestlichem Divan, in Musik gesetzt für's Piano-forte,* die er als Rolle schickte. Dazu ein Briefchen, das nicht anders als zärtlich genannt werden kann:

Möge der lieben
Herzens Freundin
Beikommendes
So wie zu Liebe gedichtet,
auch zu Lieb und
Freude gesungen
sein!
Weimar d. 12 Jan 1821

Marianne antwortete begeistert. Sie versprach, *das Melodische und Harmonische in Suleikas Worten* adäquat zu vertonen, nämlich *als Gruß des verwandten Herzens*. Das war im April. Im Mai erhielt sie einen Kupferstich – Goethes Porträt. Der Anblick reißt sie zu einem Liebesbrief hin, wie sie lange keinen mehr geschrieben hatte. Das Bild *würde jedes Herz mit Liebe erfüllen, wenn nicht das Original schon dafür gesorgt hätte,* verkündete sie wagemutig. Sie berief sich auf den persischen Dichter Tograi und versprach, ihr Herz aller Sehnsucht zum Trotz *zu beschwichtigen.* Daraufhin sandte Goethe den soeben erschienenen Roman *Wilhelm Meisters Wanderjahre* und sparte ebenfalls nicht mit zärtlichen Bekundungen: Er wünsche sich *die Dauer eines liebwerten Andenkens, an welches unabweichlich zu glauben mein größtes Glück macht. treulichst G.*

Allerliebste Marianne – Goethe fügte die Anrede handschriftlich in das Schreiberdiktat ein oder schrieb nur: *a M, allerliebste Marianne.*

In tausend Formen magst du dich verstecken,
Doch, Allerliebste, gleich erkenn' ich dich,
Du magst mit Zauberschleyern dich bedecken,
Allgegenwärtige, gleich erkenn' ich dich ...

16. März 1815

Allerliebste Marianne heißt es auch in einem Briefentwurf vom Juni 1822, den Goethe nicht abgeschickt hat – vielleicht, weil er allzu verliebt war. Das Briefkonzept hat sich erhalten. *Ihr liebes Blatt hab ich oft gelesen und Sie immer darin gefunden ... Es ist immer mit mir wie es war, wenn mir auch nicht immer gelingt, es auszudrücken. Beikommendes Büchlein sende ich Ihnen mit besonderm Zutrauen. Sie begleiten mich gewiß gern durch die mannigfaltig wunderlichen Zustände. Finden Sie mich immer wieder und auch rückwärts Ihrer Neigung wert, so erhalten Sie mir das schöne Plätzchen in Ihrem Herzen und sagen Sie mir manchmal, wie es um Sie steht. Das hat einen Doppel-Sinn ...*

Allerliebste Freundin – allerschönster Dank – In solchen Briefen war Mariannes Liebe aufgehoben. Sie boten Ersatz für das, was sie nicht haben konnte, waren Umarmungen mit

Worten, gaben ihr die Vergewisserung seiner Nähe. Die Korrespondenz wurde zum Zwiegespräch. Auch wenn es *nur eine angenehme Täuschung* sein sollte – sie war glücklich, und sie ließ es ihn wissen. *Die erfreulichsten Beweise Ihres Andenkens und Wohlwollens erneuern das Glück gemeinsam verlebter Stunden; wenn ich die wohlbekannten Züge erblicke, so tritt die schönste vergangene Zeit unmittelbar vor mich hin, und es ist mir, als redeten Sie mich an, wie sonst, und so geht es mir auch mit Ihren Briefen: das Wort Mariane sieht noch gerade so aus, wie Sie es vor 7 Jahren schrieben, und die herzlichste Neigung klingt harmonisch in meiner Seele nach ...* Daß sie eine Kur in Schlangenbad vor sich hat, verbindet sie mit einem kleinen erotischen Exkurs auf das, was zwischen ihnen gewesen war. *Da alles Übel* – schreibt sie am 16. Juni 1822 – *eine Folge der Erbsünde ist, so denke ich dies Bad als ein Gegengift jener ersten Vergiftung anzuwenden; sollte mir daraus kein Heil erwachsen, so wende ich mich an Sie* – Goethe wird wohl verstanden haben, was sie meinte.

Willemer, der im Mai 1821 behauptet hatte, nicht mehr schreiben zu können, da die Quelle, aus der ihm Trost kam, versiegt sei – man weiß nicht, ob er damit sein Verhältnis zu Marianne meint –, schickte Freund Goethe ein neues Werk zu: *Lebensansichten. Ein Buch für Jünglinge. Vom Verfasser der Bruchstücke zur Menschen- und Erziehungskunde religiösen Inhalts.* Dazu auch seine Schrift *Über eine Recension in der Leipziger Literatur-Zeitung,* worin er, der sich seit Jahren für das Gedeihen seiner Vaterstadt und die Interessen des Landes einsetzte, für die Heilige Allianz eintrat. Willemers Brief, fast zur gleichen Zeit entstanden wie Mariannes Liebesbrief, klang im tiefsten Grunde resigniert. *Ach, lieber Freund, was hätte aus mir werden können,* klagte er, *wenn ich studiert und nicht immer wie der Bär an seiner Tatze aus mir selbst gesogen hätte – ich bezahle die Demut teuer – nun ist es zu spät, im 63. Jahr holt man das Versäumte nicht nach und wird der Unwissenheit nicht mehr los!!!*

Goethe hatte den Jenaer Hofrat Eichstädt um eine Rezension des Willemer-Buches gebeten, die positiv ausgefallen war. *Es freut mich,* schrieb er an Eichstädt, *daß der geprüfte Freund sich dadurch erheitert fühlen wird. Wie sehr wäre zu wünschen, daß er, anstatt in der Einsamkeit sich mit sich selbst herumzukämpfen, so aufgeklärte Männer zur Lebensgesellschaft gefunden hätte.* Seine Wertschätzung des *würdigen Freundes* war ungebrochen, gerade weil er wußte, daß es Willemer an gesellschaftlichem Rückhalt und öffentlicher Resonanz fehlte. Goethes ernstgemeinte Freundschaft bekundet sich auch darin, daß er zu Willemer viele seiner Freunde schickte, das Ehepaar Frommann aus Jena, mit deren Sohn Marianne sich anfreundete, den Komponisten Eberwein und den Schauspieler Genast, seinen Adlatus Johann Peter Eckermann, schließlich auch Sohn August und Schwiegertochter Ottilie.

Auf Goethes Empfehlung hin war Anfang Juli 1822 Adele Schopenhauer bei Willemers zu Gast. In ihrem Tagebuch liest man: *Halb zwölf holten mich Schlossers zu Geheimrat Willemers. Seit vielen Tagen erwarten mich die Freunde Goethes, und ich wollte hin, doch trafen unsere Stunden erst heute zusammen. Anfangs wußten sie alle meine Wohnung nicht; indessen war die Geheimrätin bei mir ...* »Geheimrätin« Marianne kannte Adele Schopenhauer durch ihre zum *Divan* entstandenen kunstvollen Scherenschnitte. Die Schilderung, die die fünfundzwanzigjährige Schwester des Philosophen gibt, ist in ihrer Klarsicht, was Marianne betrifft, erstaunlich. *Die Frau trägt unverkennbare Spuren des Künstlerstandes an sich, sie muß leidenschaftlich geliebt und alles daran gesetzt haben,* schreibt Adele, die selber niemals verheiratet war. *Sie scheint mehr gefällig als bestimmt, mehr frauenhaft gewinnend als männlich klar ...* Dem Geheimrat wird hohes Lob zuteil. *Er* [Willemer] *war mir nicht einen Moment ein Frem-*

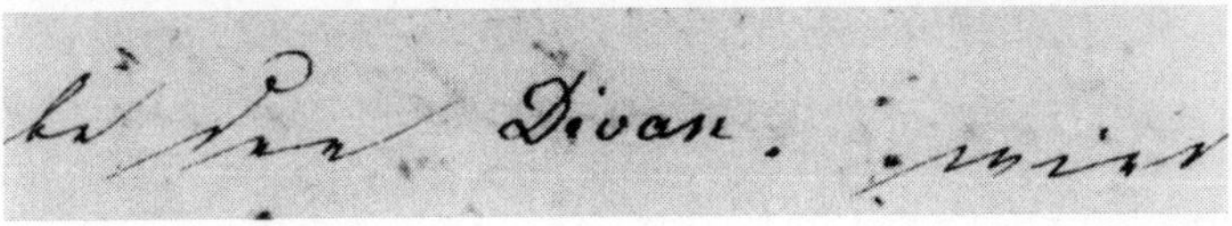

27. *West-östlicher Divan* von Goethe.
Arabisch-deutscher Doppeltitel der Erstausgabe von 1819.
Stiftung Weimarer Klassik.
28. Brief Mariannes an Goethe mit eigenhändigem nachträglichen Eintrag des Titels »Divan«, Oktober 1819.

der. Ich fühlte mich zu Hause, ich wußte: dieser gehörte zu Goethen, zu Knebel, zu Zelter. Sein schönes Auge, die Weichheit, die ihm Kränklichkeit gibt, dabei das genial Fröhliche, machten mirs ungemein behaglich … Die Wohnung am Ufer des Mains, an der Gerbermühle, ist höchst reizend.[11]

Im Cäcilien-Verein, zu dessen Mitbegründerinnen Marianne zählte, hörte sie zum ersten Mal Beethovens Liederzyklus *An die ferne Geliebte,* hörte die Worte: *Weit bin ich von dir geschieden, / Trennend liegen Berg und Tal / Zwischen uns und unserm Frieden / unserm Glück und unsrer Qual.* Der Text betraf sie selber, die Melodie rührte sie zu Tränen. Goethe hatte sie einmal *entfernte Geliebte* genannt. Im *Divan* stand sein Gedicht:

Nun tön' es fort zu dir, auch aus der Ferne
Das Wort erreicht, und schwände Ton und Schall.
Ist's nicht der Mantel noch gesäter Sterne?
Ist's nicht der Liebe hochverklärtes All?

3. Mai 1818

In Beethovens Lied fand sie diese Stimmung wieder und war zu Tränen bewegt. *Nimm sie hin denn, meine Lieder,* das waren Worte, die ihr das Herz schwer machten. Sie schickte Beethovens Noten und Text an Goethe. *Die Musik scheint mir unübertrefflich und nur mit der zu Egmont vergleichbar … Wie gerne hörte ich, daß es Ihnen Freude gemacht, und was Sie sonst dabei gedacht haben möchten.*

Was er *sonst dabei gedacht,* erfuhr Marianne nicht. Seit zwei Monaten befand sich der Dichter in den böhmischen Bädern Karlsbad, Eger und Marienbad. Alles sei herrlich, schrieb er und rühmte besonders die *liebenswürdige Nachbarschaft.* Sein Brief vom 9. September 1823 wirkte einigermaßen konfus. Gerade Goethe, der die erholsame Ruhe liebte, sich gern zur Arbeit zurückzog und Besucherscharen fürchtete, schwärmte auf einmal in Wortkaskaden, die Marianne seltsam vorkommen mußten, von *Wandeln und Fahren, Eilen und Begegnen, Irren und Finden,* behauptete sogar, daß ausgerechnet das Tanzen ihn erfreute, da es ihm *Gelegenheit zum Erneuen älterer Verhältnisse, zum Anknüpfen neuerer* gegeben habe, *zum Suchen und Gesuchtwerden, zu Unterhaltung, Vertraulichkeit, Neigung und was sich nicht alles durcheinanderflocht; daß man sich eben ganz vergaß* ... Das waren ungewöhnliche Töne. Marianne ahnte die Vorgänge in den böhmischen Bädern nicht. Die *liebenswürdige Nachbarschaft,* das war die Familie von Levetzow, Mutter Amalie mit ihren drei Töchtern. In ihrer Nähe machten *Irren und Finden, Suchen und Gesuchtwerden* Goethe offenbar so übermütig, daß er sich, wie er selbst merkte, *eben ganz vergaß.* Der Vierundsiebzigjährige hatte sich in die neunzehnjährige Ulrike von Levetzow verliebt und um ihre Hand angehalten.

XV.
Myrte und Lorbeer. 1823

Hier war ich glücklich, liebend und geliebt.
Marianne, 1824

Im Gegensatz zu Goethe, der vergeblich gehofft hatte, der drohenden Einsamkeit durch eine neue Heirat zu entgehen, erlebte Marianne, daß in ihrer Umgebung eine stattliche Großfamilie heranwuchs, in der sie sich mühelos eingliederte und für die sie unentwegt im Einsatz war. Die drei Töchter von Willemer, Rosette, Meline und Maximiliane, waren mit wohlhabenden und gebildeten, in vielfacher Hinsicht für die Geschicke der Stadt Frankfurt verantwortlichen Männern verheiratet, die in ihren Häusern eine entsprechende Geselligkeit entwickelten, und in alles wurde Marianne selbstverständlich einbezogen.

Dagegen hatte Goethe schon bei der Abreise aus Karlsbad am 5. September 1823 düster geahnt, daß Ulrike von Levetzow seinen Antrag ablehnen und er in Zukunft in Weimar ein einsames Leben führen würde. Zwar war Carl August, Großherzog von Sachsen-Weimar, höchstselbst in der Rolle des Brautwerbers aufgetreten und hatte dem umworbenen Fräulein eine stattliche Pension im Falle von Goethes Ableben in Aussicht gestellt, eine Vorsichtsmaßnahme, die mehr als begründet war, denn der fast vierundsiebzigjährige Dichter hatte zu Jahresbeginn an einer Herzbeutelentzündung gelitten und war dem Tode nahe gewesen. Doch trotz der Unterstützung von fürstlicher Seite erhielt Goethe niemals eine Antwort. Amalie von Levetzow, Ulrikes Mutter, überging die delikate Angelegenheit mit höflichem Schweigen. Statt dessen wurde Goethe bei der Rückkehr von einem empörten Sohn und einer gekränkten Schwiegertochter empfangen.

August und Ottilie, unterschiedlich im Charakter, entgegengesetzt in ihren Lebensvorstellungen, führten eine nicht eben glückliche Ehe, aus der sich August in den Alkohol, Ottilie in diverse Liebschaften flüchtete. Über die abenteuerlichen Heiratsabsichten des alten Herrn waren beide entsetzt; August, weil er um sein Erbe fürchtete, die achtundzwanzigjährige Ottilie, weil ihr eine neunzehnjährige Schwiegermutter zugemutet wurde. Der kühle Empfang stand im bitteren Kontrast zu den beschwingten Karlsbader Wochen, die Goethe genossen und Marianne mit *Irren und Finden* so lebendig geschildert hatte. Er, der »Götterliebling«, nahm Abschied von der Hoffnung, sich durch eine verjüngende Ehe vor dem unerbittlich heranrückenden Alter und innerer Einsamkeit zu retten. Eine schwere seelische Krise war die Folge, für die die *Marienbader Elegie* erschütternd Zeugnis ablegt.

Mir ist das All, ich bin mir selbst verloren,
Der ich noch erst den Göttern Liebling war;
Sie prüften mich, verliehen mir Pandoren,
So reich an Gütern, reicher an Gefahr;
Sie drängten mich zum gabeseligen Munde,
Sie trennten mich, und richten mich zugrunde.

Auf Verständnis konnte Goethe in seiner Umgebung nicht hoffen, weder bei dem mit eigenen Problemen beschäftigten jungen Paar noch bei der inzwischen einundachtzigjährigen Charlotte von Stein, noch bei Schillers Witwe oder den Schwestern Egloffstein, die häufig seine Gäste waren. Man bedauerte die Werbung des alternden Mannes um ein blutjunges, gerade erst der Pensionatsschule entronnenes Mädchen. Was Goethe allein Freude bereitete, waren seine beiden Enkel: der dreijährige Wolfgang, sein Liebling, und der fünfjährige Walther, dessen Pate Geheimrat Willemer war.

29. Myrte und Lorbeer, von Goethe für Marianne mit grünem Band auf Pappe befestigt. 1823.

Am 18. Oktober 1823, dem *Tag der Welten*, wie Goethe ihn 1815 auf Willemers Türmchen genannt hatte, als sei an diesem Tag die Welt für ihn und Marianne neu erschaffen worden, schickte er ihr ein ominöses Gedicht, das Rätsel aufgab. Marianne muß, als sie das Blatt in der Hand hielt, so überrascht, so erschrocken und verwirrt gewesen sein, daß sie wochenlang zu keiner Reaktion fähig war. Goethe legte ihr ein eben erschienenes Buch von Eckermann bei mit dem Titel: *Beyträge zur Poesie mit besonderer Hinweisung auf Goethe* und wies auf Seite 279 hin, auf der Eckermann erklärte, daß ausgerechnet das *Westwind*-Gedicht: *Ach! Um deine feuchten Schwingen,* das er in vollem Wortlaut zitierte, für Goethe typisch sei. In Wirklichkeit stammte es von Marianne. Dazu sandte Goethe ein Blatt, auf dem ein Lorbeer- und ein Myrtenzweig übereinanderlagen, mit grünem Band verknüpft und am Papier befestigt. Sie las:

Myrt und Lorbeer hatten sich verbunden;
Mögen sie vielleicht getrennt erscheinen,
Wollen sie, gedenckend seliger Stunden,
Hoffnungvoll sich abermals vereinen.
d. 18 Oktbr. 1823

Die Myrte, Blume der Göttin Aphrodite, steht für Unschuld, Liebe und Schönheit, ein bräutlicher Schmuck, der bei Hochzeiten getragen wird, um die Unschuld der Braut und die Liebe des Bräutigams zu dokumentieren. Der Lorbeer, dem Gott Apoll geweiht, bezeichnet den Ruhm des Dichters – einen goldenen Lorbeerkranz hatte man Goethe in Frankfurt zu seinem siebzigsten Geburtstag zugedacht. Nach der griechischen Mythologie war es Apoll, der Gott der Künste, der die Nymphe Daphne verfolgte. Sie floh und wurde in einen Lorbeerbusch verwandelt, seither gilt der Lorbeer auch als Zeichen leidenschaftlicher Liebe. Aus dem *Buch Suleika* kannte Marianne die Verse, die eine Anspielung auf die Szene waren, da der Gott in glühender Leidenschaft die schöne Nymphe verfolgt. Es ist das Bild der Geliebten, die sich halb hingibt, halb entflieht.

War sie da? Wo ist sie hin?
Ja! sie war's, sie hat's gegeben,
Hat gegeben sich im Fliehn
Und gefesselt all' mein Leben.

21. Juli 1818

Als Goethe am Morgen des 18. Oktober zum Schloß Belvedere hinausgefahren war, um in der Orangerie Myrte und Lorbeer zu suchen, wußte er, daß sein Geschenk erotischer Natur war und konnte sicher sein, daß Marianne es auch so auffassen würde. *Lorbeer und Myrte*, Dichtung und Ruhm, Unschuld und leidenschaftliche Liebe – die Wirkung auf Marianne war erschütternd. Sie wußte nicht, was sie von dem überraschenden Liebeserweis halten sollte und war außerstande, darauf zu antworten. *Myrt und Lorbeer hatten sich verbunden* – sie sah das grünseidene Bändchen, das Goethe durch das Papier gezogen hatte, und fand die Lösung nicht. *Hoffnungsvoll sich abermals vereinen* – das war ein irritierendes Versprechen. Dazu das Datum. Goethe hat die Verse tatsächlich, wie sein Tagebuch ausweist, am Abend des bedeutsamen *18. Oktober 1823* niedergeschrieben. In ihrem letzten Brief hatte Marianne ihm versichert, *daß, wenn schon die Feuer des 18. Oktobers nicht mehr die vaterländischen Berge erhellen, doch in den Augen und Herzen der Bewohnerinnen Frankfurts noch manche stille Flamme brennt ...* Niemals würde das Feuer in ihrem Herzen für Goethe je erlöschen, hatte sie geschrieben. Darauf diese Antwort! Wahrscheinlich war ihr zuvor Goethes Werbung um Ulrike von Levetzow zu Ohren gekommen; das Gerücht über den fehlgeschlagenen Antrag hatte sich rasch verbreitet. Was hatte das alles zu bedeuten?[1] Marianne selber hatte früher für die unglückliche Rosette, die als junge Witwe vergeblich nach einem passenden Ehemann Ausschau hielt, Gedichte verfaßt, worin ihr das *Myrthenreis* – so der Titel zweier Gedichte – Liebesleidenschaft und Eheglück versprach. *Tröste Dich, die Liebesblüthe / Wird Dir auch vielleicht noch blühn,* hatte sie zu Rosettes Geburtstag im April 1815 geschrieben.[2] Sah sie Goethes Gedicht in diesem Zusammenhang? Sandte er eine *Liebesblüte?* Was sollte die Zeile *Hoffnungsvoll sich abermals vereinen* bedeuten?

Sie wartete auf die erklärenden Zeilen, den erlösenden Brief, der sie wieder ins Gleichgewicht bringen sollte, oder, wie sie wörtlich sagte, *der mich wieder in die Stellung bringen sollte, in der ich nun einmal bin* – eine aufschlußreiche, fast traurige Bemerkung. Es dauerte ein halbes Jahr, bis Marianne es über sich brachte, die symbolträchtige Sendung zu beantworten. Sie könne die *Überraschung, ja Bestürzung* nicht schildern, schreibt sie, weshalb es ihr unmöglich gewesen sei, *auf jene Zeilen etwas zu erwidern.* Ihre Antwort erscheint in einiger Hinsicht nicht minder rätselhaft. Sie ergeht sich in merkwürdigen Andeutungen. Die Zeit, sagt sie, habe ihr den *schönsten Schmuck* versagt – den Myrtenkranz nämlich, der die Unschuld der Braut verkünde, *der allein das Haupt der Frauen mit Freude umkränzt; mögen Sie Herzenskundiger sich und mir enträtseln, was in jenen dunkeln Gefühlen, mir selbst verborgen, liegen mag.* Man könnte die Klage auf ihre Kinderlosigkeit beziehen. Das hat sie vermutlich nicht gemeint. Vielmehr denkt sie an ihr Schicksal, nicht unschuldig in eine nicht gewollte Ehe gegangen zu sein. Sie spricht von einer früheren Begegnung, bei der es Goethe war, der *ihr angehörte.* Sie erwähnt absichtlich jenen *Sonnemond*, den sie ihm schenkte, das kleine Ding aus Pappmaché, die Freude auf seinem Gesicht, als sie es ihm gab: *das war eine schöne Zeit, gewiß meine glücklichste!* Sie wußte inzwischen, was für ein hocherotisches Gedicht daraus entstanden war, worin es hieß: *Komm, süßer Mond, umklammre mich.* Sah sie einen Zusammenhang zwischen dem erregenden Liebesgedicht und den erotischen Zeilen, die sie gerade erhalten hatte? Sie beendete ihren Brief: *Und so bin und bleibe ich denn die in ihrem Innern noch unveränderte Mariane.*

Teuerste Marianne. Der Ton von Goethes Briefen änderte sich. Das Erlebnis mit Ulrike von Levetzow hinterließ tiefe Spuren. Marianne war ihm gleichbleibend zugetan, war »unverändert«. Seine Antwort vom Mai 1824 klang überaus herzlich, fast zärtlich. *Ihr liebes Herz tut sich wieder auf, Ihr holder Blick wendet sich zu mir, und wie sollte gegenseitig dies nicht auch mein Fall sein,* schrieb Goethe. Er habe ihr Lied *Ach! Um deine feuchten Schwingen,* oft singen hören und *in der Stille mir lächelnd angeeignet, was denn auch wohl im schönsten Sinne mein eigen genannt werden durfte.* Ihre Lieder gehören ihm, *seine* Zuneigung legitimierte ihn zu diesem Besitz. Er wandte sich ganz Marianne zu, versicherte: *Auch schmückt der Sonnemond noch heute mein Schatzkästchen.* Spürbar wird der Wunsch nach einem Wiedersehen. Ihre Einladung habe ihn glücklich gemacht. Im Sommer 1823 dann die Mitteilung, daß er überhaupt in kein Bad reisen wolle – die Freude an einem Aufenthalt in Böhmen war ihm durch das Levetzow-Mißgeschick verdorben. Lieber käme er zur Gerbermühle, um seine Freunde – *und wär es auch nur auf kurze Zeit gewesen, einmal wieder zu besuchen.*

Ganz offensichtlich gewann Marianne nach den enttäuschenden Erlebnissen der letzten Zeit neue Bedeutung. Sie grollte nicht und klagte nicht, sondern blieb ihm liebevoll zugetan. Als sie in seiner *Ausgabe letzter Hand* den *Neuen Divan* las, in den Goethe weitere Gedichte eingefügt hatte, fand sie darin zu ihrer Überraschung auch das ihr gewidmete zärtliche *Myrten-Gedicht,* und zwar mit einer Erklärung, die es für sie noch persönlicher, noch intimer werden ließ. Wörtlich hieß es da: *dieses Gedicht begleitete einen geschlungenen Lorbeer- und Myrtenkranz zum Symbol eines wie Hatem und Suleika in Liebe und Dichtung wetteifernden Paares.* Der Dichter ehrte sie damit vor der Öffentlichkeit als Dichterin und als Geliebte, erhob schon zu Lebzeiten *Hatem und Suleika* zu einem historisch-poetischen Paar.[3] Das wird sie mit Stolz erfüllt haben.

Goethe kam nicht. Allerdings war Marianne auch voll in Anspruch genommen. Seit Anfang Mai 1824 war ihre Mutter Elisabeth Jung aus Österreich zu Besuch, die ihre Tochter zwölf Jahre lang nicht gesehen hatte. Das Wiedersehen verlief erfreulich und anrührend. Um sich nicht so bald von ihr trennen zu müssen, begleiteten Willemers die Dreiundsechzigjährige zu ihrem Bruder, dem Apotheker Pirngruber in Berchtesgaden, mit dessen Tochter Clementine Marianne sich anfreundete. An Goethe, der vermutlich gerne mehr erfahren hätte, berichtet sie in einer seltsam verschlossenen Wendung, daß sie vieles erzählen *könnte, was ich, teils gedrungen, teils gezwungen, nicht berühren kann.* Sie weigert sich also, von ihrer Vergangenheit zu berichten. Fürchtet sie die Enthüllung, das uneheliche Kind eines holländischen Tanzmeisters zu sein?

Statt dessen berichtet sie eifrig, daß Johann Peter Eckermann sie besuchte, daß Goethes Schwiegertochter Ottilie sich ankündigte, vor allem, daß Bettina von Arnim in Frankfurt einen eigenen Entwurf zum geplanten Goethe-Denkmal präsentierte. Etwas wie Eifersucht auf die Jugendfreundin, die inzwischen als Mutter von sieben Kindern in Berlin und Wiepersdorf lebte, schwingt in Mariannes Bericht mit: *Wie glücklich ist diese Frau, welch ein Lohn wird ihr in der glücklichen Anwendung ihres schönen Talents.* Bettina hatte ein Gipsmodell mit nach Frankfurt gebracht, das im Städel ausgestellt wurde.[4] Goethe war von ihr als Gott Apoll dargestellt worden, an dessen Knie eine zierliche Psyche ruhte. Die Statue wurde vom Bildhauer Steinhäuser überlebensgroß in Marmor ausgeführt und steht heute im Treppenhaus des Neuen Museums in Weimar.

Das Verhältnis der beiden Freundinnen Marianne von Willemer und Bettina von Arnim verlief nicht ohne Spannungen, wenn auch Bettina sich nie anders als freundschaftlich über Marianne geäußert hat: Sie wußte nichts von ihrer Beziehung zu Goethe, während es Marianne ärgerte, daß Bettina auch jene Gedichte, die Goethe ihr gewidmet hatte, für sich vereinnahmte. Als 1835 Bettinas Buch *Goethes Briefwechsel mit einem Kinde* erschien, in dem sich die Autorin zur jugendlichen Geliebten und Muse des Dichters stilisierte, sprach Marianne von einem *Lug- und Trug-Compendium*[5] und äußerte bei Bettinas späterem Schwiegersohn Herman Grimm (am 18. Oktober 1852): *Du fragst mich ferner, in wiefern sich in Bettinens Briefen Lüge oder Dichtung und Wahrheit begegnen, und darauf bemerke ich nur, daß sie erstere nicht sowohl en gros als en detail anwendet* ... Sie, Marianne, könne darüber gut *einigen Aufschluß* geben. Ihre Meinung lautete: *bei solchem Reichtum muß man jeden falschen Schmuck entbehren können.* Der *falsche Schmuck,* das waren die Gedichte, die Bettina sich angeeignet und ihr sozusagen »gestohlen« hatte, da sie weder von ihr stammten noch für sie geschrieben waren.[6] Über die verschiedenen Mitglieder der großen Brentano-Familie hatte Marianne ihre eigene Ansicht. *Es müßte den wunderlichsten Eindruck machen, alle die verschiednen Personen, die jetzt zur Familie Brentano gehören, in einem Raum beisammen zu sehen, unähnlicher könnte man sie aus fünf Weltteilen kaum zusammensetzen,* versicherte sie Goethe im Januar 1830, *und sie versetzen sich gegenseitig so viele Püffe und Hiebe, daß sie es nicht lange mit einander aushalten.*

Goethe dankte Marianne für ihren lebendigen Reisebericht

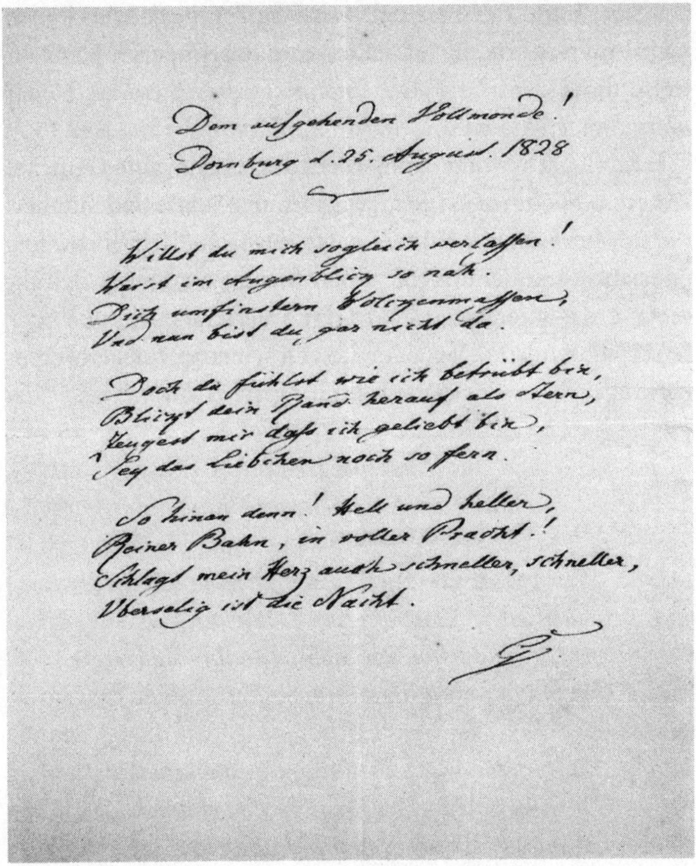

Dem aufgehenden Vollmonde!
Dornburg d. 25. August 1828

Willst du mich sogleich verlassen!
Warst im Augenblick so nah.
Dich umfinstern Wolkenmassen,
Und nun bist du gar nicht da.

Doch du fühlst wie ich betrübt bin,
Blickt dein Rand herauf als Stern,
Zeugest mir daß ich geliebt bin,
Sey das Liebchen noch so fern.

So hinan denn! hell und heller,
Reiner Bahn, in voller Pracht!
Schlägt mein Herz auch schneller, schneller,
Überselig ist die Nacht.

G.

30. J. W. Goethe »Dem aufgehenden Vollmonde!« Beilage des eigenhändigen Briefes an Marianne vom 23. Oktober 1828.

aus Straßburg, Berchtesgaden und Salzburg, der ihn um so mehr interessierte, als er selber gerade seine erste Schweiz-Reise unter dem Titel *Aus einer Reise in die Schweiz über Frankfurt, Heidelberg, Stuttgart und Tübingen im Jahre 1797* veröffentlichen wollte. Außerdem sichtete er seine Gedichte zur *Ausgabe letzter Hand,* was ihm viel Mühe machte und nur mit Eckermanns Hilfe zu bewältigen war. Zu seinem fünfundsiebzigsten Geburtstag hatte Marianne ein großes Gedicht verfaßt, das ihre gemeinsamen Tage in Heidelberg beschwor. Er schrieb es ab und ließ es in der von seiner Schwiegertochter herausgegebenen Zeitschrift *Chaos* erscheinen.

Das Heidelberger Schloß
den 28. Juli abends 7 Uhr

Euch grüß ich weite, lichtumfloßne Räume,
Dich alten reichbekränzten Fürstenbau,
Euch grüß ich hohe, dichtumlaubte Bäume,
Und über euch des Himmels tiefes Blau.

Wohin den Blick das Auge forschend wendet
In diesem blütenreichen Friedensraum,
Wird mir ein leiser Liebesgruß gesendet
Aus meines Lebens freudevollstem Traum.

An der Terrasse hohem Berggeländer
War eine Zeit sein Kommen und sein Gehn,
Die Zeichen, treuer Neigung Unterpfänder,
Sie sucht ich, und ich kann sie nicht erspähn.

Dort jenes Baumsblatt, das aus fernem Osten
Dem westöstlichen Garten anvertraut,
Gibt mir geheimnisvollen Sinn zu kosten
Woran sich fromm die Liebende erbaut.

Durch jene Halle trat der hohe Norden
Bedrohlich unserm friedlichen Geschick;
Die rauhe Nähe kriegerischer Horden
Betrog uns um den flüchtgen Augenblick.

Dem kühlen Brunnen, wo die klare Quelle
Um grünbekränzte Marmorstufen rauscht,
Entquillt nicht leiser, rascher, Well auf Welle,
Als Blick um Blick, und Wort um Wort sich tauscht.

O! schließt euch nun ihr müden Augenlider.
Im Dämmerlichte jener schönen Zeit
Umtönen mich des Freundes hohe Lieder,
Zur Gegenwart wird die Vergangenheit.

Aus Sonnenstrahlen webt ihr Abendlüfte
Ein goldnes Netz um diesen Zauberort,
Berauscht mich, nehmt mich hin ihr Blumendüfte,
Gebannt durch eure Macht kann ich nicht fort.

Schließt euch um mich ihr unsichtbaren Schranken
Im Zauberkreis der magisch mich umgibt,
Versenkt euch willig Sinne und Gedanken,
Hier war ich glücklich, liebend und geliebt.

Goethe bedankte sich zweimal. Er hatte die Motive aus dem *West-östlichen Divan* wohl erkannt, das *Ginkgoblatt, den Brunnen, das goldne Netz,* das Schlußwort. In Erinnerung an die *Hafis*-Zeit schickte er ihr, im Grunde ohne eigentlichen Anlaß, mitten im Oktober 1825 ein intim-persönliches Geschenk, nämlich ein orientalisch buntes, weiches Kissen, und – als wäre es nicht hinreichend deutlich – ein Liebesgedicht.

Nichts soll von ihrer Seite kommen,
Sobald es einmal Platz genommen;
Mich denkend sieh es freundlich an;
Mich liebend lehne dich daran.
W. 24. 10. 26. G.

Außerdem erhielt sie seine Bildnismedaille und den Roman, den er mit fünfundzwanzig Jahren schrieb und der jetzt als Jubiläums-Ausgabe erschienen war: *Die Leiden des jungen Werther.*

XVI.
Eine Frankfurter Großfamilie. 1826

Man hat gut sagen: Goethe gehört der Welt an; ich weiß aus eigner Erfahrung, daß man sich damit nicht beruhigt, man will auch einen Teil für sich allein.
Marianne an Goethe, 1829

Marianne hatte mehr Pflichten als je zuvor. Für ihren Mann, aber auch für die übrige Familie war sie unentbehrlich. So wie sie die Freundin von Willemers Töchtern war, wurde sie nun die »Großmutter« der Enkel. Der Titel *Großmütterchen* war für sie, die selber keine Kinder hatte, eine Ehren- und Lieblingsbezeichnung, zumal auch Goethe als Großvater von seinen Enkeln »Apapa« genannt wurde. Boisserée berichtet, wie Marianne mit schöner Selbstverständlichkeit ihren Platz in der Geselligkeit privater Zusammenkünfte, musikalischer Zirkel, im Frankfurter Cäcilien-Verein, bei den weitgespannten Familien- und Freundeskreisen einnahm. Adele Schopenhauer erzählte Goethe im Sommer 1827 nach einem Besuch: *Ihre Freunde Willmer in Fr.* [Frankfurt] *sah ich mehrere Male, der Geheimerat schien heiter und wohl, die Frau, wie immer, ein holdes, stets bewegtes Herz.*

Bisher unveröffentlichte Briefe von Marianne an einzelne Familienmitglieder, an den Enkel Jean Andreae und ihre Enkelinnen Anna und Maximiliane lassen ahnen, wie freundschaftlich und kultiviert man in den jeweiligen Häusern miteinander umging. Zu den Freunden gehörten die Familien von Lersner und von Bernus, die Passavants und die Ohlenschlagers, selbstverständlich alle Brentanos und Guaitas, Frau v. Hertling und Amalie Gontard, für die Marianne ebenso ein Gedicht schrieb wie für den Senator Bernus.[1] Häufig genannt werden die Familien du Fay und Neufville, August von Bethmann-Hollweg und die Brüder Fritz und Christian Schlosser. Mariannes engste Freundinnen waren, wie aus Briefen, Stammbucheintragungen und Geschenksendungen hervorgeht, Claudine Brentano, verheiratete von Firnhaber, die nach dem Tod ihres Mannes Bettinas ältesten Sohn Freimund heiratete, und Sophie Schlosser, Ehefrau von Fritz Schlosser, auf deren Besitz Stift Neuburg bei Heidelberg sie von 1825 bis zu ihrem Tod 1860 in jedem Jahr zu Gast war.

Marianne erlebte mit, wie in den Familien von Willemers Töchtern nacheinander zweiundzwanzig Kinder zur Welt kamen. Maximiliane Willemer (1792-1871) hatte mit sechzehn Jahren einen Nachbarsjungen aus der Töngesgasse geheiratet, den Spezerei- und Farbwarenhändler Jean Andreae (1780-1850).[2] Da das Paar fünfzehn Kinder bekam, zehn Söhne und fünf Töchter, war es kein Wunder, daß Willemer Goethe mitteilte, die Frauen seien immer *in anderen Leibesumständen.* Die erhaltenen Ölgemälde zeigen Jean Andreae als einen schlanken Mann mit klugem, schmalem Gesicht, seine Ehefrau als vielgeprüfte, überanstrengte Mutter, die auf dem Ölbild ernst und streng wirkt, während sie auf einer Federzeichnung ihrer Tochter Meline als liebliche junge Mutter mit einem Säugling auf dem Schoß, von kleinen Kindern umringt, zu sehen ist. Maximiliane war weder geistreich noch schön, sondern praktisch und häuslich und, wie ihr Lehrer Elias Mieg in einem Brief sagt, von unendlichem Gleichmut und sanfter Nachgiebigkeit, ihr Mann Jean ein rastlos tätiger, besonnener und praktischer Kaufmann, Leiter eines bedeutenden Geschäftshauses.[3]

Maxes erstgeborene Tochter *Marie* starb unglücklicherweise an dem Tag, an dem Goethe auf der Gerbermühle eintraf. Auch ihrem zweiten Kind, der Willemers Vornamen

31. Die Familie der Maximiliane Andreae-Willemer, gezeichnet von Carl Barth (1787-1853), 1826.
32. Der Wiedehopf (»Hudhud«) als Liebesbote. Federzeichnung auf dem Deckel einer Pappschachtel. Geschenk von Goethe an Marianne, 1820.

Johann Jakob trug, war nur eine kurze Lebenszeit vergönnt. 1816 wurde der Sohn *Jean* geboren.

Er war es, der Marianne auf der Gerbermühle bei den Schäden des *wackelig werdenden* Bauwerks half, wie man einem ihrer Briefe entnimmt. 1817 kam *Bernhard* Andreae zur Welt; mit ihm zusammen führte Jean das väterliche Geschäft weiter.[4] 1819 wurde *Abraham* geboren, der Mariannes wegen die Namen *Abraham Maria* erhielt, *Brami* genannt wie der im Duell gefallene Bruder seiner Mutter. Er war Mariannes Patenkind und ausgesprochener Liebling. Noch heute hütet sein Nachkomme das Blumengebinde, das Marianne für seine Braut Marianne Hennige zur Hochzeit herstellte, künstlerisch entzückend wie ein Schmuckstück gebildet, und auch der zarte Blütenkranz für *Bramis* Ehefrau existiert noch: auf einem Blatt, auf dessen Rückseite sich der Kupferstich einer Muttergottes befindet. Abraham erbte Mariannes zartes Elfenbeinporträt und das Miniatur-Bildnis, das Willemer als jungen Mann in preußischer Kleidung wiedergibt.

1821 bekam Maxe wieder eine Tochter, Anna Maria Carolina, genannt Marie. 1823 folgte Tobias Andreae, der ein begabter Maler wurde und seine Geschwister wie die Orgelpfeifen zeichnete, auch dieses Bild blieb in der Familie erhalten. Nach Tobias kamen Meline (1824), Gerhard (1826), Susette (1828) und Anna (1831), verheiratete Schmidt-Polex. Annas Nachfahrin war es, die mich auf noch vorhandene Privatbriefe und handschriftliche Kostbarkeiten in den heute lebenden Andreae-Familien aufmerksam machte. Auf Anna folgten Elias (1834), Karl (1836) und schließlich Julius, bei dessen Geburt 1839 Maximiliane bereits siebenundvierzig Jahre alt war. Diesen Enkel hat Willemer nicht mehr erlebt, er starb ein Jahr zuvor.

Willemers Schwiegersohn Jean Andreae hatte für sich und seine Familie eines der größten Wallgrundstücke gekauft, das nach Schleifung der Befestigungsanlagen zum Bau freigegeben wurde, und ein stattliches Haus in der Hochstraße, am heutigen Opernplatz, errichtet. Zum Wohnhaus mit seinen Seitenbauten gehörte ein großer und gerühmter Garten mit langen Heckenwegen, ovalem Teich und einem Schweizerhaus. Es war ein traumhaft gestaltetes Grundstück, von dem in Briefen und Berichten auch der Freunde die Rede ist. Der Garten, wie er damals in Mode gekommen war, gab den Bewohnern das Gefühl von Freiheit, ein Refugium, das jedem ein Stück privaten Lebensglücks ermöglichte. Das sommerliche Gartenleben, die Teenachmittage auf der Terrasse, die Spiele der Kinder im Freien, der Sternenhimmel über dem Gartensaal werden immer neu genossen und geschildert. Jean Andreae züchtete Pflanzen in großen Gewächshäusern; mit einer Pflanze namens »Elefantenfuß« machte er 1823 Goethe eine Freude. Dieser Schwager, der Marianne in Geldangelegenheiten beriet, sorgte immer dafür, daß ihr die von Willemer ausgesetzte ansehnliche Rente pünktlich zukam. Zum Haus Andreae gehörte ferner der Pferdestall mit den Kutschpferden und den Remisen. An den Ausfahrten in die Umgebung nahm auch Marianne teil, seit sie durch Willemers Tod 1838 keinen eigenen Wagen mehr besaß.

Meline Willemer, die mittlere der drei Schwestern (1788-1872), hatte mit fünfzehn Jahren den Bankier und Eisenkaufmann Friedrich Scharff (1776-1858) geheiratet. Meline erhielt den noch heute erhaltenen kostbaren Schmuck, Halskette, Armbänder und Ohrgehänge in neapolitanischer Mosaikarbeit, den Willemer Marianne wahrscheinlich auf der Italienreise zum Geburtstag geschenkt hatte. Ihr Porträt, das Meline im roten, von der Freundin geliehenen Samtkleid zeigte, ist im Zweiten Weltkrieg verbrannt. Meline und Friedrich Scharff hatten zwei Kinder, Rosina, 1804 geboren, und den zwei Jahre jüngeren Sohn Gustav. Rosina – *Röschen* war es, die an der damals unheilbaren Kinderlähmung erkrankte;

Marianne, die oft an ihrem Bett saß, schrieb in ihr Stammbuch ein Gedicht, das ihr selber einst Zacharias Werner widmete, das jedoch für ein krankes Kind nicht unbedingt passend erscheint: *Rosen auf den Weg gestreut – und des Wegs vergessen?* Rosen lagen nicht auf Röschens Weg; sie litt und starb mit fünfundzwanzig Jahren. Das lange, sehr fromme Gedicht von Clemens Brentano, »Röschen in Dornen«, bis heute unveröffentlicht, entsprach eher dem bitteren Leidensweg des Kindes.

Die Nachkommen von Melines Sohn Gustav, der bis 1888 lebte, halten heute noch die Kostbarkeiten in Ehren, die Marianne ihm als Willemers ältestem Enkel schenkte: Familienbilder, zwei Weimarer Ansichten: Gartenhaus und Haus am Frauenplan, mit handschriftlich von Goethe daruntergesetzten Versen, eine frühe, von Rauch geschaffene Goethe-Statuette, Willemers goldene Taschenuhr, den Erstdruck des *West-östlichen Divan* mit dem Widmungsgedicht von Goethes Hand: *Jede Zeile soll unsterblich, / Ewig, wie die Liebe seyn.* Gustavs Enkel August Scharff übergab dem Frankfurter Goethemuseum den »Glitzerbeutel« aus tiefblauer Seide, den Goethe Marianne verehrt hatte, und die hohe runde Schachtel mit dem Wiedehopf auf dem Deckel, den er ihr 1820 als Antwort auf ihr Geschenk, den Spazierstock mit dem Wiedehopf, übersandt hatte.[5]

Willemers älteste Tochter Rosina (1782-1845) hatte nach dem frühen Tod ihres Mannes und dem Sterben der einzigen Tochter schwere Jahre durchlitten. Seitenlang durchziehen Fragen, Vorwürfe und letztendlich die Suche nach Glück ihre Tagebücher. Die junge Frau war bemüht, ihr inneres Gleichgewicht wiederzufinden und rettete sich durch tätigen sozialen Einsatz für andere Frauen, durch tiefe Gläubigkeit und vor allem durch die Freude an der Musik, die sie mit Marianne teilte, vor den Zweifeln, die sie immer wieder überfie-

33. Friedrich Scharff, Meline Scharff, geb. Willemer.

len.[6] Ihre Schwestern waren verheiratet und bekamen Kinder, während sie einsam war und sich um verarmte Mädchen kümmerte. Eine Zeitlang wird sie auf eine Verbindung mit Boisserée gehofft haben. Wie das Tagebuch schildert, gab es verschiedene ältere, »würdige« Bewerber, die aber offenbar nicht in Frage kamen. 1819 heiratete sie Dr. Johann Gerhard Thomas (1785-1838), der zweimal jüngerer und dreimal älterer Bürgermeister Frankfurts war, ein unbestechlicher, kluger und aufrechter Mann, der die Verantwortung für das Wohl des Staates ernst nahm.[7] Boisserée schätzte ihn ungemein und nannte ihn seinen *vertrauenswürdigsten Freund.* Zu seiner Bürgermeisterwahl verfaßte Marianne ein vielstrophiges Gedicht, das Willemer stolz an Goethe schickte.[8] Noch im Jahr der Hochzeit 1819 wurde Rosettes erster Sohn Johann Jakob Thomas geboren; 1821 bekam sie Zwillingstöchter, Amalia Henriette Magdalena und Mariannes Patenkind, das alle ihre Vornamen erhielt: Maria Anna Katharina Theresia Thomas. Sie heiratete 1843 Dr. Karl Adolf Freiherrn v. Lersner. Stolz berichtete Marianne Goethe nach der Geburt: *Die Zwillinge sind allerliebste Mädchen, und ich hoffe, mein Patchen wird sich ihres Namens würdig erweisen.* Rosette bekam ihr viertes Kind 1825 mit dreiundvierzig Jahren: Maximiliane, die 1850 den Freiherrn von Weissenthurn heiratete. Zu ihr hatte Marianne unter allen Enkelinnen das engste Verhältnis. Sie schrieb an Maximiliane liebevolle (bisher unveröffentlichte) Briefe und schenkte ihr die schönsten und kostbarsten Pretiosen, auch die Schatulle mit dem goldenen Muschelkameen-Schmuck, der, wie erwähnt, nach alter Familienüberlieferung ein Geschenk Goethes an Marianne sein soll.[9]

Was Willemer betraf, war Mariannes Leben nicht leicht. Er hatte am 18. April 1826 wieder ein neues, hochmoralisches Buch an Goethe geschickt, über dessen Titel man nach allem, was man von ihm weiß, staunen muß: *Von den Vorzügen des christlichen Moral-Princips und seinem Einfluß auf Erzie-*

hung. Ein Buch für wissenschaftlich gebildete Frauen und Mütter. Goethe las davon die ersten sechzig Seiten[10], bedachte aber den Verfasser mit einem tröstlichen Brief. *Sie haben mir, wertester Freund, in diesen letzten Tagen durch ein wichtiges ausführliches Werk gezeigt, daß Sie sich noch immer mit demjenigen ernstlich beschäftigen, was dem Menschen das Höchste und Werteste bleibt, mit sittlichen und religiosen Verhältnissen.* Dann kam der siebenundsiebzigjährige Dichter auf sich und seine eigene Lage zu sprechen. Willemer erhalte sich *sowohl über eigne Lebensereignisse, welche nicht immer die erfreulichsten sind,* sowie über das Schicksal seiner älter werdenden Freunde, *die denn auch wohl mitunter unsanft vom Tage berührt werden,* meinte er mitfühlend, offenbar *in gehöriger Fassung.* (16. Mai 1826)

Vermutlich war es Willemers größter Fehler, zu früh die Berufstätigkeit aufgegeben zu haben. Goethe, der schon seinem eigenen Vater den berufslosen Stand eines sogenannten »Privatiers« vorgeworfen hatte, nannte diesen Mangel an ernsthafter Arbeit *fehlenden Ballast.* In dieser Hinsicht war Willemers Tochter Rosette die schärfste Kritikerin. Sie hatte allerdings auch am meisten unter ihm gelitten, unter seiner Unzufriedenheit, den unerfüllten Ansprüchen. Andererseits betätigte sich Willemer als nimmermüder Pädagoge und Philosoph. Insgesamt achtundfünfzig Aufsätze, Druckschriften und Bücher von ihm wurden publiziert, dreiundzwanzig Veröffentlichungen ließ er im Selbstverlag erscheinen.[11] Was Willemer als Bankier leistete, was er durch Tatkraft und Klugheit auf geschäftlichem Sektor bewirkte und welch immenses Vermögen er seinen Töchtern hinterlassen konnte, ist erstaunlich. Als er sich nicht mehr in der Lage sah, seine finanziellen Angelegenheiten selbst zu besorgen, übertrug er die gesamte Vermögensverwaltung seinen drei Schwiegersöhnen – ein gutes Zeichen für das verwandtschaftliche Vertrauen. Es wurde eine Vermögensaufstellung angefertigt, welche ein

Kapital von 305 493 Gulden und einen Zinsertrag von 11 007 Gulden ergab. Legt man das damalige Gehalt eines Lehrers, eines Orchestermitglieds oder Schauspielers mit rund 400 Gulden jährlich zugrunde, wird der Reichtum eines Mannes deutlich, der allein an Zinsen 11 000 Gulden jährlich einnahm. Als Goethes Mutter 1808 starb, hinterließ sie ein Vermögen von 44 000 Gulden. Die Vermögensaufstellung von Willemers Grundstücken ergab, daß das Wohnhaus Zum Roten Männchen einen Wert von 60 000 Gulden besaß, die verpachteten Feldgüter 10 000 Gulden und der Garten auf dem Mühlberg 1200 Gulden. Die aus österreichischen und preußischen Staatsobligationen bestehenden Wertpapiere beliefen sich auf 95 953 Gulden. Bei seinem Schwiegersohn Jean Andreae hatte Willemer ein Kapital von 71 500 Gulden zu 4%, bei Syndikus Thomas ein Kapital von 31 500 Gulden zu 4% und bei Friedrich Scharff ein Kapital von 22 000 Gulden zu 4%; bei J.L. Lemmé in Antwerpen waren weitere 11 000 Gulden zu 4½% deponiert.[12] Drei Jahre vor dem Tod des Vaters, der an zunehmender Schwäche und schließlich auch an Gedächtnisschwund litt, schrieb Tochter Rosette an Boisserée einen Klagebrief. Ihr Vater habe viel zu früh aufgehört, einen Beruf auszuüben, sagte sie am 20. Februar 1835, er habe seine Umgebung malträtiert und seine Familie unglücklich gemacht, weil er keine wirkliche Arbeit hatte, auf die er sich konzentrieren mußte. *Ja, ich bin überzeugt, seine Geisteskräfte wären frischer geblieben, als da er zuviel Zeit hatte, auf sich zu reflektieren.* Ihre Klage wirft auch ein Licht auf die Rolle, die Marianne im Leben dieses Mannes spielte. Sie schreibt: *Marianne hat dabei ein schweres Leben, benimmt sich aber ganz vortrefflich.*

Es verwundert nicht, daß Willemer, solange er noch rüstig war, zu weiten Reisen mit Marianne aufbrach, die er sich bis dahin nicht gegönnt hatte. *Morgen früh reisen wir, W. und ich, über Augsburg und Innsbruck, die neue Kunststraße*

34. Die Kinder von Maximiliane und Jean Andreae, gezeichnet von ihrem Sohn Tobias (2. von rechts). Federzeichnung um 1845.

über das Wormser Joch, durch das Veltlin nach dem Comer See, über Lugano nach Bellinzona und über den Bernardino zurück. Gedenken Sie unser in Liebe … Hier und dort Ihre Marianne, schrieb sie am 4. August 1828 an Goethe.

Nach der Heimkehr behauptete sie, während der ganzen Reise an ihn gedacht zu haben: … *auf dem schönen Comer See und vor allem in dem wunderbar und herrlich gelegenen Chiavenna sprachen wir immer von Ihnen, mein Freund … Wenn es Ihnen wirklich Freude macht, so könnte ich wohl kleine Auszüge aus meinem Tagebuch liefern …* Das Reisetagebuch, von dem Marianne wiederholt spricht, scheint verloren zu sein. Im Brief schildert sie die Schönheit der Alpenpässe, die »Silberspitzen« des Ortler, die aufregende Fahrt über den Splügen. *Der Weg in ›das Land, wo die Zitronen blühn‹, ist nicht mehr von Gefahren aller Art bedroht … und wo sonst das Maultier im Nebel seinen Weg suchte, rollt jetzt ein Phaeton, mit raschen Pferden bespannt, und Mylord und Mylady sitzen im eleganten Reisecostume, mit Büchern wohl versehen, und vergleichen sorgfältig das Gedruckte mit dem, was geschrieben steht, insofern sie dies lesen können.* Sie schrieb von neuen *Kunststraßen,* auf denen man leicht und schnell die Alpen überqueren könne. Goethe war die Schnelligkeit der Zeit, die er anbrechen sah, äußerst suspekt. Er sagte 1825 zu Zelter: *Alles aber, mein Teuerster, ist jetzt u l t r a, alles transzendiert unaufhaltsam, im Denken wie im Tun. … Junge Leute werden viel zu früh aufgeregt und dann im Zeitstrudel fortgerissen. Reichtum und Schnelligkeit ist, was die Welt bewundert und wornach jeder strebt. Eisenbahnen, Schnellposten, Dampfschiffe und alle mögliche Fazilitäten der Kommunikation sind es, worauf die gebildete Welt ausgeht, sich zu überbilden und dadurch in der Mittelmäßigkeit zu verharren.*

Marianne, vierzig Jahre alt, nahm die »Fazilitäten« des Reisens gerne in Anspruch. Nach Willemers Tod machte sie

35. Maximiliane Andreae, geborene Willemer. Porträt, Jakob Becker (1810-1872) zugeschrieben.

lange Fahrten nach Süddeutschland und in die Schweiz. Aus einem ihrer unveröffentlichten Briefe an die Freundin Sophie Schlosser, von denen sich etwa vierzig erhalten haben, geht hervor, daß sie im August und September 1842 mit Rosettes Zwillingstöchtern Schloß Hohenschwangau besuchte, zuvor in Schaffhausen war und um den Konstanzer See bis Rheineck fuhr. Sie sah Sulpiz Boisserée wieder und seine Frau Mathilde, traf Görres in München, plante *bei schönstem Wetter* mit Boisserées Bruder Melchior eine Fahrt nach Salzburg und wollte den Rückweg entweder über Regensburg und Nürnberg oder Donauwörth und Würzburg nehmen. Sie fuhr mit dem Kunsthistoriker Schorn nach Düsseldorf und besichtigte die Gemäldegalerie, benutzte die moderne Dampfschiffahrt auf dem Rhein, reiste in jedem Sommer und Herbst mit der Eisenbahn nach Heidelberg zu Fritz und Sophie Schlosser auf Stift Neuhof und ließ sich bei der Heimkehr am Frankfurter Bahnhof von ihren »Enkeln« abholen. Ob sie auf einer der Reisen ihre Mutter wiedersah, die bis 1844 lebte, ist nicht belegt.

Marianne hat es verstanden, ihre große Familie Goethe nahezubringen. Die Schwäger Jean Andreae und Friedrich Scharff besuchten den Dichter mehrmals in Weimar. Der zwölfjährige Enkel Johann Jakob Thomas, Rosettes Sohn, schickte dem Dichter einen alten Wappenkalender aus der Zeit, als sein Großvater Johann Wolfgang Textor oberster Schultheiß von Frankfurt war. Um von Goethe eine Gabe zu erbitten, teilte Marianne ihm die Unterhaltung mit dem kranken Röschen Scharff wörtlich mit. Die Enkelin habe gefragt: *Nicht wahr, Goethe hat dich recht lieb gehabt?*, worauf sie antwortete: *Ich glaube, er war mir gut und ist es noch.* Goethe schickte dem Kind dann tatsächlich zwei Blätter mit Versen von seiner Hand und einen eigenen Vierzeiler, der noch heute unveröffentlicht am alten Platz in Röschens Stammbuch liegt.

Eine noch größere Freude allerdings machte Goethe Marianne selber. Sie erinnerte ihn mit einem Gedicht – anders war es ihr gar nicht möglich – wieder an den 18. Oktober, *ihren* Tag *im Jahr der Welten.* Die Strophen waren von einem Blütenkranz umgeben, die Jahreszahl 1825 durch Blüten gebildet.

Zarter Blumen reich Gewinde
Flocht ich Dir zum Angebinde;
Unvergängliches zu bieten,
Ist mir leider nicht beschieden.

In den leichten Blütenranken
Lauschen liebende Gedanken,
Die in leisen Tönen klingen
Und Dir fromme Wünsche bringen.

Worte aus des Herzens Fülle
Sind wie Duft aus Blumenhülle;
Blumen müssen oft bezeigen,
Was die Lippen gern verschweigen.

Und so bringt vom fernen Orte
Dieses Blatt Dir Blumenworte;
Mögen sie vor Deinen Blicken
Sich mit frischen Farben schmücken!

Worin bestand die Freude, die Goethe ihr machte? Er hatte aus ihren Strophen zwei neue Gedichte geformt, in denen sie beide im Wechsel sprachen, wie sie es zu ihrer schönsten Zeit getan hatten.[13]

Er.

Bunte Blumen in dem Garten
Leuchten von der Morgensonne,

Aber leuchten keine Wonne,
Liebchen darf ich nicht erwarten.

Sendest nun in zarten Kreisen
Die von dir gepflückten Sterne,
Zärtlich willst du mir beweisen
Du empfindest in der Ferne

Was ich in der Fern empfinde,
So als wär kein Raum dazwischen,
Und so blühen auch geschwinde
Die getrockneten mit frischen.
1825

So als wär kein Raum dazwischen –, derartige Beteuerungen machten Marianne glücklich. Gerührt dankte sie für die Verse: *möchten sie,* schrieb sie, *so unvergänglich sein, als die ewigen Gefühle der Schreibenden.* Zu Herman Grimm meinte sie im Januar 1852: *Es ist ein großer Fehler in der Welteinrichtung, daß sich die Menschen, wenn sie wollen, nicht zusammenwünschen können auf eine Stunde, einen Tag, eine Woche; es wäre freilich die Frage, ob sie wieder auseinander wollten, aber ich glaube doch …*

36. Jean Andreae, Willemers Schwiegersohn. Porträt, Jakob Becker (1810-1872) zugeschrieben.

XVII.
Ein eigenes Leben

Alles nur Ihnen verdankend.
Marianne an Goethe

Goethe ging es keineswegs so gut, wie er sich den Anschein gab. Das zeigt das Tagebuch von Boisserée, der am 14. Mai 1826 gerade auf der Gerbermühle war, als *ein kläglicher Brief* des Dichters eintraf. Eine Woche später fuhr er nach Weimar und fand Goethe sehr krank, fast aufgegeben, nach vierzehn Tagen jedoch wieder *hergestellt.* Als Goethe von Boisserées Anwesenheit erfuhr, ließ er ihn sogleich kommen. *Ich finde ihn hinten in seinem Arbeits-Zimmer. Herzlicher Empfang. Gutes Aussehen, etwas matt im Gespräch – des Gehör etwas schwach dann und wann, auch fehlt wohl einmal das Gedächtnis für die kurz vergangenen Dinge – Der Sohn derb, natürlich, ein bisgen gemein, ... vor 14 Tagen die Schwieger-Tochter vom Pferde gestürzt, hat sich das ganze Gesicht zerschellt, und das Knie verletzt und Muskeln verrenkt, sie muß noch das Bett hüten. ... Wolfi der jüngste Knabe ein allerliebstes munteres freies natürliches Kind. Holt gleich beim Groß-Vater die Pfeffer-Nüsse, die ich von Willemer mitgebracht.*

Goethe gab dem Freund eine Pflanze mit. *Wie wär' es, wenn Sie die Pflänzchen unsrer theuern Müllerin zur Pflege übergäben? ... Das immerfort wachsend Lebende ist doch ein gar zu hübsches Bild und Gleichniß des Wesens, von dem wir uns kein Bild machen sollen.* Marianne hoffte in jedem Sommer auf sein Kommen, wurde einmal auch irregeführt durch Goethes eigene Ankündigung. Er entschuldigte sich mit seiner Arbeit am zweiten Teil des *Faust,* den *Tag- und Jahresheften* und dem vierten Buch von *Dichtung und Wahrheit,* das erst nach seinem Tod erschien. Es mangelte weder an Beschäftigung noch an Besuchern; dennoch war Goethe oft leidend und unzufrieden. Am 29. August 1826 schickte er ein letztes Billett an die sehr kranke Charlotte von Stein, die im Jahr darauf starb. Seine Gedanken wanderten zur Gerbermühle, an den Ort, *den ich, ungeachtet aller Schnellposten, nicht mehr erreichen kann.* Eine bittere Erkenntnis.

Boisserée notierte am 7. Juni 1826 in sein Tagebuch: *Die größte Freude verbreitete ich bei den Angehörigen der Mühle. Ich ging gleich vorgestern Abend mit der Rosette und Thomas hinaus, wie ich denn allen, bes. aber der Müllerin, nach Herzenslust von Ihnen erzählte. Die Erinnerung an jene goldenen Tage, die wir dort zus.*[ammen] *erlebt haben, wurden auf das lebhafteste angeregt* ... Im August 1826 war er wieder auf der Gerbermühle, fand Passavant und den Kunsthistoriker Schorn vor, die von ihren Kunstreisen berichteten. Man aß im Gartenhäuschen, als ein Gewitter sich ankündigte. Tagebuch vom 12. August 1826: *Über Tisch. Portefeuilles und Gedicht von der Müllerin. Heftiges Gewitter. Furcht der Müllerin.*

Auch Clemens Brentano war da. Boisserée nennt den traurig-skurrilen, einsamen Mann mit einigem Scharfsinn *einen leibhaftigen Clown.* Clemens wirke wie aus einem Shakespeare-Stück geschnitten, *sarcastisch witzig phantastisch, innerlich unglücklich. Freude allen Menschen etwas Empfindliches, ja Kränkendes zu sagen, und doch wieder auch sentimental.* Marianne bedauerte den unglücklichen Brentano wegen seiner wundersüchtigen Frömmelei, die mit stürmischen Selbstanklagen und verzehrendem Liebesverlangen einherging. Ihr gegenüber war Clemens von liebenswürdiger Zuvorkommenheit. Es mag bei einer dieser Gelegenheiten gewesen sein, daß er scherzhaft bemerkte, beinahe seinen Trauring auf der Gebermühle »verloren«, mit anderen Worten, sie beinahe geheiratet zu haben. Seine Anerkennung zeigte sich daran, daß er sie zur Mitherausgeberin seiner Werke vorschlug[1] und ihr 1837 sein Märchen *Gockel, Hinkel und Gackeleia* mit einer zauberhaften Widmung dedizierte, die ganz auf die liebliche Jugendfreundin zugeschnitten scheint:

Keiner Puppe, sondern nur
Einer schönen Kunstfigur
weihe ich dieses Paradiesgärtchen,
diese Rarität, diese Kunst, diese verspäteten Schmetterlinge,
dieses Adonisgärtchen,
dieses Märchen.

Unerwartet begann Marianne, ihrem Leben eine eigene Richtung zu geben. Sie wußte, daß sie begabt war und etwas leisten könne; eine eigenständige Tätigkeit war ihr wichtig. Jetzt, mit vierzig Jahren, ergriff sie eine Aufgabe: sie wurde Gesangslehrerin. Schon lange war sie mit organisatorischem und künstlerischem Einsatz im Cäcilien-Verein tätig, wo 1829 zum ersten Mal Bachs Matthäus-Passion aufgeführt wurde. Über ihre musikalischen Aktivitäten geben Boisserées Tagebücher Auskunft. Er schrieb im September 1824: *... mit der* [Marianne] *Willemer im Cäcilien-Verein, wo sie heimlich veranstaltet hatte, daß mir zu Liebe vier Chöre aus dem ›Messias‹ von Händel gesungen wurden. Die Aufführung, besonders des Halleluja war herrlich und besser als ich es je gehört habe.* Marianne nahm begabte Schülerinnen an, gab Unterricht und erntete Erfolg. Damals kamen vier junge Sängerinnen zu ihr, die später auf verschiedenen Bühnen auftraten. Boisserées Tagebuch vom 1. Mai 1826: *Spaziergang mit der Marianne im Garten. Die beiden Sängerinnen Heinefetter, welche die Marianne gelehrt, kommen zum Essen, Sabine und Eva, erstere besonders sehr schöne Augen – hübsches braunes Mädchen. Sind sehr vorteilhaft nach Cassel engagiert.* Die siebzehnjährige Sabine Heinefetter, die Harfe spielte, bevor sie bei Marianne Unterricht nahm, wurde eine bekannte und begehrte Opernsängerin, die in Berlin und Mailand auftrat. 1824 sang sie zum ersten Mal in Frankfurt, 1825 verpflichtete man sie auf Lebenszeit an das Hoftheater von Kassel. Dorthin begleitete sie Marianne im Mai 1827. Sie forderte Goethe auf, auch nach Kassel zu kommen, die Strecke sei nicht weit. Warum hat sie ihn bei dieser Gelegenheit nicht selber besucht? Was mag sie an einem Wiedersehn in seinem Haus gehindert haben?

Eine andere Gesangsschülerin war Julie Lampmann, für die Marianne sich erfolgreich einsetzte. Für die begabte Julie verfaßte sie ein siebenstrophiges »Musikgedicht«, das Willemer für Goethe abschrieb. Daraufhin erfolgte aus Weimar ein Lob, das Mariannes Selbstbewußtsein stärkte. Goethe bestätigte sie in ihrer Tätigkeit. *Die kunstgemäße Ausbildung einer bedeutenden Naturanlage bewirkt zu haben, bleibt eines unserer schönsten Gefühle, weil es die größte Wohltat ist, die man den Menschen erweisen kann,* schrieb Goethe. *Zu unsren Zeiten ist es für ein größeres Verdienst zu achten als ehmals, wo noch jeder Anfänger an Schule, Regel, Meisterschaft glaubte und sich der Grammatik seines Faches bescheiden unterwarf. Die lebhaftesten Glückwünsche daher unsrer lieben Freundin, der es in einem so eminenten Falle gelungen … Glück zu allem Tun! Freude an allem Gelingen!*

Immer noch vermochte Goethe, sie in Erregung zu versetzen. Als Marianne sein Neujahrsgedicht erhielt, mußte sie erst *eine ungewöhnliche Aufregung* beseitigen, um mit der nötigen *Besonnenheit und Ruhe* antworten zu können. Goethes ältester Schulfreund Riese hatte ihr kurz vor seinem Tod Briefschaften anvertraut, die sie Goethe schickte. Er antwortete ihr mit einem Satz von großer Wärme und Vertrautheit. *Schön war es, und völlig in seiner alten treuen Art, daß er sein Vermächtnis durch Ihre Hand gehen läßt; er spricht dadurch rührend aus, was Sie ihm waren und was Sie mir sind. Und so bleibe es auch fortan.*

Nach dem Tod des Herzogs Carl August 1828 hatte sich Goethe auf die Dornburger Schlösser zurückgezogen. Unvermittelt fragte er in Frankfurt an, *ob sie vielleicht, den klaren Vollmond beachtend, des Entfernten gedacht haben?* Den Beweis, das Versprechen seinerseits erfüllt zu haben, legte er bei.

Dem aufgehenden Vollmonde!
Dornburg d. 25. August. 1828

Willst du mich sogleich verlassen!
Warst im Augenblick so nah.
Dich umfinstern Wolkenmassen,
Und nun bist du gar nicht da.

Doch du fühlst wie ich betrübt bin,
Blickt dein Rand herauf als Stern,
Zeugest mir daß ich geliebt bin,
Sei das Liebchen noch so fern.

So hinan denn! Hell und heller,
Reiner Bahn, in voller Pracht!
Schlägt mein Herz auch schmerzlich schneller,
Überselig ist die Nacht.

Glücklich antwortet Marianne gleich zweimal. Ja, sie habe *das Silberlicht des Mondes unbeschreiblich schön* gesehen. *Nach Hause gegangen, blieb ich noch lange Zeit auf dem Balkon und ließ jenes unvergleichliche Mondlied dem Gefühl und den Worten nach in meiner Seele anklingen; ich erinnerte mich jener Zeit, wo ich es Ihnen so oft gesungen, und fühlte jeden Nachklang froher und trüber Zeit.* Sie schickte Goethe *eine Kapsel voller Süßigkeiten* und das Ergebnis ihrer Lektüre seines *Neuen Divan*, den sie endlich von Cotta erhalten habe.

Was ich mir von Paradiesesquellen aneignen durfte und wiederholt aneigne, erfrischt und erquickt mein Leben, und erhebt mich in mir selbst; ich danke dem Geschick für diesen Glanzpunkt meines Daseins, der ohne bittre Zugabe, rein und unvermischt meine späten Lebenstage zu erhellen vermag; dies ist ein Geschenk des Himmels, weit über mein Verdienst. (7. August 1829) Damit zieht sie gewissermaßen ein Resümee. Aller Glanz, den ihr Leben erfuhr, kam von ihm.

Eine neue Reise sollte Willemers nach Südtirol und an die oberitalienischen Seen führen. *Ich könnte mich recht auf die Reise freuen,* schreibt Marianne an Goethe, der sich schon ein *vollständig-anständiges Exemplar* eines Reisetagebuchs von ihr erbat, *wenn nicht die Sorge für Willemers Gesundheit es bedenklich machte, sie überhaupt anzutreten. Nicht als ob er krank wäre, nur scheinen seine Nerven sehr angegriffen und von einer großen Reizbarkeit.* Aus der Fahrt wird nichts. Sie kommen bis Triberg, dann erkrankt Willemer, und man kehrt in deprimierter Stimmung über den Schwarzwald und Baden-Baden um. Damit begann eine schwere Zeit, von der Rosette sagte, nur Marianne könne überhaupt mit dem Vater *auskommen.* Offenbar begann die Krankheit, die wir heute Alzheimer nennen würden, sein Gedächtnis zu zerstören, was ihn ungeduldig und gereizt machte. Der Zustand verbesserte sich trotz aller Pflege nicht. Marianne wandte sich an Goethe, als sei er der dafür zuständige Arzt. Ob er nicht ein *Arcanum* wisse, vielleicht ein heilsames *Rauchpulver*, schicken könne? (7. August 1829) Es sei Willemer nicht gegönnt, *das heranrückende Alter durch eine ruhige und abwechslungsreiche Tätigkeit abzuwehren, sein Gedächtnis nimmt sehr ab, und diese geistige Ermüdung beunruhigt ihn in hohem Grade.*

Unter der Dauerbelastung von Willemers Krankheit war Mariannes fortdauernde Beziehung zu Goethe keine Selbstverständlichkeit. Sie mußte in der richtigen Weise auf den

Dichter eingehen, und sie tat es. *Nur sie durfte sich des Vorzugs rühmen, daß sich ohne Unterbrechung der beiderseitigen Anteilnahme Liebe in Freundschaft verwandelt hatte,* erklärte Herman Grimm. Am meisten werden Goethe ihre eindringlichen Bekundungen zu seinem Werk gefreut haben. Marianne äußerte zu seinem autobiographischen Bericht über die *Campagne in Frankreich: Sie würden vielleicht über mich lachen, wenn Sie wüßten, mit welcher Genauigkeit ich auf alle Beziehungen und Andeutungen merke, die dazu helfen können, den Dichter in seinen Werken erkennen und verstehen zu lernen* – Noch im Rückblick an seinem Leben leidenschaftlich Anteil nehmend, fragt sie ihn persönlich und fast intim: *da sich nicht leugnen läßt, daß er die Feder in sein Herzblut taucht, so ist bei allem Mitleid, das man für den innig geliebten Freund und seine Herzenswunden hat, doch die Ungewißheit kaum zu ertragen, mit der man sich abmüht zu erraten, wann, wie und durch wen sie ihm geschlagen wurden* ... (7. August 1829)

Im September 1829 erzählte sie Goethe »anmutig« von der Feier zu seinem Geburtstag – es waren fünf Szenen aus dem *Faust* aufgeführt worden – und bot ihm im Namen der Stadt das Ehrenbürgerrecht mit der persönlichen Begründung an: *Man hat gut sagen: Goethe gehört der Welt an; ich weiß aus eigner Erfahrung, daß man sich damit nicht beruhigt, man will auch einen Teil für sich allein.* Goethe bedankte sich geschmeichelt für ihr Geburtstagsgeschenk, ein *köstliches Glas,* das sie – natürlich nicht ohne Hintersinn – hatte anfertigen lassen. Es zeigte vier Ansichten aus der Umgebung von Baden-Baden. Aber genau unter das Bild des Lustschlosses *FAVORITE* hatte Marianne die Jahreszahl 1829 einschleifen lassen: seine Favorite war sie. Der Fuß des Pokals war in acht Facetten gegliedert, von denen jede einen Buchstaben des Namens *MARIANNE* trug. Ihre Briefe waren Balsam für seine Seele, und er ließ das Geschenk nicht unerwidert. Im Namen des Liebesboten *Hudhud* sandte er ebenfalls ein geheimnisvoll verziertes Glas, das mit duftendem Räucherpulver gefüllt und überdies ein »Chiffrenbrief« war. Beseligt antwortete Marianne: *Hudhud hat seinen Auftrag mit der ihm eignen Liebenswürdigkeit und Gewandtheit ausgerichtet ... Vor allen Körnern, Blüten und Blättern erfreuten mich die verblümten Chiffren, womit der schöne Kristall umkränzt war ...* Selbstverständlich werde der Wunsch, der dort zu lesen war, erfüllt. Der Wunsch lautete wohl, sie möge ihm »gewogen« bleiben.[2] Sie schickte einen Kasten mit Vogel – es war eine Briefschatulle, geschmückt mit *Hudhud*, dem Liebesboten. Was darin lag, ist unbekannt geblieben.

So wie sie sich seinerzeit im wechselseitigen Dialog Liebesgedichte zugedacht hatten, sandten sich Marianne und Goethe nun wechselseitige Geschenke. Dabei war der Dichter bei seiner Wahl nicht weniger anspielungsreich und phantasievoll als seine Briefpartnerin. Es kamen seine bebänderten, geränderten, geschmückten Briefpapiere, roséfarben mit Zierleiste, der Umschlag mit einem Amor gesiegelt. Unter den Süßigkeiten wählte Goethe mit Bedacht ein Zuckergebäck aus, das *Aphroditen* hieß. Er schickte einen Kupferstich von Weimar, die Ansicht seines Gartenhauses an der Ilm und des Hauses am Frauenplan, als wolle er sie damit zu sich bitten – dennoch ist Marianne diesem Hinweis nie gefolgt. Sie schickte ihm selbstverständlich verschiedene Ansichten seiner Heimatstadt und der Gerbermühle, darunter eine Zeichnung von Anton Radl, der sie porträtiert hat – auch die Porträts gingen nach Weimar. Diskret hatte Marianne sich einmal in der Zeit der »Entsagung« als zarte *Passionsblume* geschildert, die nur *im Schatten der Gerbermühle* blühen könne – nun schickte sie eine Passionsblume. Goethe wiederum ließ ihr durch Boisserée eine kelchförmige Pflanze, *Bryophyllum calycinum,* zukommen, die nur bei ihr gedeihen könne, was sie mit einem

Gedicht beantwortete: *Was erst still gekeimt in Sachsen / Soll am Maine freudig wachsen …*

Goethe wünschte sich ganze Kisten mit Artischocken, die in den letzten Jahren elfmal sorgfältig gepackt nach Weimar gingen. Dazu kamen mit schöner Regelmäßigkeit pfundweise Eßkastanien und italienische Maronen, Schwartemagen, kleine Krüge mit Mostsenf, Honig, Ingwer und *Quittenpaste*, für Goethes Enkelkinder Walther, Wolfgang und Alma Pfeffernüsse und Marzipan, Brenten und glasierte Figuren aus Schokolade. Willemer schickte den »Eilfer«, Wein von 1811, den Goethe so schätzte, daß er ein Gedicht darauf machte, ferner zwölf Sendungen mit Weinen, die als *gute Apostel* am Frauenplan begrüßt wurden. Goethe sandte Fasanen für die Willemersche Tafel. Marianne packte eine Schachtel mit Mirabellen, er schickte die Schachtel zurück – mit seinem Konterfei.

Eine Schachtel Mirabellen
Kam von Süden zog nach Norden;
Als die Frucht gespeist geworden
Eilt sich wieder einzustellen …

Sie schickte Goethe »persische Bälle«, sandte einen »orientalischen« Seidenschal und ein kostbares Taschentuch. Goethe schenkte ihr die persischen Gedichte des *Hafis*, das Blatt des Ginkgo biloba und schickte sein Gedicht *Daß ich Eins und doppelt bin.* Daraufhin schrieb sie ihre amourösen Chiffrenbriefe, in denen auch *Hudhud* auftrat, ließ eine Schatulle mit *Hudhud* dem Wiedehopf anfertigen, den von *Hudhud* bekrönten Spazierstock schnitzen und sandte eine *Hudhud*-Schachtel, worauf erwidert wurde:

Eile doch, Wiedehopf!
Eile der Geliebten

Zu verkünden daß ich ihr
Ewig angehöre.
27. Mai 1815

Goethe überraschte sie durch den *West-östlichen Divan,* in dem sie ihre eigenen Gedichte fand. Er sandte ein Fläschchen mit orientalischem *Rosenöl,* einen reich bestickten Glitzerbeutel und sein Petschaft mit Perlmuttgriff. Im Gegenzug wünschte sich Goethe etwas Rätselhaftes. Marianne löste das Rätsel und schnitt sich eine Locke ab, die in einer mit Sternen besetzten goldenen Kapsel zu ihm reiste. Sie suchte eine Abbildung zu seinem Gedicht *Jussuph und Suleika,* fand schließlich den Kupferstich: *Joseph wird von seinen Brüdern verkauft.* Vermutlich hatte ihr der Dichter erzählt, daß er sich schon seit seiner Jugend mit der Josephsgestalt beschäftigte, hatte ihr gesagt, daß in der persischen Dichtung die Geliebte des schönen Joseph *Suleika* hieß. Sie schickte ihm ihr Bildnis und ihre Silhouette aus Schlangenbad, sandte Beethovens Kompositionen und erhielt dafür Zelters und Eberweins Vertonungen ihrer eigenen Gedichte. Sie schickte einen silbernen Becher und einen Pokal aus Kristall, er ihr ein Seidenband mit orientalischem Spruch, Bildnismedaillen und seinen in Wachs modellierten Kopf, den sie unter Glas rahmen ließ. Gegenseitig ließen sie sich goldene Ringe zukommen, in denen die Namen *GOETHE* und *MARIANNE* aus Halbedelsteinen gebildet waren.

Goethes Wünsche rissen nicht ab. Er verstand sich brillant und diplomatisch auszudrücken und seine Wunschbefehle wortreich einzukleiden, ermutigt durch das Angebot, ihr würde jeder Auftrag eine Freude sein. Von ihr hatte er aus der Gerbermühle eine geschnittene Muschel mit einem Jupiterkopf mitgenommen, *an die sich manche heitere Erinnerung knüpft,* wie Marianne Ottilie von Goethe berichtete.[3] Auf seinen Wunsch erwarb sie für Goethes Enkel Walther und

Wolfgang einen *Taschenspielerkasten* und ein *Kinderspiel.* Außerdem schickte sie für die Schwiegertochter Stickwolle, Garn und eine neumodische *Theemaschine.* Als Gegengabe erhielt sie von Goethe eigens ausgesuchte Lektüre. Marianne bekam den zierlichen *Berliner Musen-Almanach*, die *Chinesischen Tages- und Jahreszeiten*, seinen *Werther,* den Roman *Wilhelm Meisters Wanderjahre*, ferner Zeichnungen zum *Faust,* den eben erschienenen *Briefwechsel mit Schiller* und seine *Italienische Reise.* Um ihr eine besondere Freude zu machen, ließ der Dichter Marianne die illustrierten Prachtbände der Potsdamer Königlichen Aufführungen *Lalla Rukh* und *Der Zauber der Weißen Rose* zugehen.

Wenn Marianne wiederum – ohne Willemers Wissen und quasi hinter seinem Rücken – Gegenstände wie *Pantoffeln* sandte, auf die sie den Namen *Suleika* stickte, und sich ein Kleidungsstück wie *Hosenträger* einfallen ließ, die sie in langer Arbeit mit Frühlingsblumen von eigener Hand bestickt hatte, so sagt das deutlich genug, daß sie ihm, wenn schon nicht persönlich, so doch durch diese intimen Gaben so nahe wie möglich kommen wollte. Goethe verhielt sich galant. Er nannte die Hosenträger *Schulterbänder* und beteuerte:

Ein allerliebstes Frühlings-Gelände,
Mit Nadeln zierlich schattiert und gebrochen;
Daß, wäre selbst das Herz durchstochen,
Man es gewiß gar wohl empfände ...

September 1821

Ebenfalls nicht ohne Hintersinn, schickte er Marianne ein buntbesticktes Kissen, auf welchem sie wie auf einem *Polster* ruhen und an ihn denken sollte.

Suleika du aber ruhst
Auf dem zarten Polster
Das ich dir bereitet und geschmückt …
November 1815

Der wechselseitige Austausch wurde bis zuletzt fortgesetzt. Zu Goethes zweiundachtzigstem Geburtstag wählte Marianne einen Becher – vielleicht eine Anspielung auf sein Gedicht vom *König in Thule*, der *treu bis an das Grab*, den *Becher* über den Tod hinaus bewahrt. Es war Goethes letzter Geburtstag. An ihn werde ebenso gedacht, schrieb sie dazu, wie *jenes 28. Augusts, den wir vor 16 Jahren so vergnüglich in dem kleinen Gartenhaus zubrachten. – In einigen Tagen erhalten Sie ein Kistchen mit ganz frischen Pfeffernüssen und Brenten … Auch etwas Quittenbast habe ich beigepackt, er hält sich lange und ist ganz unschädlich.* Das schrieb sie am 29. Januar 1832, zwei Monate vor seinem Tod. Kühn bot sie sogar an, ihm die Hausfrau zu ersetzen; es wäre ihr eine Freude, erklärte sie wörtlich, ihm seine *häuslichen Pflichten* zu *erleichtern! wenn es mir vergönnt wäre –*

Auf Angebote dieser Art reagierte Goethe äußerst jovial. *Die anmutigen Süßigkeiten sind glücklich angekommen, und, was wirklich merkwürdig ist, haben Sie durch die obere Schicht eine frühere Geschmackslust Ihres bejahrten Freundes wieder aufgeregt … Deswegen möcht ich Sie jetzt nur um eine mäßige Sendung von Kastanien bitten, von welchen diesen Winter kaum einige Musterbilder zu uns gekommen sind.* »Musterbilder«, schrieb er diesbezüglich, da sie nach dem *Divan* ein »Musterpaar« waren. Durch ihr hausfrauliches Angebot animiert, erwähnte er wenige Wochen vor seinem Tod seine Mutter. Er schrieb am 9. Februar 1832: *Sodann fällt mir aber doch ein: Sie um ein paar Schwartemagen zu bitten, welche, bei mäßiger Kälte, wohl möchten zu transportieren sein. Während meiner Mutter Lebzeiten kamen dergleichen zu gehöriger Zeit regelmäßig an.*

XVIII.
Abschiede. 1832-1860

Dergleichen Blätter geben uns das frohe Gefühl, daß wir gelebt haben ...
Goethe an Marianne, 1832

Goethe starb am 22. März 1832 mit zweiundachtzig Jahren. Es war Willemer, der Marianne die Nachricht brachte. Sie habe ihn ruhig angehört, berichtet Maximiliane, Rosettes jüngste Tochter, und nach einigem Schweigen gesagt: *Gott hat mir diese Freundschaft gegeben. Er hat sie mir genommen. Ich muß Gott danken, daß sie mir so lange Zeit zu Teil ward.*[1] Am 23. März schrieb ihr Eckermann: *ich weiß Sie waren Ihm besonders wert, er hat noch wenige Tage vor seinem Hinscheiden Ihrer gedacht ... Er verließ uns gestern Mittag 11 Uhr. Vor 8 Tagen am Donnerstag war er noch vollkommen wohl. Die Großherzogin besuchte ihn selbigen Tages, und wie man hört, ist er gegen sie besondern heiter und mittheilend gewesen. Er machte darauf eine Spazierfahrt und es ist möglich daß er sich da erkältet hat ...*

Marianne war nicht unvorbereitet. Goethe selbst hatte ihr seinen Abschiedsbrief geschrieben. *Indem ich die mir gegönnte Zeit ernstlich anwende, die grenzenlosen Papiere, die sich um mich versammelt haben, zu sichten und darüber zu bestimmen: so leuchten mir besonders gewisse Blätter entgegen, die auf die schönsten Tage meines Lebens hindeuten ...* Er habe sie eingepackt und versiegelt. *Ein solches Paket liegt nun mit Ihrer Adresse vor mir, und ich möchte es Ihnen gleich jetzt, allen Zufälligkeiten vorzubeugen, zusenden, nur würde mir das einzige Versprechen ausbitten, daß Sie es uneröffnet bei sich, bis zu unbestimmter Stunde, liegen lassen. Dergleichen Blätter geben uns das frohe Gefühl, daß wir gelebt haben; dies sind die schönsten Dokumente, auf denen man ruhen darf.* Marianne fand auf dem Paket ein Gedicht, sein »Vermächtnis«, geschrieben neunzehn Tage vor seinem Tod.

Vor die Augen meiner Lieben,
Zu den Fingern die's geschrieben, –
Einst, mit heißestem Verlangen
So erwartet, wie empfangen –
Zu der Brust der sie entquollen,
Diese Blätter wandern sollen;
Immer liebevoll bereit,
Zeugen allerschönster Zeit.
Weimar d. 3. März 1831 JWvGoethe

Die Verse standen auf einem geränderten Quer-Oktav-Blatt mit schwarzer Zierleiste, eingeschlagen in ein Stück blaues Packpapier mit der Aufschrift von Goethes Hand: *Frau Geheimräthin von Willemer Gnaden aufzubewahren.* Marianne antwortete noch vor Eintreffen des Paketes – es war ihr letzter Brief an ihn: *die Beweise Ihres unveränderten Wohlwollens machen mich sehr glücklich! Ihr Anerbieten, mir jenes inhaltreiche Paket zu senden, rührt mich ganz unbeschreiblich, ich sage nichts weiter; senden Sie es nur, ich will es treu und gewissenhaft bewahren, wo Ihre Briefe liegen, die ich alle geordnet habe, und die ich oft und immer wieder lese ...*

Ein Mitbewohner aus dem Haus Zum Roten Männchen, der Heimatdichter Friedrich Stoltze, schrieb über das Ehepaar Willemer im Todesjahr Goethes: *Der Herr Geheimrat war damals schon stark in den Siebzig; ein schmaler langer Mann, schon etwas gebeugt durch die Jahre und nicht mehr gut zu Fuß, hingegen durchaus kein Griesgram, sondern ein freundlicher alter Herr ... Die Frau Geheimrat war zwar bedeutend jünger als ihr Mann, aber dazumal doch schon eine angehende Fünfzigerin, ein etwas korpulentes, aber leb-*

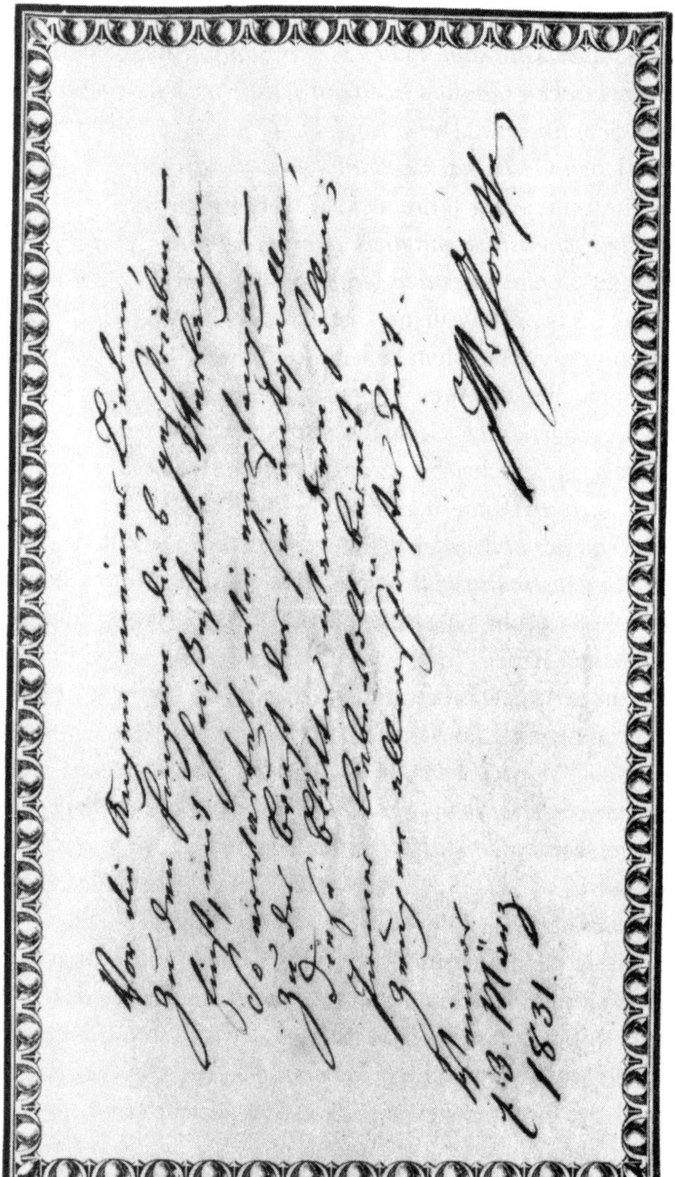

37. Goethes eigenhändige Niederschrift des ›Vermächtnis‹ genannten Gedichts für Marianne, Weimar 3. März 1831 (vgl. S. 255).

haftes Frauchen mit einem Paar blitzender, geistreicher Augen ... In ihrem freundlichen Gesicht zwischen zwei großen grauen Locken sah man noch die deutlichen Spuren von früherer Schönheit ... Der alte Heide Goethe hat einen guten klassischen Geschmack gehabt.[2] Marianne war bei Goethes Tod fünfundvierzig Jahre alt. Zu Herman Grimm sagte sie: *Alles Irdische ist vergänglich, aber unsterblich schwebt das Wort des Genius über den Gräbern und erweckt die Toten.*[3] Im Juli 1830, als Willemer noch relativ gesund war, hatte Marianne zwischen dem Leben des Dichters und dem ihres – im Brief nicht genannten – Ehemannes einen wehmütigen Vergleich gezogen. *Ach Gott, welch ein armes beengtes Leben führen so viele,* schrieb sie an Goethe, *wie wenigen ist es verliehen, sich und andern klar zu werden ... und so erscheinen Sie mir immer bewunderungswürdig in der vollkommen ruhigen Übereinstimmung Ihres eigentümlich- und angeeigneten Wertes.* 1834 fuhr sie noch einmal mit ihrem Mann zur Kur nach Baden-Baden, doch er wurde immer hinfälliger, gereizter und schwieriger. Das bestätigt ein Brief von Rosette an Boisserée. Nach einer Klage über ihren stark gealterten Vater bemerkt sie: *Marianne hat ein schweres Leben, benimmt sich aber ganz vortrefflich. Wir Kinder können es ihr nie genug danken; denn niemand als sie kann mit dem Vater zurecht kommen.*

1836 erlitt Willemer einen Schlaganfall.[4] Da man das Erdgeschoß des Hauses zum Roten Männchen an den Kolonialwarenhändler Melchin vermietet hatte, der selber im ersten Stock wohnte, entschied Marianne 1837, die Wohnung im zweiten Stock sei für ihren siebenundsiebzigjährigen Mann wegen des Treppensteigens zu beschwerlich. Im Oktober 1838 zogen sie in eine ebenerdig gelegene Wohnung – *ein kleiner Garten darf dabei nicht fehlen* – am Untermaintor. Zwei Wochen später starb Willemer mit achtundsiebzig Jahren *an einem Lungenschlag*. Auf seinen Wunsch wurde er am

22. Oktober 1838 an der Kirche von Oberrad neben seiner geliebten ersten Frau und seiner Tochter Käthe begraben.

Willemers Karriere ist aus den erhaltenen Akten und Urkunden wie in einer Rückschau abzulesen. Die nüchternen Dokumente halten die Stationen eines aufgewühlten und rastlosen Lebens fest: die Ernennung des Neunundzwanzigjährigen zum Preußischen Geheimen Rat, sein Patent »zum Kgl. Preuss. Hofbanquier« als Dreiunddreißigjähriger, der Kauf des »Hauses zum Rothen Männchen«, die Erbvereinbarungen mit den drei Töchtern Rosette, Maxe und Meline von 1799 bis 1837, die für sein großes Verantwortungsbewußtsein sprechen. Eine von Willemers besten Entscheidungen findet man dokumentiert in den Pachtverträgen der alten Gerbermühle, seinem »Sommersitz«, wo er die glücklichste Zeit verbrachte. Unter den Papieren auch die Taxierung des Rittergutes Groß-Beeren bei Berlin. Willemer hatte in väterlicher Sorge, nachdem sich sein Sohn mit Friederike von Geist verlobt hatte, zur Sanierung des verschuldeten Gutes eine Hypothek bereitgestellt.

Zwei besondere Briefe blieben erhalten. Der vierzigjährige Witwer Willemer bemüht sich darin um die ältere Schwester von Bettina, Sophie Brentano, die seinen Antrag ausschlug. Im gleichen Jahr 1800 nahm der Bankier die sechzehnjährige Tänzerin *Marianne Jung* in sein Haus. Ihre Trauungsurkunde existiert in einer Kopie, auch ihre Akte »In Sachen Frankfurter Bürgerrecht«. Da Marianne die versprochenen Papiere aber niemals vorlegte, galt sie in Frankfurt zeitlebens als Ausländerin.

Zahlreiche Schriften beweisen Willemers literarische Interessen, nicht nur die Vorschläge zum Theaterwesen und die pädagogischen Schriften, sondern auch die Novelle »Der Vatermord« und seine fünf Lustspiele. Johann Jakob Willemer erstrebte mehr als andere, wollte Ruhm über das Leben hinaus. Es ist ihm gelungen – wenn auch auf andere Weise, als er dachte. Daß ihm Orden und Ehrenbezeugungen wichtig waren, ist den vorhandenen Urkunden abzulesen. Willemer erhielt den russischen St. Annen Orden II. Klasse, den Roten Adlerorden III. Klasse, das Ritterkreuz des Zivilverdienstordens der bayrischen Krone. Er wurde in den erblichen Adelsstand erhoben, doch der einzige Sohn und Erbe war mit vierundzwanzig Jahren gestorben. Der Adelsbrief aus Wien, so groß, daß er nicht zu den übrigen Akten gelegt werden konnte, wurde in eine eigens dafür geschaffene »Blechkapsel« versenkt.

Marianne hatte achtunddreißig Jahre an Willemers Seite verbracht. Sie fühlte sich einsam, als er starb. Rosettes gut gemeintes Angebot, zu ihr zu ziehen, schlug sie aus und mietete eine Wohnung in der Alten Mainzergasse Nr. 42, nahe dem Hirschgraben, dem Römer und der alten Leonhardskirche. Ihr Klavier nahm sie mit, um weiter Gesangunterricht erteilen zu können. Im Alkoven stand ihr »Kontörchen«, daneben der gläserne Kasten, in dem sie Goethes Briefe auseinandergefaltet und lose übereinandergelegt aufbewahrte. Goethe hätte diese Art eines »öffentlichen Geheimnisses« geschätzt. Ein Jahr nach dem Umzug schrieb Marianne an Boisserée: ... *In der ersten Zeit nach Willemers Tod da war es mir, als wäre ich nirgends zu Hause; ... es waren schmerzliche Stunden, die ich durchleben mußte, ein Gefühl der Verlassenheit bemächtigt sich meiner, welches mich fast überwältigte; ich bin kein selbständiges Wesen, mein armer innig geliebter und heiss beweinter Kranker war aber doch meine einzige Stütze, alles in meinem Leben war auf ihn berechnet; das war mit einemal vorbei.*

Es war durchaus nicht »alles vorbei.« Marianne von Willemer führte ein durch Familienpflichten und Kindersorgen, Hochzeiten und Reisen tätiges Leben. Sie kümmerte sich mit darum, daß die Gemälde der Brüder Boisserée in die richtigen Hände kamen; die Sammlung wurde vom bayrischen König für 240000 Gulden angekauft und stellt heute den Grundstock der Alten Pinakothek in München dar. Sie ging aus und empfing ihre Besucher – *Nachmittag bei Frau Willemer, behagliche angenehme Wohnung am Main –. Nacht-Essen bei der Willemer*, notiert Boisserée im Oktober 1841.[5] Der Historiker Friedrich Böhmer und die Malerin Emilie Lindner, Freundin von Clemens Brentano, kamen zu ihr. Marianne war mit Familie Bansa, die einst Goethes Marionettentheater erhalten hatten, und dem Bildhauer Schwanthaler befreundet, dessen Goethe-Denkmal 1844 in Frankfurt in ihrem Beisein enthüllt wurde. Sie besuchte Franz und Antonie Brentano in ihrem neuen Haus, das durch eine phantastische Gemäldesammlung »sehr schön, ja prächtig« ist, wie Boisserée als erster bemerkte. Sie lernte die Künstler Philipp Veit, Moritz von Schwind und Eduard von Steinle kennen, der sie porträtierte und dessen Zeichnungen in ihrer Wohnung, später bei Meline Scharff und ihren Enkeln hingen, bevor sie im Zweiten Weltkrieg verbrannten.[6] Immer spielte die Musik in Mariannes Leben eine große Rolle. Es war das Element, das sie beherrschte und das sie über Zeit und Entfernung hinweg mit Goethe verband.

Nun tön' es fort zu dir, auch aus der Ferne,
Das Wort erreicht, und schwände Ton und Schall.
Ist's nicht der Mantel noch gesäter Sterne?
Ist's nicht der Liebe hochverklärtes All?

3. Mai 1818

Er hatte sich *ihre* Lieder in Weimar vorsingen lassen. Nun sang Jenny Lind in Mariannes Gegenwart ihr Lied vom *Westwind*. Bei Marie Brentano lernte sie den Freund von Brahms, den Geiger Joseph Joachim kennen, der für sie Beethoven spielte. Sie gab weiter talentierten Sängerinnen Unterricht; bei ihr traf Felix Mendelssohn-Bartholdy ihre Schülerin Minna Buber. Dem großen Komponisten zu Ehren führte der Cäcilien-Verein einen Chorgesang auf, zu dem *Lebende Bilder* gestellt wurden, darunter auch *Suleika*. Eberwein, Zelter, Schubert und jetzt Mendelssohn vertonten ihre Gedichte aus dem *West-östlichen Divan,* und auch diesmal sagte Marianne nicht, daß sie die Verfasserin war. Als sie in Goethes *Ausgabe letzter Hand* ihre Gedichte wieder vor sich sah, schwieg sie. Mit Goethes Enkel, dem einundzwanzigjährigen Walther, ging sie im September 1839 den Weg zur verfallenden Gerbermühle – und schwieg. Clemens Brentano kam, widmete ihr sein Märchen, schrieb ihr sein Gedicht – sie schwieg. Wie hätte sie es vor den anderen begründen sollen: *Seine Liebe sei mein Leben …*

Bevor die Gerbermühle in andere Hände kam, verbrachte Boisserée dort mit seiner Frau Mathilde noch einen Abend. *Seltsamer Zauber der Localität, lebendigste Vergegenwärtigung hier verlebter schöner Tage,* notierte er. *Der Glanz der untergehenden Sonne im Main schwankt und spielt noch heute wie damals auf den leichten Wellen – aber so viele Freunde sind seitdem dahingegangen mit dem Strom der Zeit der auch uns einst fortführen wird, während die Sonne immerfort dieselbe bleibt, die auf den stets neuen Wellen ihren Glanz verbreitet. – Abend-Essen in dem Balkon-Zimmerchen.*[7] Dort hatte Marianne einmal in der Nacht ihn und Goethe belauscht.

Marianne von Willemer starb mit sechsundsiebzig Jahren am 6. Dezember 1860 an einem Herzschlag. Glücklich hatte sie ihrem Enkel Jean Andreae noch berichtet: *Du würdest Dich wundern, wie schlank die Großmutter geworden ist, sie geht durch ein Nadelöhr.* Doch gerade das, worüber sie sich freute, war in Wirklichkeit ein schlechtes Vorzeichen. Daß sie schlank wurde, sprach für die Herzkrankheit, an der sie starb. *Zwei Tage vor ihrem Tode hat sie noch in der Abendstunde einen Spaziergang unternommen, um sich Bewegung*

38. Johann Jakob Willemer.
Ölgemälde von Joseph Binder (1805-1863).

zu machen, schrieb der Maler Eduard von Steinle. Am Abend des 5. Dezember habe sie vorbeikommen wollen, um seine Kinder musizieren zu hören, blieb aber fort. Am nächsten Morgen fand man sie tot.[8] Viele, die Marianne geliebt hatte, lebten nicht mehr. Im Jahr von Willemers Tod 1838 starb auch, mitten aus einem erfüllten Leben heraus, Rosettes Mann, der Bürgermeister Thomas, ihm folgte 1842 sein einziger Sohn, drei Jahre später auch seine Frau, Mariannes Lebensfreundin Rosette. Noch vor Goethe war sein Sohn August in Rom gestorben, auch Fritz Schlosser lebte nicht mehr. 1842 starb der unglückliche Clemens Brentano, der zuletzt sehnsüchtig-schwülstige Briefe geschrieben hatte. Röschen Scharff erlag der Kinderlähmung, Schwager Jean Andreae war tot und auch der Schwager Friedrich Scharff, den Goethe besonders gemocht hatte. Gestorben waren die Brüder Franz, George und Christian Brentano. Zum traurigen Sterben von Bettina, die mehrere Schlaganfälle erlitten hatte, sagte Marianne: *Was helfen denn die Schwingen des Genies, wenn am Ende ein Federchen nach dem anderen ausfällt.*[9] Marianne hatte schon zwei Jahre vor ihrem Tod dem jungen Grimm Bücher aus ihrer Bibliothek geschenkt, *den Ariost italienisch mit beigefügter französischer Übersetzung, den Tasso eben so, Manzonis Tragedien mit Goethes Vorrede, die Abassiden von Platen und so mehrere …*[10] Später berichtete Grimm: *Marianne sprach von ihrem Tode ohne jede Sentimentalität, wie von einem in nächster Zeit notwendigen Ereignisse. Und so ist sie schließlich auch, als die ›ungewisse Stunde‹ sich in eine gewisse verwandelte, rasch und ohne viel Umstände aus der Welt gegangen, der sie bis zuletzt herzlich gut war.* Bestattet wurde sie auf dem Frankfurter Hauptfriedhof. Der Spruch auf ihrem Grabkreuz lautete: *Die Liebe höret nimmer auf.* Den Sarg begleitete ein so großer Trauerzug, wie man es bei einer allein lebenden, kinderlosen Frau kaum erwartet hätte. Der Nachruf, der sich in der

Extrabeilage zum Intelligenz-Blatt der Freien Stadt Frankfurt. von Mittwoch, 12. Dez. 1860 fand, gibt dafür die Begründung. *Am Samstag früh wurde Frau Geheimerath Willemer zu Grabe getragen. Es war eine der letzten hier lebenden Personen, die in regem, geistreichem Verkehr mit unserem großen Goethe gestanden, und welche sich dessen Achtung und Freundschaft in hohem Grade erwarb. Ihre Liebe für Kunst und Literatur und ihr liebenswürdiger, lebensfrischer Geist, der so wohlthuend und ermuthigend auf alle, die ihr nahe kamen, wirkte, verließen sie bis zu ihrem friedlichen Entschlummern keinen Augenblick. Am Portale des Friedhofes wurde sie von dem ›Arion‹ mit einem Choral empfangen; der Gesang, den sie mit großer Freude im Leben gehegt und gepflegt, wollte ihr auch im Tode nicht untreu werden. Ihre Enkel trugen den Sarg an das Grab und nachdem Herr Stadtpfarrer Thissen ihr Wirken und Leben geschildert, schloß ein Grablied die Feierlichkeit.*

Herman Grimm, Sohn und Neffe der »Märchensammler« Wilhelm und Jakob Grimm, den Marianne schon als Kind kannte, hatte sie im Herbst 1849 als Zwanzigjähriger zum ersten Mal aufgesucht. *Sie wohnte ganz allein in der alten Mainzer Gasse. Durch ein hohes Gitter trat man in einen hofartigen Gang ... Da erblickte man, offenbar und doch geheimnißvoll und unnahbar, in einem expreß dafür gearbeiteten Kasten mit gläsernen Wänden den Schatz der Goetheschen Briefe ...* In einem Landhaus bei Frankfurt traf er sie wieder. *Ihrer ganzen Erscheinung war ein Element von Grazie und Zierlichkeit beigemischt, das überall sich geltend machte ... Sie war unglaublich gewandt in der Unterhaltung, von jener Gewandtheit, die wiederum das Erbteil einer verflossenen Generation war ... Es handelt sich dabei weniger um Geist und Bildung, als um den Genuß am Austausche der Gedanken, zu der heute niemand mehr die Ruhe besitzt.* Beim Spaziergang im Garten murmelte der junge Schriftsteller Goethes Gedicht: *Ach, um deine feuchten Schwingen, West, wie sehr ich dich beneide.* Marianne fragte: *Wie kommst du dazu, dies Gedicht zu sagen?* Grimm bemerkte: *Es ist eins von Goethe's schönsten,* dann rief er plötzlich aus: *das Gedicht ist von dir? du hast es gemacht! – »Du darfst es niemand wiedersagen«, begann sie nach einer Weile und streckte mir die Hand hin: ›Ja, ich habe die Verse gemacht.‹* Sie zählte auf, welche Gedichte im Divan noch von ihr stammten: *Als ich auf dem Euphrat schiffte, Geheimschrift* und

Sag', du hast wohl viel gedichtet,
Hin und her dein Lied gerichtet ...
Stets wo du sie hingewendet
War's gewiß ein Liebespfand?[11]

Wenige Monate vor ihrem Tod ging Marianne mit der »Enkelin« Emilie Kellner in den Heidelberger Schloßpark, trat durch ein seitliches Pförtchen in das Dickicht an einer überwachsenen Seitenterrasse. Goethe hat ihr von diesem Teil der Schloßterrasse, an dem sie Abschied nahmen, ein eigenes Aquarell geschickt, das nach Aussage der Nachfahren im Krieg verbrannte.[12] Marianne war *ganz gegen ihre Gewohnheit ernst und still,* berichtet die Enkelin. Sie bat am Tor, das *etwa gegenüber dem Brunnen links am Eingang des großen Tores, welches in den sogenannten Stückgarten führt,* allein gelassen zu werden. Der Stückgarten *war eine große Wildnis; dicht wucherten die Schlingpflanzen an den hohen Bäumen empor, deren Äste und Kronen ungehindert gen Himmel strebten, so daß es fast düster in dem stillen Raume war ...* Marianne ging in den dunklen Park und kam lange nicht wieder, so daß Emilie sie schließlich suchte. *Das dichte Gras und Moos, das den Boden bedeckte, dämpfte den Schall meiner Tritte. Da stand sie, die herabhängenden Hände gefaltet und ihr Angesicht überströmt von Tränen.* Auf Emilies erschrokkene Frage antwortete sie: *Ich feier nur das Andenken an einen der schönsten Augenblicke meines Lebens. Und nun erzählte sie, daß in diesem Garten Goethe sie geküßt habe.*

Doch ich liebe dich noch lieber,
Wenn du küssest zum Erinnern;
Denn die Worte gehn vorüber
Und der Kuß der bleibt im Innern.[13]

Bevor sie den Ort verließen, pflückte Marianne Blätter von einem Ginkgobaum. *Dies ist der Baum, von welchem er mir damals ein Blatt brach und schenkte und mir dann das Gedicht machte und zuschickte, sagte sie.*[14] Unter diesem Zeichen hatte sie jahrzehntelang eine Doppelexistenz geführt.

Ist es Ein lebendig Wesen?
Das sich in sich selbst getrennt;
Sind es Zwei? Die sich erlesen,
Daß man sie als Eines kennt ...

Merkwürdigerweise waren es gerade nicht die ihr nahestehenden Menschen, denen Marianne von Goethe erzählte, als habe eine innere Scheu sie gehindert, sich der Familie zu offenbaren. Aber in den Gesprächen mit dem wißbegierigen jungen Grimm, der später in Berlin Vorträge über Goethe hielt, hat sie sich das Geschehene noch einmal vergegenwärtigt. Sie hatte getan, was sie tun mußte, in einer ganz bestimmten Phase ihres Lebens, aus ihrer Situation heraus und in der Sehnsucht nach einem Verständnis, das sie sonst nirgends gefunden hatte. Auch später hat sie es nie anders gesehen, wenn es auch eine Zeit gegeben hatte, wo sie wünschte, tot zu sein.

39. Marianne von Willemer im Alter.
Gemälde von Franz Heister (1813-1873).

Schlägt mein Herz auch schmerzlich schneller,
Überselig ist die Nacht.

Bei Grimm war keine Begründung nötig. Es war selbstverständlich, daß sie sich von Goethe angezogen fühlte. Er hatte sie mitgenommen in eine Welt, die kennenzulernen sie sich glühend gewünscht hatte. *Ich habe den Divan wieder und immer wieder gelesen; ich kann das Gefühl weder beschreiben noch auch mir selbst erklären, das mich bei jedem verwandten Ton* [ergriff], hatte sie Goethe beim Erscheinen des »West-östlichen Divan« geschrieben, *mein Herz lag offen vor Ihren Blicken ... Sie fühlen und wissen genau, was in mir vorging.* Sie war dem Dichter »in den Orient« gefolgt, wo im »Palmenhain« am Main *Bulbul* die Nachtigall sang, wo der Wiedehopf *Hudhud* als Liebesbote am Weg saß und sie mit Schleier, Turban und Musselin *Suleika* verkörperte. *Wenn du Suleika / Mich überschwänglich beglückst, Deine Leidenschaft mir zuwirfst / Als wär's ein Ball, / Daß ich ihn fange –* Er war älter, sogar alt, aber gerade dadurch gütig und »leuchtend«, wie sie es beschrieb: *Ja! wer ihn kannte! ... Wenn sich die Strahlen seines Geistes in seinem Herzen concentrierten, das war eine Beleuchtung, die einen eigenen Blick verlangte, es war wie ein Mondlicht und Sonnenlicht, eins nach dem andern, oder auch wohl zugleich ...*

Ein Brief von Goethe ist da! Er ließ sie die Dinge in einem neuen Licht sehen und erschloß ihr einen Kosmos, von dessen Existenz sie nichts geahnt hatte. Er sprach mit ihr über die Erzählungen aus *Tausendundeine Nacht,* über die Sternbilder, die Farben des Regenbogens, das Nordlicht und das Prisma. Im November 1830 gab sie Goethe folgende Auskunft: *Bisher war die Beleuchtung im Walde bei dem wohlerhaltenen Laub der Bäume unbeschreiblich schön. Die Färbung war wie durch ein Prisma durch alle Abstufungen des dunkelsten Grüns bis zum feurigsten Rot, glühend und schimmernd von dem beinahe heftigen Lichte der Abendsonne.* Er hatte ihr seine *Farbenlehre* nahegebracht, ihr »farbige Schatten« erklärt. Bereitwillig berichtete sie, was sie sah. *Die Sonne färbt mit glühendem Purpur den klaren Abendhimmel, der Mai ist dunkelblau wie die Schatten, die Wolken sind beinahe grün, und der Berg ist violett, ganz so wie damals; aber einer fehlt, der es betrachtet und deutet und andere dadurch beglückt.* – Goethe, hoch interessiert: *Mögen Sie mir etwas genauer anzeigen, wo und wie Sie die schönsten blauen Schatten bemerkt?* Bereitwillig antwortete sie: *Was nun die blauen Schatten anbelangt, so hatte man Gelegenheit, sie in allen Tinten zu sehen, vom hellsten Blau bis zum schönsten tiefsten; war nun etwa der Grund, worauf die Schatten lagern, ein schönes Gelb, so sah man das herrlichste Grün in ebenso verschiedenen Nuancen …* (16. Februar 1831)

Wenn zu der Regenwand
Phoebus sich gattet,
Gleich steht ein Bogenrand
Farbig beschattet.

25. Juli 1814

Alles nur Ihnen verdankend, heißt es in einem ihrer Briefe.[15] Zu Eckermann sagte Marianne, sie habe Goethes Freundschaft eigentlich nicht verdient. *Meine früheren Verhältnisse waren nicht günstig für die Ausbildung meines Naturells, so wie ich bin, konnte ich nicht anders werden, durch meine Erziehung ist mir nichts erspart worden, ich mußte mich selbst durch das Leben drängen, und so blieb denn alles nur ein Bruchstück, woran ich noch immer meine besten Kräfte setze, um es zur erträglichen Einheit zu bringen.* Doch Goethe hatte schon nach dem ersten Kennenlernen ihren prüfenden Blick bemerkt und sie als *kleinen Criticus* bezeichnet.

40. Altersbildnis Marianne von Willemers,
Bleistiftzeichnung von Eduard Steinle (1810-1886), 1855.

Dem lieben kleinen Criticus, der seinen Autor so sorgfältig studiert und, emsiger als die größten Philologen, alle die Umstände zu entziffern sucht, die zum Verständnis der Werke dienen können, sagen Sie meinen herzlichsten und freundlichsten Gruß, hatte er im März 1815 geschrieben. Als Herman Grimm Marianne seine ersten Theaterstücke zur Beurteilung sandte, bewies sie bei ihren Korrekturvorschlägen profunde Kenntnisse. Hinter diesem Wissen muß eine lebenslange Beschäftigung mit Literatur und Dichtung gelegen haben.

Sie merkte auf, las, lernte, schrieb an Goethe: *Ja, gönnen Sie mir immer, mein bester Freund, daß ich einige Brosamen von Ihrem Reichtum schöpfte, wäre mir bestimmt gewesen, länger Ihres Umgangs mich zu freuen, ich hätte mir noch manches sammeln und bewahren können ...* Seine Anerkennung hatte ihre Begabung geweckt und sie befähigt, gleichberechtigt Antwort zu geben, und sie hatte auf alles geantwortet, auch auf seine Ginkgo-Verse, als sie dichtete: *Dort jenes Baumsblatt, das aus fernem Osten / Dem westöstlichen Garten anvertraut, / Gibt mir geheimnisvollen Sinn zu kosten ...* Das war zehn Jahre, nachdem er ihr das Ginkgoblatt gebracht hatte.

Was den *West-östlichen Divan betraf,* war sich Marianne ihrer Bedeutung durchaus bewußt. *Hast mir dies Buch geweckt, du hast's gegeben,* konnte Goethe für sie dichten. Zu Herman Grimm sagte Marianne, nicht nur einzelne Gedichte im *Divan* seien von ihr, sie habe auch darüber hinaus manchen Gedanken und viele Gedichte *angeregt, veranlaßt und erlebt!*[16] Die Gespräche mit Goethe und die Beschäftigung mit seinem Werk bildeten ein Zentrum, aus dem sie ein Leben lang schöpfte. Seine Gedichte waren ein Abglanz ihres Glücks. *In vollen Büschelzweigen, Geliebte sieh nur hin.*

Sie sah hin. Sie hörte hin.

Anhang

Literatur

Abkürzungen

Brfw. = Marianne und Johann Jakob Willemer, Briefwechsel mit Goethe. Dokumente. Lebens-Chronik. Erläuterungen, hg. v. Hans-J. Weitz, Frankfurt/Main 1965.
FDH = Freies Deutsches Hochstift (Goethehaus und Goethemuseum).
GMD = Goethe-Museum Düsseldorf.
Grimm, Goethe und Suleika = Grimm, Herman, Goethe und Suleika, in: Preußische Jahrbücher 24, 1869, S. 1-21, hier zitiert nach Herman Grimm, Goethe und Suleika: zur Erinnerung an Marianne von Willemer, Berlin 1999.
Grimm Brfw. = Im Namen Goethes. Der Briefwechsel Marianne von Willemer und Herman Grimm, hg. u. eingel. v. Hans Joachim Mey, Frankfurt/Main 1988.
Nap. II = Johann Wolfgang Goethe, Sämtliche Werke. Briefe, Tagebücher und Gespräche, Bd. 33: Napoleonische Zeit II (Goethes Briefe, Tagebücher und Gespräche vom 10. Mai 1805 bis zum 5. Juni 1816), hg. v. Rose Unterberger, Frankfurt/Main 1994.
Tb. = Tagebuch.
Jb. = Jahrbuch.
WöD I/II = Johann Wolfgang Goethe, Sämtliche Werke. Briefe, Tagebücher und Gespräche, Bd. 3/I und 3/II: West-östlicher Divan, hg. v. Hendrik Birus, Frankfurt/Main 1994.

Quellen

Akten des Berliner Kriegsgerichtsverfahrens zum Duell Abraham von Willemers gegen Theodor von Bockum-Dolffs. Privatbesitz der Familie von Bockum-Dolffs in Westfalen.

Andreae, Jean, Zur Erinnerung an die Aufstellung der Büste Marianne von Willemer's im Goethemuseum zu Frankfurt am Main am 28. August 1904, Frankfurt/Main 1905. (Enthält 73 Gedichte von Marianne von Willemer.)

Andreae, Max P., Von Andreae-Willemersche Vor- und Nachfahren, Hamburg 1969 (Mskpt.).

Boisserée, Sulpiz, Briefwechsel/Tagebücher. 2 Bde., Faksimiledruck nach der 1. Aufl. v. 1862. Reihe Texte des 19. Jahrhunderts, m. e. Nachw. hg. v. Heinrich Klotz, Göttingen 1970.

Boisserée, Sulpiz, Tagebücher I bis IV und V (Registerband v. Marianne Pültz), hg. v. Hans-J. Weitz, Darmstadt 1978.

Briefwechsel zwischen Goethe und Marianne von Willemer (Suleika), hg. m. Lebensnachrichten u. Erl. v. Theodor Creizenach, Stuttgart 1877.

Das unsterbliche Leben. Unbekannte Briefe von Clemens Brentano, hg. v. Wilhelm Schellberg u. Friedrich Fuchs, Jena 1939.

Der Divan von Mohamed Schemsed-din Hafis. Aus dem Persischen zum erstenm. ganz übers. v. Joseph von Hammer, Erster Theil Stuttgart und Tübingen 1812, Zweiter Theil ebd. 1813.

Die Andacht zum Menschenbild. Unbekannte Briefe von Bettine Brentano, hg. v. Wilhelm Schellberg u. Friedrich Fuchs, Jena 1942.

Die Briefe von Goethes Mutter. Nach der Ausgabe von Albert Köster, hg. v. Mario Leis, Karl Riha u. Carsten Zelle, Frankfurt/Main 1996.

Die Tagebücher von Rosina Thomas Willemer, 1813 bis 1819, 2 Teile (handschriftlich), FDH.

Goethe in vertraulichen Briefen seiner Zeitgenossen, zus. gest. v. Wilhelm Bode. Neuausgabe v. R. Otto und P.-G. Wenzlaff. Bd. I-III, Berlin u. Weimar 1982.

Goethe, Johann Wolfgang, Begegnungen und Gespräche, hg. v. Ernst u. Renate Grumach, Berlin 1965 ff.

Goethe, Johann Wolfgang, Gedichte, hg. v. Karl Eibl. Bd. I (1776-1799), Bd. II (1800-1832), Frankfurt/Main 1987 u. 1988.

Goethe, Johann Wolfgang, Sämtliche Werke. Briefe, Tagebücher und Gespräche, Bd. 33: Napoleonische Zeit II (Goethes Briefe, Tagebücher und Gespräche vom 10. Mai 1805 bis zum 5. Juni 1816), hg. v. Rose Unterberger, Frankfurt/Main 1994.

Goethe, Johann Wolfgang, Sämtliche Werke. Briefe, Tagebücher und Gespräche, hg. v. Friedmar Apel u.a. Frankfurt/Main 1995 ff. (FA). (Besonders die Bände Zwischen Weimar und Jena, Briefe, Tagebücher und Gespräche, Bd. I und II.)

Goethe, Johann Wolfgang, Tag- und Jahres-Hefte, hg. v. Irmtraut Schmidt, Frankfurt/Main 1994.

Goethe, Johann Wolfgang, West-östlicher Divan. 2 Bde., hg. v. Hendrik Birus, Frankfurt/ Main 1994.

Goethes Briefwechsel mit Marianne von Willemer, hg. v. Max Hecker, Leipzig 1922.

Goethes eigenhändige Reinschrift des »West-östlichen Divans«, hg. u. erl.

v. Konrad Burdach, Schriften der Goethe-Gesellschaft Bd. 26, Weimar 1911.

Goethes Gespräche, hg. v. Flodoard von Biedermann 1965, erg. u. hg. v. Wolfgang Herwig, 5 Bde., Zürich u. Stuttgart 1965-1984.

Im Namen Goethes. Der Briefwechsel Marianne von Willemer und Herman Grimm, hg. u. eingel. v. Hans Joachim Mey, Frankfurt/Main 1988.

Marianne und Johann Jakob Willemer, Briefwechsel mit Goethe. Dokumente. Lebens-Chronik. Erläuterungen, hg. v. Hans-J. Weitz, Frankfurt/Main 1965.

Unveröffentlichte Briefe von Marianne von Willemer an ihre Freundin Sophie Schlosser. Privatbesitz der Familien von Schenck und Andreae.

Weitere Literatur

Achim und Bettina in ihren Briefen. Briefwechsel von Achim von Arnim und Bettina Brentano, hg. v. Werner Vordtriede, Frankfurt/Main 1961.

Achim von Arnim und Clemens Brentano. Freundschaftsbriefe. Vollst. krit. Ed., hg. v. Hartwig Schultz. 2 Bde., Frankfurt/Main 1998.

Achterberg, Erich u. Maximilian Müller-Jabusch, Lebensbilder deutscher Bankiers aus fünf Jahrhunderten, Frankfurt/Main 1964. (Zu Willemer, S. 99-107.)

Appel, Sabine, Im Feengarten. Goethe und die Frauen, Stuttgart 1998.

Arnim, Bettine von, Goethes Briefwechsel mit einem Kinde, hg. v. Waldemar Oehlke, Frankfurt/Main 1984.

Behrens, Jürgen, Marianne – Mephistopheles? – ein Versuch, in: Jb. FDH 1987, S. 114-133.

Beutler, Ernst u. Josefine Rumpf, Bilder aus dem Frankfurter Goethe-Museum, Frankfurt/Main 1949.

Beutler, Ernst, Die Boisserée-Gespräche von 1815 und die Entstehung des Gingo biloba-Gedichts, in: Ernst Beutler, Essays um Goethe, Leipzig 1941.

Böckmann, Paul, Die Heidelberger Divan-Gedichte, in: Goethe und Heidelberg, Heidelberg 1949, S. 204-239. Wiederabdruck u. d. Titel Die Liebessprache der Heidelberger Divan-Gedichte, in: Paul Böckmann, Formensprache. Studien zur Literarästhetik und Dichtungsinterpretation, Darmstadt 1966.

Böttger, Fritz, Bettina von Arnim. Ein Leben zwischen Tag und Traum, Berlin 1986.

Brentano, Bernard von, Goethe und Marianne von Willemer. Die Geschichte einer Liebe, Zürich 1945.

Brentano, Bernard von, Daß ich eins und doppelt bin. Marianne von Willemer u. Goethe, 2. völlig neu bearb. u. erg. Aufl., Wiesbaden 1961.

Brentano, Clemens, (1778-1842) Katalog der Ausstellung im Freien Deutschen Hochstift, Frankfurt/Main 1978.

Brentano, Clemens, Gedichte. Nach kürzlich entdeckten Handschriften und Plänen des Dichters, hg. v. Hartwig Schultz, Aschaffenburg 1979.

Büch, Gabriele, Alles Leben ist Traum. Adele Schopenhauer, Berlin u. Leipzig 2002.

Burdach, Konrad, Die älteste Gestalt des »West-östlichen Divan«. Akademie Vortrag Berlin, 19. Mai 1904, zit. nach Burdach, Zur Entstehungsgeschichte des »West-östlichen Divans«. Drei Akademievorträge, hg. v. Ernst Grumach, Berlin 1959.

Burdach, Konrad, Goethes »West-östlicher Divan«, in: Goethe-Jahrbuch XVII, 1896.

Burdach, Konrad, Zum Gedächtnis des »West-östlichen Divans«, in: Jb. der Goethe-Gesellschaft VI, 1919.

Conrady, Karl Otto, Goethe. Leben und Werk, Königstein/Ts. 1982-1985.

Damm, Sigrid, Christiane und Goethe. Eine Recherche, Frankfurt/Main u. Leipzig 1998.

Debon, Günther, Goethes Begegnung mit Heidelberg. 23 Studien und Miniaturen, Heidelberg 1992.

Deutsche Briefe aus Italien. Von Winckelmann bis Gregorovius, ges. u. hg. v. Eberhard Haufe, Leipzig 1965.

Dietz, Alexander, Geschichte der Familie Andreae – Frankfurter Zweig. Privatdruck, Frankfurt/Main 1923.

Ebner, Fritz, Goethe. Aus seinem Leben. Reden, Vorträge, Zeitbilder, Darmstadt 1997.

Ebrard, Friedrich Clemens, J. J. Willemer und Marianne Jung. Ihre Eheschließung im Lichte neuer Forschungen, in: Frankfurter Zeitung v. 7. 11. 1926.

Eckermann, Johann Peter, Gespräche mit Goethe in den letzten Jahren seines Lebens, hg. v. Christoph Michel u. Mitw. v. Hans Grüters, Frankfurt/Main 1999.

Feilchenfeldt, Konrad, Brentano-Chronik. Daten zu Leben und Werk, München u. Wien 1978.

Frankfurter Biographie. Personengeschichtliches Lexikon. Im Auftrag der Frankfurter Historischen Kommission, hg. v. Wolfgang Klötzer, bearb. v. Reinhard Frost u. Sabine Hock, Frankfurt/Main 1996.

Friedenthal, Richard, Goethe. Sein Leben und seine Zeit, München 1963.

Gersdorff, Dagmar von, Bettina und Achim von Arnim. Eine fast romantische Ehe, Berlin 1998.

Gersdorff, Dagmar von, Dich zu lieben kann ich nicht verlernen. Das Leben der Sophie Brentano-Mereau, Frankfurt/Main 1984.

Gersdorff, Dagmar von, Goethes erste große Liebe – Lili Schönemann, Frankfurt/Main 2002.

Gersdorff, Dagmar von, Goethes Mutter. Eine Biographie, Frankfurt/Main 2001.

Göres, Jörn (Hg.), Was ich dort gelebt, genossen ... Goethes Badeaufenthalte 1785-1823, Königstein/Ts. 1982.

Goethe aus der Nähe. Texte von Zeitgenossen, ausgew. u. komm. v. Eckart Kleßmann, Zürich 1994.

Goethe und die Religion. Aus seinen Werken, Briefen, Tagebüchern und Gesprächen, hg. v. Hans-Joachim Simm, Frankfurt/Main 2000.

Goethes äußere Erscheinung. Literarische und künstlerische Dokumente seiner Zeitgenossen, hg. v. Emil Schaeffer, Leipzig 1914, Neuauflage unter Mitwirkung v. Jörn Göres, Frankfurt/Main 1999.

Grimm, Herman, Goethe und Suleika, in: Preußische Jahrbücher 24, 1869, S. 1-21, hier zitiert nach Herman Grimm, Goethe und Suleika: zur Erinnerung an Marianne von Willemer, Berlin 1999.

Grimm, Ludwig, Erinnerungen aus meinem Leben, hg. v. Adolf Stoll, Leipzig 1911.

Hack, Bertold, Gerbermühle. Goethes Reisen an Rhein, Main und Neckar in Briefen u. Tagebuch-Aufzeichnungen m. e. Auswahl aus dem Briefwechsel Goethes mit Marianne und Johann Jakob Willemer, Frankfurt/Main 1977.

Hahn, Ulla, »Natürlich geht mich Ihr Privatleben nichts an.« Ein Brief an Marianne von Willemer, in: Die großen Frankfurter, Frankfurt/Main 1994, S. 109-118.

Härtling, Peter, Offene Gegend, in: Goethe heute. Über Stellung und Wirkung von Werk und Gedankenwelt Johann Wolfgang Goethes im geschichtlichen Selbstverständnis unserer Zeit. Sechs Ansprachen, Weimar 1982.

Hein, Wolfgang-Hagen u. Dietrich Andernacht, Der Garten des Apothekers Peter Saltzwedel und Goethes Ginkgo biloba, Hamburg 1975.

Henckmann, Gisela, Zu Goethes »Divan«-Gedicht ›Locken! haltet mich gefangen‹, in: Gedichte und Interpretationen. Klassik und Romantik, hg. v. Wulf Segebrecht. Leipzig 1984, S. 359-367.

Heuer, Otto, Das Goethehäuschen auf dem Frankfurter Mühlberge und seine Erinnerungen, in: Frankfurter Zeitung Nr. 31, 1902.

Heym, Heinrich, Menetekel am Main, in: Heinrich Heym, Lebenslinien. 12 Schicksale aus einer alten Stadt, Frankfurt/Main 1965, S. 69-79.

Istock, Ruth, Da du nun Suleika heissest. Marianne von Willemers Goethe-Jahre, Blieskastel 1998.

Jacobs, Günter, Johann Jakob Willemer (1760-1838). Politik und Pädagogik in seinen Schriften, Frankfurt/Main 1971.

Kahn-Wallerstein, Carmen, Marianne von Willemer. Goethes Suleika und ihre Welt, Bern u. München 1961.

Kellner, Emilie, Goethe und das Urbild seiner Suleika, Leipzig 1876.

Keudell, Elise von, Goethe als Benutzer der Weimarer Bibliothek, Weimar 1931.

Kommerell, Max, Gedanken über Gedichte, Frankfurt/Main 1956.

Korff, Hermann August, Die Liebesgedichte des West-östlichen Divan in zeitlicher Folge, m. e. Einf. u. entstehungsgeschichtl. Kommentar, Leipzig, Stuttgart u. Zürich 1947.

Köstliche Reste. Andenken an Goethe und die Seinen. Katalog des FDH u. des Frankfurter Goethe-Museums Dezember 2002.

La Roche, Sophie, Ich bin mehr Herz als Kopf. Ein Lebensbild in Briefen, hg. v. Michael Maurer, München 1983.

Laufenberg, Walter, Goethe und die Bajadere: Das Geheimnis des West-östlichen Divans, München 1993.

Laufhütte, Hartmut, Der Gott und die Bajadere, in: Gedichte und Interpretationen. Klassik und Romantik, hg. v. Wulf Segebrecht. Leipzig 1984, S. 117-143.

Leben und Rollenspiel. Marianne von Willemer, geb. Jung 1784-1860. Katalog des FDH, hg. v. Christoph Perels, Frankfurt/Main 1984.

Lohner, Edgar (Hg.), Studien zum West-östlichen Divan Goethes, Darmstadt 1971.

Lohner, Edgar, Interpretionen zum West-östlichen Divan Goethes, Darmstadt 1973.

Manger, Klaus, Der westöstliche Garten: Marianne von Willemers Gedicht »Das Heidelberger Schloß« und Goethe, in: Heidelberg im poetischen Augenblick, hg. v. Klaus Manger u. Gerhard vom Hofe, Heidelberg 1987, S. 175-209.

Maxe von Arnim. Tochter Bettinas, Gräfin von Oriola. Ein Lebens- und Zeitbild aus alten Quellen, geschöpft v. Prof. Dr. Joh. Werner, Leipzig 1937.

Michel, Walter u. Herbert Heckmann, Diese lebhafte sinnliche Welt. Frankfurt mit den Augen Goethes, Frankfurt/Main 1993.

Milch, Werner, Bettine und Marianne, Zürich 1947.

Mit Frankfurt verwandt. Frankfurter Ahnenreihen zum besinnlichen Lesen, aufgest. v. Hans Majer-Leonhardt, Frankfurt/Main 1939.

Mommsen, Katharina, Goethe und die arabische Welt, Frankfurt/Main 1988.

Mommsen, Katharina, Goethes »Suleika«, in: Neue Zürcher Zeitung Nr. 269, v. 18./19.11.1984.

Müller, Adolf, Johann Jakob von Willemer. Der Mensch und Bürger, Frankfurt/Main 1925.

Müller, Kanzler Friedrich von, Unterhaltungen mit Goethe, krit. Ausg. besorgt v. Ernst Grumach, Weimar 1956.

Neweklowsky, Max, Marianne Willemer und Linz, ihre Ahnentafel und die oberösterreichische Familie Pirngruber, in: Historisches Jahrbuch der Stadt Linz 1980, S. 57-79.

Osten, Manfred, War Goethe ein Mohammedaner? Zur Modernität seines Islam-Verständnisses, in: Neue Zürcher Zeitung Nr. 112, v. 17.5.2002.

Pallmann, Moritz, Simon Moritz von Bethmann und seine Vorfahren. Privatdruck, Frankfurt 1898.

Pyritz, Hans, Goethe und Marianne von Willemer. Eine biographische Studie, Stuttgart 1941.

Pyritz, Hans, Marianne von Willemer, Vortrag m. e. Anh. Gedichte v. Marianne von Willemer, Berlin 1944.

Rahmeyer, Ruth, Ottilie von Goethe, Frankfurt/Main 2002.

Schenck zu Schweinsberg, Karen Freifrau von, Das Stammbuch der Röschen Scharff. Erinnerungen an den Willemer-Brentano-Kreis, in: Mitteilungen aus dem Frhrl. Schenck zu Schweinsbergschen Samtarchiv. Bd. II u. III. Privatdruck, Schweinsberg 1955-1957.

Schülke, Claudia, Der Dichter fand »die Aussicht ganz köstlich«: das Willemer-Häuschen auf dem Mühlberg, in: Frankfurter Allgemeinen Zeitung Nr. 197, v. 26.8.1999.

Schultz, Hartwig, Schwarzer Schmetterling. Zwanzig Kapitel aus dem Leben des romantischen Dichters Clemens Brentano, Berlin 2000.

Scott, Aurelia Grether, Das Myrtenreis. (Zu Gedichten der Marianne von Willemer), in: The Germanic Review. Volume XXVII, Nr. 1, Februar 1952, S. 41 ff.

Smend, Friedrich, Ferner Freunde ward gedacht. Ein Beitrag zu Goethes Briefwechsel mit Marianne von Willemer, Berlin 1964.

Soret, Frédéric, Zehn Jahre bei Goethe. Erinnerungen an Weimars klassische Zeit. 1822-1832. Aus Sorets handschriftlichem Nachlaß, seinen Tagebüchern und seinem Briefwechsel, zum erstenm. zus. gest., übers. u. erl. v. H. H. Houben, Leipzig 1929.

Starck, Johann Martin, An Herrn geheimen Rath Willemer, hg. v. J. Martin Starck, Frankfurt/Main 1816.

Steig, Reinhold, Aus Suleikas hohen Tagen, in: Jb. FDH 1907, S. 214-229.

Steiger, Robert, Goethes Leben von Tag zu Tag. Eine dokumentarische Chronik, Zürich u. München 1982ff.

Steinfeld, Ludwig, Goethes Reisen zwischen Frankfurt und Weimar, Frankfurt/Main 1991.

Stepanek, Lilly, Suleika. Marianne von Willemer. Ihr Liebesroman mit Goethe, Wien, Hannover u. Basel 1960.

Strohschneider-Kohrs, Ingrid, Vielfache Reflexion. Anmerkungen zu einigen späten Goethe-Briefen, in: Jb. der Sammlung Kippenberg. N.F. 4 Bde., Goethe-Museum Düsseldorf 1983.

Unseld, Siegfried, Goethe und der Ginkgo. Ein Baum und ein Gedicht, Frankfurt/Main 1998.

Voelcker, Heinrich (Hg.), Die Stadt Goethes. Frankfurt am Main im XVIII. Jahrhundert, Frankfurt/Main 1932.

Wacha, Georg, Marianne van Gangelt, verehelichte Marianne Willemer, in: Historisches Jahrbuch der Stadt Linz 1980, S. 81-105.

Weitz, Hans-J., Der einzelne Fall. Funde und Erkundungen zu Goethe, Weimar 1998.

Weitz, Hans-J., Unerkannte Grüße Goethes an Marianne Willemer, in: Jb. der Sammlung Kippenberg. Neue Folge 3, 1974.

Wilpert, Gero von, Goethe-Lexikon, Stuttgart 1998.

Zu den Abbildungen

Abb. 1: Marianne Jung. Aquarell, um 1800, nach der Elfenbein-Miniatur von Joseph Nicolas Peroux (siehe Farbtafeln). Privatbesitz.

Abb. 2: Anonymer Scherenschnitt der jungen Marianne von Willemer als Tänzerin. Privatbesitz.

Abb. 3: Johann Wolfgang Goethe. Porträt in Öl von Karl Joseph Raabe (1780-1846), 1814. Freies Deutsches Hochstift Frankfurt am Main.

Abb. 4: Marianne Jung. Pastell von Johann Jacob de Lohse (um 1755-1813). Rückwärtig beschriftet »Frau Geheimräthin Willemer, / gemalt 1809«. Freies Deutsches Hochstift Frankfurt am Main.

Abb. 5: Die Gerbermühle. Zeichnung aus dem Familienbuch der Familie Andreae. Privatbesitz. Kolorierte Radierung.

Abb. 6: Willemers Türmchen auf dem Mühlberg. Aus dem Familienbuch der Familie Andreae. Privatbesitz.

Abb. 7: Clemens Brentano. Büste von Friedrich Tieck, 1803. Freies Deutsches Hochstift Frankfurt am Main.

Abb. 8: Zacharias Werner. Porträtzeichnung. Freies Deutsches Hochstift Frankfurt am Main.

Abb. 9: Marianne von Willemer. Porträt von Karl Joseph Raabe, 1812. Goethe-Nationalmuseum Weimar. (Weimar Depot Photographien)

Abb. 10: Johann Wolfgang Goethe. Pastellgemälde von Gerhard Kügelgen, 1810. Goethe-Museum Düsseldorf.

Abb. 11: Westöstlicher Divan, »Buch Suleika«, Gedicht »Abglanz«. Eigenhändige Niederschrift Goethes für Marianne. Freies Deutsches Hochstift Frankfurt am Main, Foto.

Abb. 12: Frankfurt von der Gerbermühle aus gesehen. Federzeichnung von Anton Radl (1791-1861), 1815. Geschenk von Marianne an Goethe. Freies Deutsches Hochstift Frankfurt am Main.

Abb. 13: Goethes Reinschrift des Ginkgo-biloba-Gedichts, mit Datum »d. 15. S. 1815«. (Mit zwei von ihm selbst aufgeklebten Ginkgo-Blättern.) Goethe-Museum Düsseldorf.

Abb. 14: Die Gerbermühle. Lavierte Tuschzeichnung nach einer Sepiazeichnung von Anton Radl, 1815. Freies Deutsches Hochstift Frankfurt am Main, Foto.

Abb. 15: Das Heidelberger Schloß. Bleistiftzeichnung von Christian Xeller (1784-1872), um 1820. Goethe-Nationalmuseum Weimar.

Abb. 16: Seitenterrasse des Heidelberger Schlosses. Aquarellierte Federzeichnung von Johann Wolfgang Goethe, 1820. Goethe-Museum Düsseldorf.

Abb. 17: »Mir will es finster bleiben« – Beilage Goethes für Marianne in einem Brief vom 21. Dezember 1815 an Rosina (Rosette) Willemer-Städel. Freies Deutsches Hochstift Frankfurt am Main, Foto: Ursula Edelmann.

Abb. 18: Porträt (anonym) von Rosina (Rosette) Willemer-Thomas. Freies Deutsches Hochstift Frankfurt am Main.

Abb. 19: Johann Wolfgang Goethe. Zeichnung von Ferdinand Jagemann, 1817. Stiftung Weimarer Klassik.

Abb. 20: Johann Jakob von Willemer. Scherenschnitt. Aus dem Stammbuch von Marianne von Willemer. Privatbesitz.

Abb. 21: Abraham (»Brami«) von Willemer. Aquarell. Privatbesitz.

Abb. 22: Eigenhändiger Brief Goethes an Marianne, Weimar 26. Juli 1819. Freies Deutsches Hochstift Frankfurt am Main.

Abb. 23: *West-östlicher Divan.* Stuttgart, Erstausgabe in der Cottaischen Buchhandlung 1819. Freies Deutsches Hochstift Frankfurt am Main.

Abb. 24: Gedicht Goethes an Marianne, Weimar 22. Dezember 1820. Freies Deutsches Hochstift Frankfurt am Main.

Abb. 25: Marianne von Willemer. Kreidezeichnung von Anton Radl, 1819. Stiftung Weimarer Klassik.

Abb. 26: Johann Jakob von Willemer. Kreidezeichung von Anton Radl, 1819. Goethe-Nationalmuseum Weimar.

Abb. 27: *West-östlicher Divan* von Goethe. Arabisch-deutscher Doppeltitel der Erstausgabe von 1819. Stiftung Weimarer Klassik.

Abb. 28: Brief Mariannes an Goethe mit eigenhändigem nachträglichen Eintrag des Titels »Divan«, Oktober 1819. Freies Deutsches Hochstift Frankfurt am Main.

Abb. 29: Myrte und Lorbeer, von Goethe für Marianne mit grünem Band auf Pappe befestigt. 1823. Goethe-Museum Düsseldorf.

Abb. 30: J. W. Goethe »Dem aufgehenden Vollmonde!« Beilage des eigenhändigen Briefes an Marianne vom 23. Oktober 1828. Freies Deutsches Hochstift Frankfurt am Main, Foto: Ursula Edelmann.

Abb. 31: Die Familie der Maximiliane Andreae-Willemer. Bleistiftzeichnung von Carl Barth. Privatbesitz.

Abb. 32: Der Wiedehopf (»Hudhud«) als Liebesbote. Federzeichnung auf dem Deckel einer Pappschachtel. Geschenk von Goethe an Marianne, 1820. Freies Deutsches Hochstift Frankfurt am Main.

Abb. 33: Friedrich Scharff, Meline Scharff, geb. Willemer. Freies Deutsches Hochstift Frankfurt am Main, Foto: David Hall.

Abb. 34: Die Kinder von Maximiliane und Jean Andreae, gezeichnet von ihrem Sohn Tobias (2. von rechts). Bleistiftzeichung um 1845. Privatbesitz.

Abb. 35: Maximiliane Andreae, geborene Willemer. Porträt, Jakob Becker (1810-1872) zugeschrieben. Privatbesitz.

Abb: 36: Jean Andreae, Willemers Schwiegersohn. Porträt, Jakob Becker (1810-1872) zugeschrieben. Privatbesitz.

Abb. 37: Goethes eigenhändige Niederschrift des ›Vermächtnis‹ genannten Gedichts für Marianne, Weimar 3. März 1831. Freies Deutsches Hochstift Frankfurt am Main.

Abb. 38: Johann Jakob Willemer. Ölgemälde von Joseph Binder (1805-1863). Privatbesitz.

Abb. 39: Marianne von Willemer im Alter. Gemälde von Franz Heister (1813-1873). Privatbesitz.

Abb. 40: Altersbildnis Marianne von Willemers, Bleistiftzeichnung von Eduard Steinle (1810-1886), 1855. Privatbesitz.

Anmerkungen

I. Goethes Reise. 1814

1 Dazu Mommsen, Goethe und die arabische Welt, S. 262.

II. Der Bankier und seine Pflegetochter

1 Dietz, Geschichte der Familie Andreae, S. 124.
2 Neweklowsky, Marianne Willemer und Linz, S. 68.
3 Briefwechsel mit Goethe, S. 501.
4 Kahn-Wallerstein, Marianne von Willemer, S. 11.
5 Kellner, Goethe und das Urbild seiner Suleika, S. 18 f.
6 Brentano, Gedichte.
7 Wacha, Marianne van Gangelt, S. 103.
8 Wacha, Marianne van Gangelt, S. 103, Anm. 132.
9 Briefwechsel mit Goethe, S. 502.

III. Goethe auf der Gerbermühle

1 Briefwechsel mit Goethe, S. 742.
2 Grimm, Goethe und Suleika, S. 50.
3 Goethe an Christiane, 12. Oktober 1814, in Nap. II, S. 374.
4 Handschriftliches Tagebuch der Rosina Willemer.
5 Goethe an Jakob v. Willemer und Marianne, 6. Januar 1823, in: Briefwechsel mit Goethe, S. 133.
6 Gersdorff, Goethes Mutter, S. 414.
7 Marianne von Willemer an Herman Grimm, 12. Mai 1852, in: Im Namen Goethes, S. 108 f.
8 Goethe in vertraulichen Briefen seiner Zeitgenossen, Bd. II, S. 620/621.

IV. Die Heirat

1 Clemens Brentano an Friedrich von Savigny, 15. April 1802, in: Das unsterbliche Leben, S. 256.
2 Kahn-Wallerstein, Marianne von Willemer, S. 41.
3 Briefwechsel mit Goethe, S. 505.
4 Briefwechsel mit Goethe, S. 747.
5 Kahn-Wallerstein, Marianne von Willemer, S. 29.
6 Siehe dazu Gersdorff, Das Leben der Sophie Brentano-Mereau.
7 Achim von Arnim und Clemens Brentano, Freundschaftsbriefe, Bd. I, S. 134-138.
8 Marianne von Willemer an Herman Grimm, 3. Juni 1855, in: Im Namen Goethes, S. 209.
9 Kahn-Wallerstein, Marianne von Willemer, S. 50/51.
10 Briefwechsel mit Goethe, S. 760.
11 Briefwechsel mit Goethe, S. 763. Abb. in: Andreae, Zur Erinnerung, S. 29.
12 Briefwechsel mit Goethe, S. 549.
13 Beutler, Essays um Goethe, S. 260.
14 Die originalen Konsistorial-Akten des Stadtarchivs Frankfurt sind im Zweiten Weltkrieg vernichtet worden und nur als Kopien erhalten. Nachweise in: Briefwechsel mit Goethe, S. 770.
15 Dokument aus dem Institut für Stadtgeschichte Frankfurt/Main.
16 Briefwechsel mit Goethe, S. 747.
17 Briefwechsel mit Goethe, S. 772.
18 Wacha, Marianne van Gangelt, S. 81-105.
19 Wacha, Marianne van Gangelt, S. 86/87.

V. Die Begegnung

1 Büch, Adele Schopenhauer, S. 41.
2 FDH, Inv. Nr. IV-809, Abb. in: Köstliche Reste, S. 133.
3 Marianne an Goethe, 17. Dezember 1831, in: Briefwechsel mit Goethe, S. 263.
4 Grimm, Goethe und Suleika, S. 24.
5 Briefwechsel mit Goethe, S. 844.
6 Goethe an Jakob v. Willemer, 28. Dezember 1814, in: Briefwechsel mit Goethe, S. 15.

7 Stepanek, Suleika, S. 102.

8 Brief vom 3. Dezember 1814, in: Goethe in vertraulichen Briefen seiner Zeitgenossen, Bd. II, S. 622.

9 Pyritz, Goethe und Marianne von Willemer, S. 54.

VI. Goethes Wiederkehr. 1815

1 Briefwechsel mit Goethe, S. 774.

2 Briefwechsel mit Goethe, S. 775.

3 Boisserée, Briefwechsel/Tagebücher. Bd. I, S. 284.

4 Das Original befindet sich im FDH. Marianne hat über 70 Gelegenheits-, Widmungs- und Rätselgedichte verfaßt. Sie sind sämtlich abgedruckt in: Andreae, Zur Erinnerung.

5 Die 3. Strophe des Gedichtes lautet: Weisen Freundes goldne Worte / Lispelten am Schattenorte, / Edler Kinder treu Bekenntnis, / Elterliches Einverständnis.

6 Briefwechsel mit Goethe, S. 774.

7 Appel, Im Feengarten, S. 462.

8 Goethe in vertraulichen Briefen seiner Zeitgenossen, Bd. II, S. 624/625.

9 Korff, Die Liebesgedichte des West-östlichen Divan, S. 63.

10 Gero von Wilpert zum Buch Suleika: »Das vorwiegend 1815 entstandene, umfangreichste Kernstück des Zyklus im Liebesgespräch zwischen Hatem und Suleika, die zuerst als fiktive Geliebte gedacht war und an deren Stelle im August 1815 Marianne von Willemer trat.« Wilpert, Goethe-Lexikon, S. 1173. Im gleichen Sinn Burdach, Zum Gedächtnis des »West-östlichen Divans«, S. 13 und 17-19.

11 Zur Namensgebung Suleika-Hatem siehe Mommsen, Goethe und die arabische Welt, S. 542 ff.

12 Schenck zu Schweinsberg: Erinnerungen an Goethe und Marianne von Willemer.

13 Goethes äußere Erscheinung, S. 23.

14 Beide Miniaturen stammen wohl von J. N. Peroux (1771-1849), der auch Willemer porträtierte.

15 Schenck zu Schweinsberg, Erinnerungen an Goethe und Marianne von Willemer.

16 Die Gedichte werden zitiert in: Kellner, Goethe und das Urbild seiner Suleika; Andreae, Zur Erinnerung; Scott, Das Myrthenreis, S. 42 f., mit Quellenangaben.

17 Mommsen, Goethe und die arabische Welt, S. 566.
18 Marianne und Jakob v. Willemer an Goethe, 15. Januar 1817, in: Briefwechsel mit Goethe, S. 56.
19 Goethe an Boisserée, 19. November 1814, in: Nap. II, S. 377.
20 Marianne an Goethe, im Januar 1830, in: Briefwechsel mit Goethe, S. 225
21 Siehe Marianne an Goethe, 7. August 1829, in: Briefwechsel mit Goethe, S. 213 f.
22 Boisserée, Tagebücher. Bd. I, S. 281.
23 Dazu Mommsen, Goethe und die arabische Welt, S. 9.
24 Mommsen, Goethe und die arabische Welt, S. 256 u. 259.

VII. Der Geburtstag

1 Kellner, Goethe und das Urbild seiner Suleika, S. 22.
2 Boisserée, Tagebücher. Bd. I, S. 271.
3 Schenck zu Schweinsberg, Das Stammbuch der Röschen Scharff.
4 Goethe an Boisserée, 29. August 1816.
5 Boisserée, Tagebücher. Bd. I, S. 271.
6 Kahn-Wallerstein, Marianne von Willemer, S. 86.
7 Goethe in vertraulichen Briefen seiner Zeitgenossen, Bd. II. S. 635 f. und S. 639.
8 Briefwechsel mit Goethe, S. 311.

VIII. Das Ginkgoblatt

1 Beutler, Essays um Goethe, S. 258.
2 Michel, Frankfurt mit den Augen Goethes, S. 214.
3 Erste Fassung vor der Reinschrift durch Goethe.
4 Marianne von Willemer an Herman Grimm, 4. August 1852, in: Im Namen Goethes, S. 119.
5 Korff, Die Liebesgedichte des West-östlichen Divan, S. 20, nennt Marianne eine »selbständig geistige«, »ebenbürtige« Persönlichkeit.
6 Boisserée, Tagebücher. Bd. I, S. 279.
7 Dazu Mommsen, Goethe und die arabische Welt, S. 568. Mommsen nennt den Dichter Tograi als Goethes Vorbild.
8 Burdach, Zur Entstehungsgeschichte des »West-östlichen Divans«, S. 19.

9 Dazu Mommsen, Goethe und die arabische Welt, S. 505.
10 Siehe dazu Unseld, Goethe und der Ginkgo, S. 55 u. 62.
11 Zu Marianne als Dichterin siehe Burdach, Zur Entstehungsgeschichte des »West-östlichen Divans«, S. 31.
12 Grimm, Goethe und Suleika, S. 32.
13 Von einer »poetischen Ehe« spricht Korff, Die Liebesgedichte des West-östlichen Divan, S. 23.

IX. Chiffrenbriefe, verschlüsselt

1 Grimm, Goethe und Suleika, S. 38/39 und West-östlicher Divan, Komm. S. 1186.
2 Die Aquatintablätter vom August 1815, Frankfurt von der Gerbermühle aus, trugen Goethes Unterschrift: An die Stelle des Genusses, / Trete Bildchen milden Scheins, / Zur Erinnerung des Flusses, / Der Terrasse, dieses Hains.
3 Boisserée, Tagebücher. Bd. I, S. 280/281.
4 Goethe, Gedichte. Bd. I, Komm. S. 1238.
5 Laufhütte zu Goethes Gedicht: Der Gott und die Bajadere, in: Gedichte und Interpretationen. Klassik und Romantik, S. 117-143.
6 West-östlicher Divan. Bd. II, S. 213.
7 Marianne von Willemer an Herman Grimm, 21. Januar 1857, in: Im Namen Goethes, S. 240.
8 Nach Hafis, Erster Theil, Vers 3 und 4.
9 Komm. West-östlicher Divan. Bd. II, S. 1735.
10 s. Härtling, Offene Gegend, 1982.
11 Boisserée, Tagebücher Bd. I, S. 283.
12 Gersdorff, Goethe und Lili Schönemann, S. 62/63.

X. Heidelberg im Herbst

1 Boisserée, Tagebücher. Bd. I, S. 284.
2 Dazu Conrady, Goethes Leben und Werk, S. 873.
3 Hier wiedergegeben in der Fassung von Marianne, ohne die Veränderungen Goethes, West-östlicher Divan. Bd. II, S. 1265-1269.
4 Die von Marianne gedichtete Strophe lautet: Wie! Mit innigstem Behagen, / Lied, empfind ich deinen Sinn! Siehe West-östlicher Divan. Bd. I, S. 100.

5 Zu den Suleika-Liedern bemerkt Korff: »Sie haben keinen spezifisch sexuellen, sondern einen allgemein erotischen Charakter.« In: Korff, Die Liebesgedichte des West-östlichen Divan, S. 19.
6 Beutler, Essays um Goethe, S. 284.
7 Goethe an Christiane, 27. September 1815, in: Nap. II, S. 521.
8 Komm. West-östlicher Divan. Bd. II, S. 1292.
9 West-östlicher Divan. Bd. II, S. 1739.
10 Marianne von Willemer an Herman Grimm, 21. Januar 1857, in: Im Namen Goethes, S. 239f.
11 Mommsen, Goethes »Suleika«.

XI. Die Trennung

1 Brief von Gustav Parthey, 26. September 1815, in: Goethe, Napoleonische Zeit II, S. 517.
2 Hein und Andernacht, Der Garten des Apothekers Peter Saltzwedel und Goethes Ginkgo biloba, S. 303-311, zitiert bei Wacha, Marianne van Gangelt, S. 83.
3 West-östlicher Divan. Bd. II, S. 1734.
4 Das Blatt befindet sich heute im Goethe-Museum Düsseldorf.
5 Siehe dazu Gersdorff, Goethes erste große Liebe.
6 Zur Interpretation siehe Henckmann, Zu Goethes »Divan«-Gedicht ›Locken! haltet mich gefangen‹, in: Gedichte und Interpretationen. Klassik und Romantik, S. 364.
7 Lange hat man angenommen, die Worte »Nimmer will ich dich verlieren« stammten von Marianne. Eine genauere Handschriftenprüfung hat indessen ergeben, daß Goethe die Strophe schrieb, auch wenn sie durchaus zu dem gezählt werden könne, was Marianne »angeregt, veranlaßt und erlebt« hat. Grimm, Goethe und Suleika, S. 230.
8 Zu Goethes Vorsehungsglauben siehe Mommsen, Goethe und die arabische Welt, S. 247ff.
9 Damm, Christiane und Goethe, S. 470.
10 Siehe Goethe an Boisserée, 23. Oktober 1815, und Goethe an Willemer, 26. Oktober 1815, in: Briefwechsel mit Goethe, S. 31f.
11 Siehe Neuerwerbungen Düsseldorfer Goethe-Museum, 2/A 558-4 N.V., 4. Bd., Düsseldorf 1983.
12 Siehe Damm, Christiane und Goethe, S. 481f.
13 Frau von Stein an Knebel, 21. Februar 1816, in: Goethe in vertraulichen Briefen seiner Zeitgenossen, Bd. II, S. 645.

14 Zur Urheberschaft Mariannes siehe West-östlicher Divan. Bd. II, Komm. S. 1301.

XII. Goethes Umkehr. 1816

1 Weitz, Unbekannte Grüße Goethes an Marianne, S. 186f.
2 Johanna Schopenhauer am 27. April 1816 an Joh. Georg Keil, unveröffentlichter Besitz des Goethe-Museums Düsseldorf.
3 Siehe Damm, Christiane und Goethe, S. 501.
4 Briefwechsel mit Goethe, S. 620.
5 Boisserée, Tagebücher Bd. I, S. 405 f.
6 Heute befinden sich die Pantoffeln im Schuhmuseum der Fa. Bally bei Aarau in der Schweiz.
7 Rahmeyer, Ottilie von Goethe, S. 82.
8 Goethe in vertraulichen Briefen seiner Zeitgenossen. Bd. III, S. 27.

XIII. Mariannes Zusammenbruch

1 Briefwechsel mit Goethe, S. 378.
2 Pallmann, Simon Moritz von Bethmann und seine Vorfahren, S. 224.
3 Am 23. Dezember 1815, siehe West-östlicher Divan. Bd. I, S. 100.
4 Marianne von Willemer an Herman Grimm, 3. August 1852, in: Im Namen Goethes, S. 119.
5 Marianne von Willemer an Herman Grimm, 11. November 1851, in: Im Namen Goethes, S. 75.
6 Marianne von Willemer an Herman Grimm, 27. Mai 1852, in: Im Namen Goethes, S. 111.
7 Briefwechsel mit Goethe, S. 785.
8 Briefwechsel mit Goethe, S. 786.
9 Briefwechsel mit Goethe, S. 373.
10 Die Akten des Berliner Kriegsgerichts befinden sich heute bei den Nachfahren von Bockum-Dolffs in Westfalen.
11 Bockum-Dolffs Lebensgeschichte wird hier nach mündlicher Information durch seine Nachkommen wiedergegeben.
12 Tagebuch der Rosina Willemer, Teil 2, Handschrift im FDH.
13 Marianne von Willemer an Herman Grimm, 21. Januar 1857, in: Im Namen Goethes, S. 239.

14 Marianne Willemer an Herman Grimm, 11. November 1852, in: Im Namen Goethes, S. 75.

XIV. Der West-östliche Divan. 1819

1 Burdach, Zum Gedächtnis des West-östlichen Divans, S. 4.
2 Maxe von Arnim, S. 35 f.
3 Gräf, in: Jb. der Goethe-Gesellschaft, S. VII.
4 Schenck zu Schweinsberg, Mitteilungen. Bd. III.
5 Burdach, Zur Entstehungsgeschichte des »West-östlichen Divans«, S. 8.
6 West-östlicher Divan. Bd. II, S. 1382.
7 Goethe in vertraulichen Briefen seiner Zeigenossen, Bd. III, S. 50/51.
8 Appel, Im Feengarten, S. 502.
9 Burdach, Zur Entstehungsgeschichte des »West-östlichen Divans«, S. 4 f.
10 Osten, War Goethe ein Mohammedaner?, S. 61.
11 Briefwechsel mit Goethe, S. 411/412.

XV. Myrte und Lorbeer. 1823

1 »Das Gebinde von Myrte und Lorbeer, getrocknet und gepreßt, mit grünem Band verbunden, auf Karton unter Glas gefaßt, seitlich mit geprägtem Goldpapier verklebt«, befindet sich heute im Frankfurter Goethemuseum. Abb. in: Köstliche Reste.
2 Drei Gedichte von Marianne zum »Myrthenreis« zitiert Aurelia Grether Scott, Das Myrthenreis, S. 41-47.
3 Dazu Mommsen, Goethe und die arabische Welt, S. 566/567.
4 Gersdorff, Bettina und Achim von Arnim, S. 156.
5 Herman Grimm an Marianne von Willemer, 7. August 1852, in: Im Namen Goethes, S. 120.
6 Kahn-Wallerstein, Marianne von Willemer, S. 274.

XVI. Eine Frankfurter Großfamilie. 1826

1 Alle Gedichte an Freunde und Verwandte finden sich veröffentlicht in: Andreae, Zur Erinnerung.

2 Dietz, Geschichte der Familie Andreae, S. 123.
3 Dietz, Geschichte der Familie Andreae, S. 133.
4 Andreae, Von Andreae-Willemersche Vor- und Nachfahren, Mskpt. S. 8.
5 Siehe Köstliche Reste, S. 128/129.
6 Die handschriftlichen Tagebücher von Rosina Thomas Willemer 1813 bis 1819 befinden sich im FDH.
7 Andreae, Von Andreae-Willemersche Vor- und Nachfahren, S. 17.
8 Die Handschrift mit Mariannes Gedicht an den Bürgermeister Thomas befindet sich im FDH.
9 Siehe Köstliche Reste, S. 132f. mit Abb.
10 Briefwechsel mit Goethe, S. 434.
11 Müller, Johann Jakob von Willemer.
12 Dietz, Geschichte der Familie Andreae, S. 131.
13 Der Gedicht-Dialog wurde in Goethes Nachlaßschriften unter der Überschrift: »Mit einem zierlichst aufgetrockneten Blumenkranze« veröffentlicht.

XVII. Ein eigenes Leben

1 Briefwechsel mit Goethe, S. 522.
2 Goethe an Marianne, 9. November 1830, in: Briefwechsel mit Goethe, S. 243f.
3 Siehe Briefwechsel mit Goethe, S. 324.

XVIII. Abschiede. 1832-1860

1 Briefwechsel mit Goethe, S. 475.
2 Kahn-Wallerstein, Marianne von Willemer, S. 216.
3 Marianne von Willemer an Herman Grimm, 10. April 1857, in: Im Namen Goethes, S. 243.
4 Stepanek, Suleika, S. 261.
5 Boisserée, Tagebücher Bd. III, S. 794/795.
6 Steinles Zeichnungen sind abgebildet in: Andreae, Zur Erinnerung, S. 89.
7 Boisserée, Tagebücher, im Sommer 1833.
8 Kahn-Wallerstein, Marianne von Willemer, S. 282.

9 Marianne von Willemer an Herman Grimm, 4. November 1858, in: Im Namen Goethes, S. 262.

10 Marianne von Willemer an Herman Grimm, 4. Juni 1858, in: Im Namen Goethes, S. 259.

11 Grimm, Goethe und Suleika, S. 38/39.

12 Unter dem Aquarell sein Vierzeiler: An die Stelle des Genusses / Trete Bildchen milden Scheins …, in: Göres, Goethes Badeaufenthalte 1785-1823.

13 Nennen dich den großen Dichter, West-östlicher Divan. Bd. I, S. 110.

14 Kellner, Goethe und das Urbild seiner Suleika, S. 43-45.

15 Siehe Marianne an Goethe, im August 1820, in: Briefwechsel mit Goethe, S. 98.

16 Marianne von Willemer an Herman Grimm, 5. April 1856, in: Im Namen Goethes, S. 230.

Danksagung

Mein besonderer Dank gilt vor allem den Nachfahren der Familie von Willemer, die meine ›Dreifach-Biographie‹ mit freundlicher Bereitwilligkeit unterstützt haben: Dr. Kurt Andreae, Berlin, Freifrau Karen Schenck zu Schweinsberg und Peter Voss-Andreae in Hamburg. Sie alle haben mir Einblick in ihre privaten Handschriftenarchive und Bildersammlungen gewährt und unveröffentlichtes Material übergeben, ohne das vieles in der Beziehung des Hauses Willemer zu Goethe unentdeckt geblieben wäre.
Die in diesem Buch abgedruckten Farbbilder stammen aus Marianne von Willemers Stammbuchkassette, die sich im Besitz von Dr. Kurt Andreae befindet. Sie sind bisher nicht publiziert worden. Für die Kassette insgesamt, mit sechsundfünfzig Blättern, ist eine eigene Publikation zu späterer Zeit vorgesehen. Für die Genehmigung zum Vor-Abdruck einiger Bilder aus dem Stammbuch sei Kurt Andreae eigens gedankt.
Großer Dank gilt, wie immer, meinem Mann.
Danken möchte ich auch dem Physiker und Literaturkenner Dr. Carsten Hucho und meiner kunstbegeisterten Tochter Constanze, denen ich dieses Buch widme.

Dagmar von Gersdorff

Personenregister

Nicht aufgenommen wurden die Namen *Johann Wolfgang von Goethe* sowie *Marianne von Willemer*